郭齐勇 著

中国哲学史十讲

目录

小引　1

中国哲学史上的非实体思想　1
从中国哲学的原型观念谈起　4
儒释道思想中的非实体论式　12
余论　18

传统形上学的基本特征　23
内在—超越　25
整体—动态　29
以价值为中心　31
生命本体　33
仁之本体论与仁之宇宙观　34

古代哲人的生存智慧　41
人与终极的天：贯通及德性禀赋　44
人与自然、人与物：共生一体　48
人与社会、人与人：群己和谐与个体彰显　52

人与自己,人的生存品质:陶冶与升华　56
　　人之世代生存的时间向度:悠久无疆　60

中国哲学史研究的方法论　65
　　萧萐父先生的思考、贡献与启示　67
　　中西互动:中国经典诠释方法学的展开　80
　　21世纪中国哲学研究的多重取径、前景与限制　87

儒家的政治哲学及其正义论　99
　　从西方政治正义视角来看儒家　104
　　儒家论政治权力的源头和合法性　109
　　儒家论政治权力的分配和制衡　115
　　儒家与社会自治、士大夫参政及言路开放　121
　　儒家的"道德的政治"及其现代转化　129

《礼记》哲学诠释的四个向度
　　——以《礼运》《王制》为中心的讨论　135
　　"礼必本于天"的终极性　138
　　"以天地为本"的生态伦理　142
　　鳏寡孤独"皆有所养"的政治哲学　151
　　"礼义,人之大端"的人格修养论　161

出土简帛与经学诠释的范式问题　165
　　百年来经学与经学史的研究范式　167
　　出土简帛对经学与经学史的挑战　173
　　出土简帛与中国经学的诠释传统　184

老、庄之道论及其异同 191

老子之道论 193
庄子之道论 202
老、庄道论之联系与区别 208

马祖禅的哲学意蕴 215

即心是佛——个体性的凸显 218
平常心是道——生活化的推进 220
机锋棒喝——启悟方式的革命 223
自识本心——儒、禅引为同调 225

朱熹与王夫之的心性情才论之比较 231

朱子的"四端皆情"论 233
王夫之的"四端非情"论 238
朱、王"性情论"之分歧 241
朱、王"情才论"的比较 245
朱、王的"气禀说"与"性习论" 250

附录 259

熊、冯、金、贺合论 261
牟宗三的形上学体系及其意义 281

小 引

中国哲学史这门学科自20世纪20年代前后诞生以来,已经有了一百年的历史。虽经过胡适、冯友兰、张岱年、任继愈、冯契、萧萐父、汤一介、李泽厚、陈来等数代专家学者的耕耘,这一学科仍处在成长与发展之中。

中国哲学讨论什么问题或课题? 问题之间有什么联系? 有什么问题意识?

我们认为,中国哲学的基本关怀与问题,环绕着天道、地道与人道的关系而展开,或抽绎为道,展开而为道与人、道与物、道与言等。宋代以后,道的问题转化为理或心的问题。

具体地说,中国哲学关注的若干向度:一是人与至上神天、帝及天道,人与自然或祖宗神灵,即广义的天人、神人关系问题;二是人与宇宙天地(或地)的关系,是宇宙论,尤其是宇宙生成论的问题,包括今天讲的人与自然的关系;三是人与社会、人与人、自我与他人的关系,社会伦理关系问题;四是性与天道、身与心,心性情才的关系问题,君子人格与人物品鉴,修养的工夫论与境界论等;五是言象意之间的关系,象数思维,直觉体悟的问题;六是古今关系即社会历史观的问题。司马迁讲"究天人之际,通古今之变,成一家之言",除天人问题外,中国人尤重社会政治与历史发展，关注并讨论与古今关系相联系的诸问题。这都是中国哲学的题中应有之义。

在这样的哲学问题与问题意识下，中国哲学中的天人关系论、宇宙生成论、群己关系论、治身治国论、天道性命与心性情才论、德性修养的工夫论与境界论、知行关系与古今关系论、由道德直觉到智性直观等论说，比较发达。

所谓"中国哲学"，内容非常复杂，从流派来看有诸子百家、儒释道、宋明理学、清代与现代哲学等，从典籍来说有经史子集与地方文献等，还有不同时空的中华各民族的哲学思潮与思想家，以及口耳相传的思想内容。关于中国哲学的特色，学者们见仁见智。任何概括都有危险性，不免挂一漏万，以偏概全。尽管如此，人们还是要概括、提炼。冒着可能陷入化约主义偏失的危险，我们还是试图从儒、释、道诸家的哲学中抽绎出反映中国哲学特点的若干内涵，尽管儒释道诸家及其所属诸流派之间的主张也不尽相同，但它们仍有一些共同的思想倾向。

例如，我曾经著文强调了三点：创化日新、生生不已；相依相待，整体和谐；事实与价值的联结、语言与超语言的贯通①。

我又曾把中国哲学的精神与特点概括为以下七点：自然生机、普遍和谐、创造精神、秩序建构、德性修养、具体理性、知行合一。这也就是：存有连续与生机自然、整体和谐与天人合一、自强

---

① 参见郭齐勇：《从场有哲学的视域看中国哲学的特性》，郭齐勇：《中华人文精神的重建——以中国哲学为中心的思考》，北京：北京师范大学出版社，2011年；又见《中国传统哲学的特色与研究方法论问题》，郭齐勇：《中国哲学智慧的探索》，北京：中华书局，2008年，"代序"。

不息与创造革新、德性修养与内在超越、秩序建构与正义诉求、具体理性与象数思维、知行合一与简易精神①。

我的专攻是中国哲学，写过若干论文与著作，承复旦大学出版社陈军先生不弃，约我从旧作中选编一本《中国哲学史十讲》，并让我参考朱维铮先生的大著《中国经学史十讲》等。恰好我手头上有朱著，是朱先生 2005 年 6 月送我的，扉页上有朱先生的题笺。在下不敢与朱先生等前辈媲美，只想追随本套丛书的列位作者先进，为中国学术略尽绵薄之力。

本书选了我有关中国哲学史宏观、中观、微观研究的代表性论文，涉及中国哲学与西方哲学的比较及由比较而显示出来的特色，如中国哲学的非实体论式，中国人的宇宙观念、思维方式、生存智慧、生命体验的不同，中国哲学史的研究方法论问题等，予以相对深入一点的探讨。对于经学诠释、出土简帛、政治哲学、道家范畴、佛禅义理、理学心性、现代哲学等，我的解读与点评，力求做到持之有故，言之成理，推陈出新，别具一格，让读者领略古代不同的哲学流派与风格，启发读者进一步走近中国经典，作创造性的转化。与一般中国哲学史教材不同，本书各讲，以散点透视的方法，窥探究竟，然合而观之，亦可把握全局。

感谢青年才俊郑泽绵教授通读了书稿，提出了宝贵的意见。

2019 年 4 月于武昌珞珈山

---

① 参见郭齐勇：《中国哲学：问题、特质与方法论》，《中国哲学史》2018 年第 1 期。

中国哲学史上的非实体思想

本文认为,中国哲学的基元范畴"五行""阴阳""气""道"和儒、释、道三家的形上学,不是西方前现代哲学的实体主义的,而是非实体主义的。

实体(Substance),又译为本体,是西方哲学史上的重要范畴。其含义一般指一个本质上独立自存和同一不变的存有,即作为一切属性的基础的东西。亚里士多德认为,实体是独立存在的东西,是不需要用来表述其他事物而又不存在于其他事物之中的东西。只有个别事物才是第一实体,它在逻辑判断中永远是主词,而其他的东西,如性质、关系、数量等均依附于实体,处于宾词的地位。亚氏认为,实体的主要特征是:它是"这个"而不是"如此",是独立的、可以分离存在的;实体在保持自身不变的同时,允许"由于自身变化"而产生不同的性质;但变中不变的东西是实体,它是生成变化的基础。理想的、绝对的实体是不能有变化、不能与其他存有或实体有任何内在的关联的东西,是没有活动作用可言的存有,例如巴门尼德的"有"与柏拉图的"理念"。亚氏认为最高的实体是永恒不动的、无生无灭的,是万物运动的最后动因,即第一推动者——神。作为基元概念和基本思想,亚氏的实体观在中世纪和近代西方哲学中颇有影响。

从中国哲学的原型观念谈起

反观中国哲学,大体上没有上述的"实体"概念。我们不妨讨论中国哲学的几个基元范畴。

第一,"五行"。"五行"学说起源甚早,《史记·历书》说黄帝"建立五行"。公元前 22 世纪的禹也说到"五行"。这一范畴在文字上初见于公元前 20 世纪的《夏书·甘誓》,阐发于公元前 12 世纪末武王克商后,箕子对武王所讲的著名的《洪范》这篇文章,又遍见于《左传》《国语》《墨子》《孙子》《荀子》《管子》《吕氏春秋》《淮南子》《黄帝内经》《春秋繁露》及马王堆汉墓和郭店楚墓出土的竹帛中①。近世以来,"五行"被人们解释为构成世界的五种物质元素(水、火、木、金、土),这其实是一种西方化或泛西方化的解释。

"五行"之"五",与中国上古社会的数术观念有关,与原始宗教、巫术、占卜、天文、历算有关。这种数术观追求一种神圣而和谐、天地人相通、世间万物各安其位、完美有序的原则②。亦有多于五数的,如《左传》引《夏书》及《尚书·大禹谟》"水、火、金、木、土、谷,谓之六府"之说;亦有少于五数的,如秦有白、青、黄、赤四帝之祠,战国至汉有"仁、义、礼、智""四行"之说。

---

① "五行"早在夏、商的时代就是一种重要的学说,绝不是直到阴阳家邹衍才发明出来的。请参见栾调甫:《梁任公五行说之商榷》,《东方杂志》1924 年第 21 卷第 15 号。

② 参见魏启鹏:《德行校释》,成都:巴蜀书社,1991 年,第 177 页。

"五行"之"行",从字源学上来说,许慎《说文》解释为"人之步趋也",即如人步行、趋走一样,一徐一疾。这里形象地表达了一种活动,一种行为。郑玄《洪范注》说:"行者,言顺天行气也。"其实,"五行"是相互作用的五种力量、五种能力、五种活动、五种动因,及彼此间相生相克、相辅相成的秩序和过程。冯友兰先生说:"我们切不可将它们看作静态的,而应当看作五种动态的互相作用的力。汉语的'行'字,意指 to act(行动),或 to do(做),所以'五行'一词,从字面上翻译,似是 five activities(五种活动),或 five agents(五种动因)。五行又叫'五德',意指 five powers(五种能力)。"①先民并不把"五行"视作静态的五种原质,反而非常重视这具有水性、火性、木性、金性、土性的五种力量,重视其动势的功能和彼此间的关系,以及与其他事物的关系。所以"五行"不是本质上独立自存、同一不变的五种实体,起初曾被指代为五种神祇或五种星宿,然最常见的特别指"五气"和"五德"(即五常:仁义礼智圣)。

我们祖先所重视的是"五气"的性质、作用,与阴阳、四季、五方、五味、万物生长收藏的关系及其相互促进(相生)的原理;推衍到王朝的兴替、政治的治乱,则重视数种力量的相互制约(相胜、相克);运用于人的身体,则强调五气的相生相克、协调、平衡,并以此解释生理、病理②。五行学说曾被广泛地应用于天文、人事、

---

① 冯友兰:《中国哲学简史》,北京:北京大学出版社,1985年,第158页。
② 例如,中医认为肝木是依靠肺金制约的,金衰不能制木则导致肝火旺,故在治疗时应以培土生金为主,使肺气宣通,以抑肝木。

生理及精神等各方面。"五行"学说的重点不是用来解释世界的构成,而是用来说明世界的生息变化,指出自然、社会、人身的现实存在和未来趋势是由显现或隐态的、性状各异的"动势""能量"之相互作用所决定的,并随着多重力量的彼此消长而变化。它不是以静态构成论的方式说明宇宙,而是以动态的机体论、关系论和过程论的视域观照世界;它不甚关心世界的原质和规定世界的终极、绝对、永恒不变、无生无灭的本体,而是肯定事物内外力量、功能的多样性、流动性及能量、信息相生相克的网络系统和秩序,以及转化的契机、过程,并预卜它的前景,促进事物向好的方向发展。这就是"五行相生""五行相胜""五德终始"诸命题的要旨。董仲舒《春秋繁露》讲"比相生而间相胜",指出事物生息变化过程受到两种相互制约的力量的作用,即五行中相邻者相生(木生火,火生土,土生金,金生水,水生木),相间者相胜(木胜土,土胜水,水胜火,火胜金,金胜木)。我们这里且不去评论五行学说及其具体运用,但不难看出古代人把自然、社会、人生(包括人身与人心)都看作是连续的、流变的,关注隐伏其间的多重活动、能量及其相互关系。

第二,"阴阳"。这一对范畴是用来表示自然天象和人事中的两种基本势力及其相互关系和由此导致的变化发展过程的。伯阳父说:"夫天地之气,不失其序;若过其序,民乱之也。阳伏而不能出,阴迫而不能烝,于是有地震。"(《国语·周语上》)范蠡说:"阳至而阴,阴至而阳;日困而还,月盈而匡。古之善用兵者,因天地之常,与之俱行。"(《国语·越语》)《老子》:"万物负阴而抱阳,冲气以为和。"(第四十一章)《庄子·知北游》:"阴阳四时运行,各得其序,惛然若忘而存,油然不形而神。"《庄子·田子方》:"至阴肃肃,至阳赫赫。肃肃出乎天,赫赫发乎地,两者交通成和,而物生焉。"《管子·四时》:"是故阴阳者,天地之大理也;四时者,阴阳之大经也。"《荀子·天论》:"列星随旋,日月递炤,四时代御,阴阳大化。"《荀子·礼论》:"天地合而万物生,阴阳接而变化起。"《周易·系辞传》:"一阴一阳之谓道。继之者善也,成之者性也。"

综上所述,"阴阳"范畴表达的是一种宇宙秩序。在自然、社会等一切现象中,莫不有相依相待、对立统一的两大势力、活动、能量或信息;它们的交互作用,使得事物产生种种色色的变化;自然之道,正是二者的统合、和合,相互促进,相互制约,相互克服,相互转化。任何一方偏胜,便不能"交通成和",因而失去了"阴阳大化"的秩序。阴阳失调,就会发生问题,而不能使"物生焉"。因此人们要善于"燮理阴阳"。在《周易》哲学中,阴阳的变化系统非常生动,非常复杂,决非"正—反—合"或"对立统一"等公式所能涵盖得了的。

"阴阳"初指日照的向背,但上举先秦资料均指"不形而神""若亡而存"的阴阳之气。阴阳二气的运动变化孕育万物,产生万物,生生不息。正是在这个意义上,人们说阴阳为万物之根本。但在这里,阴阳之气并不能理解为亚里士多德的实体。因为无论是"阴"性的(否定的、潜在的)力量,还是阳性的(肯定的、现实的)力量,或者蕴含有这两方面的"阴阳一气",都不是独立自存、同一不变的存有。说阴阳之气是万物之根本,也不是从"本原"的意义上来说的①。它自身是有内在张力的,变化的,互动的,互相涵摄的,有作用的。"阴阳"范畴较之"五行"范畴更方便地说明了天地万物内在的矛盾运动和变化发展。《易经》把阴阳变化的复杂性凸显出来了。

第三,"气"。五行是气,阴阳也是气。阴阳五行学说是中国古人把握宇宙的方式,气论则更是。"气"是无形无象、无所不包、弥纶无涯、浑沌缊缊的东西。举凡自然、社会、人生活动、肉体生命、精神境界、道德意志、艺术审美,无不可以言气,因而有云气、天气、地气、阳气、阴气、精气、元气、五行之气、人气、正气、邪气、贼气、治乱之气、鬼神之气、浩然之气、文气、气韵、心气、志气等称谓。气所表达的是自然生命、文化生命、精神生命之流,是机体变化的连续性和不可分割的整体性。气依不同存在层次而表现出不同的性状,如形质、功能、生命力、意识、精神、心灵等都是气;气的运动(聚散、屈伸、升降、动静)展现出事物的变化②。春秋时医和提出"天有六气","六气曰:阴、阳、风、雨、晦、明也"(《左传·昭公元年》)。《庄子·知北游》:"人之生,气之聚也。聚则为生,散则为死……通天下一气耳。"《孟子·公孙丑上》:"气,体之充也。"《礼记·祭义》:"气,神之盛也。"《管子·内业》:"精也者,气之精者也。"《荀子·王制》:"水火有气而无生……人有气有

---

① 《黄帝内经》:"夫四时阴阳者,万物之根本也。所以圣人春夏养阳,秋冬养阴,以从其根,故与万物沉浮于生长之门。逆其根,则伐其本,坏其真矣。"又"黄帝曰:夫自古通天者,生之本,本于阴阳"。这里所说的"根""本""根本",是说生命(生息)与阴阳之气是一回事,很重要,要注意护持,然并没有形上实体的意谓。

② 成中英特别重视"气"包含的动的功能、生命力及精神性等,见成中英:《中国哲学范畴问题初探》,成中英:《中国哲学范畴集》,北京:人民出版社,1985年,第77页。

生有知,亦且有义。"《淮南子·天文》:"气有涯垠,清阳者薄靡而为天,重浊者凝滞而为地。"

从以上材料可知,"气"是形神兼备、能质混一的,"气"很难用"物质实体"来概括。至少亚里士多德的个别实体和形式实体,形式—质料学说,直至笛卡儿精神实体与物质实体的二元论和斯宾诺莎把物质与精神、广延与思维看作唯一实体之无限属性的思想,与气论的路数是格格不入的。即使是引进了"能动的原则""活动的力"的莱布尼茨的单子论亦与气论不同。李约瑟曾就冯友兰把"理—气"诠释成"形式—质料"提出质疑。李氏认为,儒道两家"共同阐发的有机自然主义已极具现代气息,其与现代科学的宇宙观的合拍之处,比冯友兰认识到的要多得多。……新儒家的两个基本范畴是理(自然的普遍形式和特殊形式)和气(物质-能量)。冯友兰把这两个范畴与亚里士多德的形式和质料相对等,此论大谬不然"。李氏认为,"气概括了物质的细小精微状态,其含意比我们使用的物质-能量要丰富得多"(郭按:气是物质、精神、能量与信息的统合)。李氏的结论是:"中国人的永恒哲学从来不是机械论和神学,而是有机论和辩证法。""西方的有机自然主义之花曾得到过中国哲学的直接滋润!"①这启发我们思考,中西哲学宇宙论框架不

---

① 李约瑟:《评冯友兰〈中国哲学史〉》,郭之译,《中州学刊》1992年第4期。又,杜布斯(H. H. Dubs)把"气"译为"matter-energy"(物质-能量);陈荣捷把"气"译成"material force"(物质力量),并提醒人们注意,在11世纪宋明儒家出现之前,"气"原初"指与血气相联的一种心理生理交融的力量",因此应译为 vital force 或者 vital power(生命力),见 Wing-Tsit Chan(陈荣捷),*A Source Book in Chinese Philosophy*,Princeton University Press,1963,p.784;牟复礼则把"气"译为"有生命力的精神",见 Frederick W. Mote(牟复礼),*The Intellectual Foundations of China*,2nd Edition,McGraw-Hill,1998,p.60。

同,对宇宙的观照方法不同,"实体论"与"道—气"论恰好是不同的范型。

新近关于气论的研究都区别了气论和原子论,并把"气"与"场"联系起来①。张载所说"太虚无形,气之本体",后四个字是说气的本然状态。在气的聚散变化所形成的物质、文化、生命活动、精神现象中,并不孤立存在着任何原始的、恒定不变的、作为一切物质性基础的物质特性的"气"实体本身。

第四,"道"。"一阴一阳之谓道。"(《周易·系辞传》)戴震解释为:"一阴一阳,流行不已,生生不息。主其流行者,则曰道;主其生生言,则曰德。"(《孟子私淑录》卷上)又说:"道,犹行也。气化流行,生生不息,是故谓之道。……行亦道之通称。"(《《孟子字义疏证》卷中)"道"本指人行走的道路,后引申为道理、过程、规律。天有天之道,地有地之道,人有人之道。儒家之道是"天"这一神秘创造力生养万物的发展过程。朱熹也把"道"视为形而上者,把"阴阳之气"视为形而下者。道家之"道"更有特点:"有物混成,先天地生。寂兮寥兮,独立而不改,周行而不殆,可以为天下母,吾不知其名,字之曰道。"(《老子》第二十五章)"道"是不可以任何名言概念来加以限定或范围的。魏晋玄学家多把"道"解释成"元",也就是无终始,无局限,具有无限的创造性、可能性。"道"并不是一个静止不变的实体,而是大化流衍、运动变化的历

---

① 李存山:《气、实体与场有》,罗嘉昌、郑家栋主编:《场与有——中外哲学的比较与融通(一)》,北京:东方出版社,1994年,第125页。又请见李志林:《气论与传统思维方式》,上海:学林出版社,1990年。

程。"道"是由阴阳刚柔等多重力量交互作用而成的由潜在到现实、由否定到肯定、由无到有、由一到多(或者相反)的运动。"道"又涵盖了事物彼此之间、事物与事物之全体间的多重关系。

"道体"在道家哲学中是深奥的形上本体,包孕有无,尤以玄秘为特点。故《庄子·大宗师》说:"夫道,有情有信,无为无形;可传而不可受,可得而不可见;自本自根,未有天地,自古以固存;神鬼神帝,生天生地……"王弼释"道"为"无",解为"无不通也,无不由也","寂然无体,不可为象"。可见"道"不是实有层的实事实理,而是作用层的空灵智慧,不可能用理性思考、概念语言来把握,不执定在任何单一的位置上。这启发人们透过无穷,接纳现实世界相依相待、迁流不息、瞬息万变、复杂多样的生活,以开放的心灵破除执著,创造生命。从这些特点来看,我们很难把"道体"解释为"实体"。毋宁说,"道体"是"无"体、"空"体、"虚"体。这当然是就它的空灵性、包容性、无限性、创造性、流衍性、相对性、整全性等特点而言的。这里的相对性是说,道正是在一切事物的相对相关中显现出来的。

以上我们简略考察了"五行""阴阳""气""道"等原型观念,这些都不好拿西方哲学的原型观念"实体"相比附,因为它们都不是可以让人们孤立地来观察、捕捉、衡量与确立其实在与性质的存有。这些观念大体上表达了有机自然主义的哲学所强调的化生性、连续性、无形性、功能性、整体性、直观性、辩证性的特点,表明中国人的宇宙观,中国人的思维、行动、审美方式走着另一条道路,与西方实体主义的个体性、间断性、有形性、结构性、组合性、机械性、思辨性等有明显差异。至少说明中国哲学中的如"气""五行"等"本体"性的范畴之性质是即存有即活动的。

儒释道思想中的非实体论式

西方古希腊、中世纪、近代的形式实体观或物质实体观强调主客体之间的分裂与紧张,强调精神实体或物质实体的绝对性和静止的自立性,以认识主客体的对立作为寻求世界本体的前提,把人与世界分割开来,中国儒释道的思想架构恰恰与此相反。首先,中国哲学始终是在人与世界、主体与客体统合的基础上考虑问题的,即使对本体的追寻也是如此。其次,中国哲学中的宇宙、世界、自然,不是实体论或本质论意义上的宇宙、世界、自然,而是人与宇宙、世界、自然之无限多样的关系、意义和可能性等全面而多层次的展开。再次,中国哲学的本体不是固定的精神(或物质)实体,而是永恒运动变化,并贯穿到人的现实存在和生命活动中去的意义世界。以下我们简略谈谈儒、释、道三家思想的非实体论特征。

第一,儒家。儒家天道、天命流行之体的"生生之仁"学说,是以人与世界的感通性和动态流衍性为特点的。儒家的"仁",就是"生",就是相互感通,亦即天与人、物与我之间的相互依藉、相应变动、交相感通。它们在一定意义上是交互性的。儒家强调人与自然、人与社会、人与人都处于一种动态、生机的关系之中。

如前所述,"五行"之"行","阴阳"之"气","天道"或"人道"之"道",表达的是动态流行的、生生不息的、变化不已的连续性、整体性的观照宇宙的方式。《周易》哲学的易道易体，是相对相关、活动作用的本体。"太极—阴阳"的模型，把本体与功用、本体与现象动态地统合在一起。自然、社会、人生，就是一生机的全体，是各种差异的活泼统合。在这里，"太极""乾元"本身是创生性的。此"体"就是一切变化的过程，是持续的创造性，是一切生命的发展，乃至是一切价值理想的完成和实现。易道易体的另一原理，则是有机联系、旁通统贯、和谐互动。如此，宇宙、社会、人生并没有间隔，心物之间、主客之间、天地人我之间，交互感通，彼此不相隔绝。

《易》之太极，不是西方实体意义的本体。太极是宇宙生命之全体及其流衍过程，是阴阳、刚柔、乾坤相摩相荡的动态统合。太极、天道流行之体，不是绝对，不是超绝本体，不是如如不动的人格神，而是本然的真实，是无穷的创造力。

在西方实体主义的形上学中，"独立存有"的实体、"独立不变"的"绝对"是没有活动作用可言的存有。此说以独立不变的理想世界为真有、实有，以活动作用、变动不居的经验世界为假有、虚幻。实体主义的存有论的特征是相对而无相关，有分别、有距离而无内在联系。其极端——绝对的一元主义，则既无相对又无相关。其终极关怀，是执著一个"逻辑的上帝"①。

儒家哲学之"天"是一切价值的源头，是具有超越性的，宗教

---

① 详见唐力权：《自由与自律之间：存在主义与当代新儒学的主体性观念》，罗嘉昌、郑家栋、毛怡红主编：《场与有——中外哲学的比较与融通（二）》，北京：中国社会科学出版社，1995年，第13—15页。

神学意味的，让人虔敬、敬畏的形上本体，也是人们安身立命的超越理据。但"天"同时又是具有无穷创造力的流行之体，化育了万物。这一创化力可以范围天地，生生不息。"天"与"地"与"人"与"物"交相贯通。"天"与人事、物理有密切的关系。天、道、性、命不是隔离的，人与神、人与自然不是隔离的。"天"把它的性分赋予"人""物"，人性、物性之中同时也就含有了天性、神性。"天"内在于人、物之中。不同的人、不同的物，因此也有了神秘的创造潜能。孟子说："尽其心者，知其性也。知其性，则知天矣。"（《孟子·尽心上》）《中庸》讲："唯天下之至诚，为能尽其性，能尽其性，则能尽人之性；能尽人之性，则能尽物之性；能尽物之性，则可以赞天地之化育；可以赞天地之化育，则可以与天地参矣！"人赞助天地的创化，人与天地鼎足而三，从而有了自身的价值。人通过"天"所禀赋的创造潜能的发挥，通过道德修养的径路，可以上达天德。人生实践的目的、意义也就包含于其中了。所以冯友兰先生以"极高明而道中庸"作为儒学乃至中国哲学的要旨。超越的理想境界，就在凡俗的日用伦常之现实世界和现实生活之中！ 这正是中国哲学形上学不同于实体主义形上学的可贵之处。

  第二，道家。整体的和谐与物我的相通，也是道家形上学的特点。庄子提出的"天地与我并生，而万物与我为一"（《齐物论》），不仅是庄学、道家，而且也是整个中国哲学的中心观念之一。道家哲学，更注意把自然与人看成有机的统一体，强调物我之间的同体融和。庄子的"无待"是以"有待"为前提的，即先肯定万事万物的相依相待，然后才能超拔出来。庄子的"齐物"也是以承认现实世界的"不齐"为前提的。庄子的智慧，就是启悟人们在真实的生活中，在"不齐""有待"的世界中，接受现实，面对现实，调整身心，解脱烦恼，求得精神的超脱解放。庄子的相对主义也颇为人所诟病，其实那也是一种空灵的智慧。庄学不强调道是一切事物的源泉和原始，而肯定它是一切事物的整体活动。天下所有的事物都是相待相关的，没有绝对的事物或宇宙中心。所以庄学反对唯我独尊，主张容忍各相对的价值系统的意义，绝不抹煞他人、他物的生存空间，以使自己的生命从紧张、偏执中超脱出来。庄子要求人们不必执定于地籁、人籁，而要倾听那自然和谐、无声之声的"天籁"，以会悟生命的限制和有限时空、价值、知性、名言、识见及烦、畏的束缚，从而使生命的创造性爆发出来。庄子巧妙地指出人的孤独的生存处境，人与人、人与动物等等彼此间的隔绝和不理解，然后让你在生命的体验中消解隔膜，走出孤独，而达到与天地万物的同体融和。这是庄学最高的意境和最终的落脚点。而所谓"见独"（"见道"），只是层层解脱过程中的某一阶段，最终还是要破除无量的执著，方能与道同体，超越生死的系缚。

老子之道与庄子之道略有区别，它是先天地生又在上帝之先，独立不改，周行不殆的。但老子之道也是道体与道用的整合，同样也是离用无体的。老子之道必然贯穿到自然、社会、人身与人心之中，贯穿到现实之中。对于老子之道的会悟，更必须破除有限心智的迷执和有限知识的遮蔽，破除物我的对峙、主客的分裂。道家的超越之道同样内在于现实世界、现实生活之中。不过它常常用否定、消解的智慧，破除迷惘、困惑，解放心灵，使你更为睿智地面对复杂的大千世界和不同的际遇、坎坷。所以真正的体道者,一定能用大智慧更好地生活着。道家的圣人、真人、至人、神人、天人的人格境界与儒家圣贤人格常常是相通互补的。山林与庙堂、遗世独立与积极入世常常是互动的两面。因此,"道"与人生并不是隔截的,"道"就在人的生命与生活之中而并未悬搁起来。

第三,佛家。缘起论认为,人生与宇宙一切事象都是由各种因缘和合而生,即各种条件和合而成,一切事象都是刹那生灭,永远变化(即"无常"),因而无实自体,无实自性,没有永恒不变的实体(即"无我")。华严宗的根本原理是"相待互涵,圆融无碍"。其"理事无碍观"以诸法(现象)与真如(本体)炳然双融,理与事、事与事相待而有,交融互摄,相即相入,圆融无碍为主要内容。世间各种现象互为因果,相资相待,彼中有此,此中有彼,此即是彼,彼即是此,相即相入,处于"重重无尽"的联系之中,这叫"无尽缘起"。也就是说,一切现象是无限广大又互相包容,既有区分,又相互贯通为一个整体。整体与部分、同一与差别、生成与坏灭有着辩证的联结。"华严宗佛学乃是一套机体主义之哲学体系,预涵透彻分析,然却能尽超其一切限制与虚妄,盖旨在得证一切无上智慧,彰显一切差别世界,统摄一切完全整体,融合一切真际层面,悉化入无差别之法界总体,宛如天上奇观,回清倒影,反映于娑婆若全智慧海——而海印三昧,一时炳现!"[1]

---

[1] 方东美:《华严宗之体系》,罗嘉昌、郑家栋、毛怡红主编:《场与有——中外哲学的比较与融通(二)》,第111页。

天台宗"圆融三谛"说，认为众生的心通过圆融空、假、中三谛而把握一切现象的实相，也就是把握了真如。实相、真如有本体的意义。众生的一心与本体相通。空、假、中三谛互相融合，同时成立，每一谛皆同时兼具其他二谛。"空"是诸法当体即空，是抽象的真理层面；"假"是诸法由因缘生，因而是假有幻有，是具体的现象层面；"中"则不执著于空、假二边，而超越二边，同时又综合二边，以显中道佛性。此中抽象与具体融合为一。三谛中任何一谛并不孤立地成一领域，而是三谛互融，三重境界同时显现，因为它们同时为一心所化的三智所观照。于是，形成即空即假即中的三谛互融境界。天台、华严学说充满了中国形上学的智慧。

禅宗标榜"不立文字，教外别传，直指人心，见性成佛"。其"即心即佛"的思想，把现实界与超越界打通了。涅槃境界、成佛理想、彼岸世界，其实就在当下，就在现实之中。寓出世于世间，在现实中求得解脱，正是中国佛教的特点。所谓"运水搬柴，无非妙道"，"平常心是道"，都是此意。禅宗在中国文化的影响下，以现实的人生置换虚幻的未来，创建了以现世的自我精神解脱为轴心的生命哲学。上求菩提，下化众生，关怀现世，接近并帮助人民，成为中国佛教的品格。马祖道一禅师说："一切法皆是佛学，诸法即是解脱，解脱者即是真如。诸法不出于真如，行、住、坐、卧，悉是不思议用，不待时节。"可见形上本体与现象不二，佛心本性具足，道不在外。人们只要化解迷执，随顺自然，护持真我，则行住坐卧，无一不是真如，无一不是解脱。

反观儒释道三家，重心都在追求人生的理想境界——真善美合一的境界，都主张在现实生活中成就理想人格。与这一终极目标的达成相一致，其形上学的智慧，是周遍圆融、即体即用、即现象即本体、即刹那即永恒、既超越又内在的。要之，他们都没有执定绝对完满、永恒不变的独立实体或逻辑的上帝，而是启发人们架设许多通向本体理境的桥梁，化神奇于平淡，寓平淡于神奇。

余论

西方实体主义学说无疑是人类哲学的宝贵财富，值得我们认真吸取。本文的目的不是评价这一学说，而是企图说明，中国哲学的路数与西方前现代实体主义的路数很不相侔。在一定意义上，我们不妨说它是一种非实体主义的。中国哲学的原型观念中，中国儒释道三家的理论中，都有自己丰富的形上学或本体论思考，但它不是实体论式的①。中国哲学是一种机体主义的存在哲学、生命哲学、人生哲学，有它自己独到的形上睿智。

这一非实体主义的本体论，启导人们体悟人的本源的生存方式就是人与天地万物一体，而不是人与世界、本质与现象、主观与客观的分离和隔绝。天与人、体与用、心与物的和合是世界与人最根本的存在状态，只有从这一根本状态出发才能更好地会悟或寻求世界的本体。

这一非实体主义的本体论，承认世界是一个大化流行、无穷变

---

① 另请参见郭齐勇：《论传统形上学的基本特征》，《学术月刊》1991年第7期。

化的世界，承认本体与现象、现象与现象、人与天地人我间充满着重重无尽的联系和相依相待的网络，人生存于这一永恒流动、相互关联的世界中，没有绝对至上、静止自立的"体"，那种"体"对于人生没有意义。世界存在的意义是随着人的生存而展开的，而人的存在绝不是某种实体、某种存在者，而是存在本身。

这一非实体主义的本体论，把关于形上本体的追溯与人生的现实活动和价值目标、理想人格与理想境界之实现结合起来，贯通形上与形下，贯通超越与内在，贯通理想与现实，最终围绕着"人"而展开，而启迪人们体验生活，提升境界，超越自我，解放心灵，爆发出创造精神。

最后，需要说明的是：第一，西方实体学说虽屡有变化，但典型形态且影响深远的是亚里士多德的实体学说。拙文很明确地以亚氏为比较的参照坐标，这在"前言"中即已说明。康德以前的形而上学一般都把"存在物的存在"看作是某种普遍存在的实体。亚氏在《形而上学》中指出："实体是事物的底层、本原的第一原因。""基质、本质以及两者的复合物称为实体。"当然，在亚氏那里，三种实体即个别实体、物质（质料）实体和形式并不是三种互不相干的东西。西方实体学说离不开亚氏。实际上，亚氏实体学说也离不开柏拉图的共相、理念，毋宁说，其一般形式实体的观念来源于巴门尼德和柏拉图的理念论。以上是西方哲学史的常识。

第二，拙文绝对不是以汉代思想为准来理解和诠释四个原型观念的。拙文所说的"基元概念""基元范畴""原型观念"是一回事，是指在先秦时代产生的"五行""阴阳""气""道"这四个概念、范畴、观念极其重要,而且贯穿于中国哲学史的全局与始终。拙文所引的主要是先秦哲学的史料。本意是指出,这些范畴、观念与古希腊的原型观念,特别是亚氏的物质实体、个别或一般形式实体的观念有很大的不同。这还不止是原子论与气论的差异、实体论与关系论的差异。拙文强调的是,中国哲学之"本体""实体"观念与西方不同。例如"道""天""天道""太极""乾元"等,当然是深奥的形上本体,就存有而言,与西方本体范畴相类,但都是具有无限创造性的流行之体;就活动而言,体现了中国哲学的特殊性,即体即用,即现象即本体,即整体即过程,都不是西方的,特别是亚里士多德的那种实体意义的本体。道家"道体"之"无"的空灵特性,即指其无限的创造性、包容性。拙文第二部分详细讨论了儒释道三家形上学思想的非亚氏实体论式,是拙文之重心。拙文恰恰强调了儒释道三家的本体或实体论式与西方不同。非实体不是反实体,而是不同于西式或亚氏实体。这并非否定西方实体学说的优长,也不是说中国哲学关于本体、实体的思考方式一定优于西方,而只是指出中西之殊异。

第三,拙文试图纠正哲学史教科书的一些泛西方化的说法。例如"五行",拙文特别指出它不是独立自存、同一不变的五种实体,而是具有五种特性的力量、动势、活动、动因、能力及彼此间的联系和关系。"五行"学说大体上有三种。第一种是《尚书·洪范》和《国语》之《鲁语》《郑语》所说的水、火、木、金、土之"五行",虽指五物,但很难说是实体,其所说的是五种性能、活动、材质的和合,杂以生成百物。《左传》还特别指出五行、五味、五色,是

"民之行也",《国语》也说是"地之行五",可知其强调的是五种行动①。第二种是仁、义、礼、智、圣之"五行",即思孟五行,见马王堆帛书《五行》《德圣》和郭店楚简《五行》诸出土文献,这是指五德的关系,是指心之行和德之行,即德气充盈于身体之内外的运行,其形之于内谓之德之行(德凝于内心),不形于内谓之行(行现于外)。前者是说道德的内在性,与形上天道有关,属天之道;后者是道德实践活动,属人之道。思孟五行学说贯通超越的天道、人的道德的内在性和实践活动。第三种是邹衍等的阴阳五行学说,讲五种力量的相生相克的关系。总之"五行"学说着力说明的不是世界、事物,乃至德行的静态构成,而是动态变化,气化流行,肯定自然、社会、人身的现实存在和未来趋势是由隐态或显态、性相各异的动势、能量之相互作用所决定的,并随着多重力量的彼消此长而变化。这是机体论的、关系论或过程论的方式,与希腊构成论、实体论的方式不同。

(原载吴根友、邓晓芒、郭齐勇主编:《场与有——中外哲学的比较与融通(四)》,武汉:武汉大学出版社,1997年;又载台湾《哲学与文化》1999年第11期。)

---

① 详见前文,又请参见陈荣捷:《中国哲学论集》,台北:中国文哲研究所,1994年,第119页。

2

传统形上学的基本特征

形上学或本体论的问题，是人的终极关怀或安心立命之道的问题，是人对自身存在于其中的世界的一种整体的洞悉或觉解。不同的文化民族具有不同的形上智慧（或关于本体的睿识），从而有了不同的民族精神。对于世界最真、最本质的是什么，人生的最高意义是什么，"我"是什么的问题，中国哲学家以其特殊的人生智慧，作出了独特的回答。许多外国学者或因袭外国学者之说的国内学者，不愿意承认中国有形上学，并以所谓"伦理性"取消了传统哲学特别是儒学的形上学。这种偏见或误解，在于他们以希腊、西方或印度哲学作为某种模式，衡量、剪裁中国哲学，不懂得中国形上学的特殊性。那么，中国传统形上学究竟有一些什么样的特征？本文在前贤讨论的基础上，进一步综合、发挥为以下五大特点。

内在—超越

中国传统的儒释道的形上学，各不相同，但就其共性而言，完全不是西方哲学主流学派那样一种"超绝的"或"超自然的"形上学。方东美说："我以'超越形上学'一辞，来形容典型的中国本体论。其立论特色有二：一方面深植根于现实界；另一方面又腾冲超拔,趋入崇高理想的胜境而点化现实。它摒斥了单纯二分法,更否认'二元论'为真理。从此派形上学之眼光看来,宇宙与生活于其间之个人,雍容洽化,可视为一大完整立体式之统一结构……据一切现实经验界之事实为起点,吾人得以拾级而攀,层层上跻,昂首云天,向往无上理境之极诣。同时,再据观照所得的理趣,居高临下,'提其神于太虚而俯之',使吾人遂得凭藉逐渐清晰化之理念,以阐释宇宙存在之神奇奥妙,与人类生活之伟大成就,而曲尽其妙。""中国各派的哲学家均能本此精神……建立一套'体用一如'、'变常不二'、'即现象即本体'、'即刹那即永恒'之形上学体系,藉以了悟一切事理均相待而有,交融互摄,终乃为旁通统贯的整体。"①

在这种形上体系中,超越世界与现实世界、本体界与现象界、理世界与气世界、真谛与俗谛、天国与人间、圣者与凡人之间,没有不可逾越的鸿沟。这正是中国主流学派本体论的特点。儒释道的形上学体系,从"宇宙"或"世界"之自然层面和实然状态出发,然不执著于此,不断地加以超化,进入具有价值意蕴的理想境界,诸如"道德宇宙"(儒)、"艺术天地"(道)、"宗教境界"(释)等。

中国哲学保留了对于"天""天帝""天道""天命"的宗教意味的或神性意义的虔敬、敬畏、信仰、信念,肯定了这一超越的祈向,肯定了这一神圣性,但又不像西方哲学那样,对宗教的信仰、上帝的存在作理性思辨上的证明,而是把这种宗教意味、神圣感与

---

① 方东美:《生生之德》,台北:黎明文化事业公司,1987年,第283—284页。

道德相结合，强调通过道德的实践上达于"天"。中国范畴的"性"，无论是"天性""人性""物性"，都具有神性意味。中国范畴的"诚"，亦具有宗教意味。中国形上学的超越意义、宗教信仰是不容否认的。

这种形上学的超越意义又在于，各派哲学家都有各自的理想人格，都希望达到尽善尽美的圆满境界。他们以不同的方式表达了各自的终极信念：或者主张"立人极"，"与天地参"，追求自我实现，成圣成贤（儒）；或者超凡脱俗，飘逸物外，寻求永恒之逍遥与解脱，得道成真（道）；或者超越生死，体认真谛，追求净化与超升，见性成佛（释）。

一般地说，西方哲学重外在超越，以理性来追求价值之源，从而造成了超越界与现实界的分裂与紧张；中国哲学重内在超越，其内在义在于，各派哲学家的终极信念与关怀，或所谓理想境界的实现，并不脱离现实人生。"天"即终极的根源、根据。"道"即在"人伦日用"之中，即在"担水砍柴"之间，价值即在事实之中。由现实或事实世界到超越或价值世界的路径是内倾而不是外向的。所谓"为仁由己""尽心知天""明心见性""得意忘言"，即是此义。另一条路径则是由价值理想向下贯注，内在于世界的实现，人生的实现。"在中国，要成立任何哲学思想体系，总要把形而上、形而下贯穿起来，衔接起来，将超越形上学再点化为内在形上学。"[①] "与西

---

① 方东美：《原始儒家道家哲学》，台北：黎明文化事业公司，1987年，第16—18页。

方哲学不同,中国哲学采取超越形上学的立场,再与内在形上学贯通;它以宇宙真相、人生现实的总体为出发点,将人生提升到价值理想的境界;再回来施展到现实生活里,从出发到归宿是一完整的体系。"①因此,在中国哲学家看来,生活于现实世界中,照样可以超脱解放,把精神向上提升。超越的理想要在现实世界中完成、实现。

"内在而超越"的传统形上学体现了华夏民族哲学的这样一个特殊的性格,即自然与人的统一,理想境界与现实人生的统一,宗教情绪与道德伦理的统一,天道与性命的统一。这大概与我们的祖先跨入文明的门槛,走的是一条连续性的道路而不是一条破裂式的道路有关②。这种连续性,即人与天之间的连续、地与天之间的连续、文化与自然之间的连续,规定了华夏民族精神的性格,也规定了中国哲学本体论、宇宙论的性格,亦即是内在超越的、有机的、连续的、整体性的。

中国形上学"内在—超越"特性确立的另一个契机,是周代的文化早熟。周人以其早熟的文化智慧,化原始宗教之玄秘为道德之仪轨,以理性的道德价值支配人心的情绪。"天""道"等中国哲学的原型观念,实际上涵盖了原始宗教的玄秘性。不是宗教之"神",而是人类理性所能设想的"天""道",成了宇宙万物、人类生命的本源,亦成了一切价值之源。原始儒道文化保存并修正了原始宗教

---

① 方东美:《原始儒家道家哲学》,第33页。
② 参见张光直:《连续与破裂:一个文明起源新说的草稿》,香港《九州学刊》1986年第1卷第1期。

"尊生""重生""报始返本"的情绪和"玄之又玄"的秘密,并分别将其哲学化了。三教合一的宋明哲学的所谓"居敬""体仁""存养""立诚",即兼顾到宗教情绪与道德理性。因此,我们可以说,中国形上学的特殊性是由中国原始文化和哲学的童年的特殊路向所确定的。

宗教重超越义,道德重内在义。"天道"既是超越的,同时又贯注于人身,内化为人之性。《周易》之"性与天道"的发展,《中庸》之"至诚者"尽己、尽人、尽物之性,参赞天地之化育,通过仁、诚去体悟、契合"天命""天道"流行之体,进而与天地相参之说,奠定了中国形上学的基础。一方面,从天道天命向下贯注到人生,落实到现世,由此而彰显了人的主体性;另一方面,由内在的本心出发,知性、知天,领会乃至体现天道,从尽己性出发,参赞天地之化育。总之,在天人的统一中扩充人性,实现人性。至是,宇宙与个人不是隔截的,客体与主体不是隔截的,现象与本体不是隔截的,外物与自我不是隔截的,形上与形下不是隔截的,体用不是隔截的,常变不是隔截的,理想价值与伦常日用不是隔截的。这正是儒释道形上学的共同特点,与西方二元论或二分法的本体论大相径庭。

整体—动态

中国传统哲学的这种"本体—宇宙论"的思想模式,具有鲜明的机体主义的,亦即"整体—动态"的特点,即不把宇宙世界看作是杂乱无章的拼凑物,不把宇宙系统视为封闭系统,不把宇宙秩序视为机械秩序。一方面,认定人与宇宙不是对立的、彼此孤立的系统,强调二者的统合性、整体性;另一方面,又赋予这种统一体以生生不已、创进不息的生命本性。"人—天"统一体的整合性、统摄性、丰富性、充实性,区别于印度佛教和西方逻各斯主义的空疏与抽象;"人—天"统一体的动态——过程性、创造性与能动性,区别于西方宇宙论的静态——结构性、呆板性与机械性。这种形上学,就其能够从总体上、全貌上和发展上把握宇宙万象来说,似更能抓住本质。不仅如此,这种"整体—动态"的思想模式,并不把主体的参与与评价自外于"人—天"系统;反之,其所肯定的是本体的统一、存在的统一、生命的统一和价值的统一。它是一种积极的存在论、本体论与宇宙论。

道家经典《老子》《庄子》和儒家经典《易经》《易传》的整体的系统观,把宇宙看作是一个动荡不已的进程,强调运动变化的潜力及发展过程,肯定各种事物是在一种永恒变化的动态历程和相互关联、相互作用的生机脉络中相互决定和界定的。自然界是活泼的有机的生命整体,人与天地万物亦是活泼的有机的生命整体,人类的、民族的社会活动、历史文化都是活泼的有机的生命整体。其活动的历程是内在的阴与阳(即否定的与肯定的力量)彼此消长的过程,这个过程永远不会完结。在这里,主体与客体、物体与精神之间没有鸿沟,它们彼此依赖、相互补充,动态地关联在一起。整个宇宙生命、民族文化生命都是创造性的历史过程,是诸杂多的动态的统一过程。所谓"一阴一阳之谓道""天地之大德曰生""生生之谓易""万物化生""道生一、一生二、二生三、三生万物"等,表明了中国形上学的创生性(勃勃生机)和系统性(统之有宗,会之有元)。这与西方本体论所强调的"存在"之静止的自主性,和"存在"高居超越界,与表象世界截然二分的思想模式不同。其侧重面在于彰显"存在"的动态流衍的特性,使之在生化历程中能够流衍贯注于万事万物。机体形上学的立场使中国哲学总是把宇宙视为丰富完整的有机整体,把人生视为丰富完整的有机整体,把宇宙与人生贯通起来,把人生活动的各层面,例如身体活动、心理活动、政治社会、历史文化、知识探求、美感经验、人伦道德、实存主体、生死解脱、终极存在等,及其不同的价值,沟通贯穿起来,使得宇宙不但不贫乏,反而可以成为更丰富的真相系统,更丰富的价值系统。

以价值为中心

苏格拉底以后的古希腊哲学和中世纪哲学把完整的世界、完整的人生划分为两截,一是形而下的物质世界,一是形而上的精神世界和真善美的价值世界。这两层世界的隔绝,使绝对的真善美的价值世界很难在此岸、现界完全实现。近代笛卡尔以降,又以另一种二分法,把内在的心灵世界与外在的客观自然界划分为两截。

中国主流学派的形上学却不是这样的,其宇宙论并非纯粹论宇宙,而是在描绘、说明、认识宇宙的同时,渗进了多层面的人的生命活动及丰富的人文价值。甚至我们可以说,在中国许多哲学家看来,宇宙的真相、宇宙的全体,不在于宇宙自身,而在于人与宇宙之关系，在于在这种关系中人的创造活动，以及在这种活动中所把握的真善美的价值，所体验的崇高的精神境界。

中国古代许多哲学家的"宇宙"，不仅仅是自然的宇宙，同时又是道德的宇宙，艺术的天地，宗教或准宗教的境界。中国哲学家承认各种相对的价值，相对的境界，同时承认有一个统摄、贯通它们的绝对的价值和最高的境界。这里有内外上下的层次，但没有绝对的界限。不同的价值和境界相互联系，彼此贯通。儒家讲"志于道，据于德，依于仁，游于艺"，讲"尽善尽美"，贯通自然现象、社会现象，在人类生命内部，将这些理想予以艺术、道德的精神点化，贯通道德生活与艺术生活，成为富有"美""善"的价值世界。道家讲超越的价值，认为只有在智慧的修养、精神的锻炼达到极致的程度，才能进入"天地与我并生，万物与我为一"的境界，于此才能把握宇宙的真相和最高的价值。总之，使人格向上发展，不离开现实世界又要超越现实世界的种种限制，培育真善美统一的理想人格，是儒道思想的真谛。

中国哲学提倡一种清明在躬、志气如神的生活，主张实现人生无上的崇高的价值，无限的丰富的意义。因此，这种"本体-宇宙论"同时又是一种"人生-价值论"，强调人在宇宙创进不已的过程中发挥自身的主体性，在成己成物的实践中产生责任意识和道德价值的崇高感，成就"尽善尽美"的理想人格，进而达到至真、至善、至美、至如的境界。这样，生命的创造过程也就是人生价值实现的过程。这种哲学充满着理想主义。

中国哲学不是从知识论上把世界的客体化成观念的系统，然后从观念的系统所形成的知识、科技、方法去笼罩、控制现实世界。相反,是要把人的生命展开来去契合宇宙,即"天人合德""合一""不二""同体"。然而人不可能把赤裸裸的自然人就投射出去,人要适应那个广大和谐的宇宙客体,首先必须修养自身,成就人格,把人生与世界点化成一个理想的领域,然后在那里从事我们人生的意义与价值的追求。

生命本体

中国哲学注重天地万物一体之仁,以生意盎然、生机洋溢、生命充实言本体,而有意避免支离抽象之理。这种本体论是以生命为中心的本体论。熊十力说:"盖吾人的生命,与宇宙的大生命,实非有二也。故此言生命是就绝对的真实而言。"所谓"绝对的真实"亦即"本体"。他说:"吾人本来的生命,必藉好的习气(后云净习)为其显发之资具。如儒者所谓操存、涵养,或居敬、恳诚种种工夫,皆是净习。生命之显发,必由乎是。"[①]熊先生认为:"人生唯于精进见生命,一息不精进即成乎死物,故精进终无足也。""精进者,自强不息,体自刚而涵万有,(此言体者,合也。人性本来刚大,而役于形锢于惑者,则失其性。故必发起精进,以体合乎本来刚大之性。夫性唯刚大,故为万化之原。唯率性者为能尽其知能,故云涵

---

① 熊十力:《新唯识论》语体文本第六章,《熊十力全集》第三卷,武汉:湖北教育出版社,2001年,第259页。

万有。)立至诚以宰百为……日新而不用其故,(《易》曰'日新之谓盛德',唯其刚健诚实,故恒创新而不守故。)进进而无所于止。"①

可见中国哲学家不把统一的宇宙看作是纯粹的自然事物,而把它看作是一个生命现象。中国儒释道三教都是"生命的学问",其特殊的智慧都落实在"人生的方向"上。其"本体-宇宙论"的立场是生命的立场,向外回应创生不息的大宇宙,向内培养刚健精进的小宇宙,向下不脱离物质基础,向上可以提升到高尚的价值理想。在这里洋溢着生命的活力,没有内外上下的界限,彻上彻下、彻里彻外只是生命,甚至以德性的生命作为宇宙的生命中心。但这生命决非柏格森氏的生命,柏氏"生命"在中国哲人看来是与形骸俱始的习气。

仁之本体论与仁之宇宙观

"仁"为生生之德,仁为生命的创造性,仁又是一种天地人物我之间的相互感通。从孔孟到康有为、谭嗣同、孙中山、熊十力,无不发挥"仁"学。足见"仁学"具有很强的生命力和普遍的联系性。

20世纪40年代,贺麟曾在《儒家思想的新开展》一文中,从哲学人类学的角度总结先秦儒学到梁漱溟、熊十力、马一浮等现

---

① 熊十力:《新唯识论》文言文本,《熊十力全集》第二卷,武汉:湖北教育出版社,2001年,第138—139页。

代儒学，提出了中华民族的命脉与精华之所系的"仁的本体论"与"仁的宇宙观"。贺麟指出："从哲学看来，仁乃仁体，仁为天地之心，仁为天地生生不已之生机，仁为自然万物的本性，仁为万物一体生意一般之有机关系之神秘境界。简言之，哲学上可以说是有仁的宇宙观，仁的本体论。"①与此相联系，儒家哲学亦以"诚"这一范畴表明真实无妄之理或道。"仁"与"诚"都是指实理、实体、存在或本体，包含着存在真实无妄、宇宙流行不已、人生健行不息的意味。离开"仁"与"诚"而言本体或宇宙，只能陷于死气沉沉的机械论。

首先，"仁的本体论"和"仁的宇宙观"是儒家"人文化成"原则的哲学抽象，它关乎"存有"与活动的关系。儒家主流派的文化哲学肯定"天文"（自然的生命秩序）和"人文"（人事的生命秩序）的相互协调、相互投射。建立和发展文化的原则是"生生"和"变通"，是"大用流行"，是"称体起用""举体成用"。因此，无体不能成用，不能成就宇宙，更不能成就文化；无用不能见体，没有宇宙万象和文化创造，就扼杀了生命精神之"仁体"。要之，以仁（人）为体，以文为用；以存有为体，以活动为用；这个"体"是真实存在、充满活力的。有体则有文化，无体则无文化。这是文化原创力很强的儒家与佛、道的根本区别。儒家"体用不二"的文化哲学强调了这个区别，充实发挥了"人文化成"论，并作了形上学的论证。

其次，"仁的本体论"和"仁的宇宙观"是儒家伦理学的基础和

---

① 贺麟：《文化与人生》，上海：商务印书馆，1947年，第5—6页。

核心，它关注道德与本体的关系。人所秉持的天性，是宇宙之"生生之德"。只有有德行的人才能弘大其天性，全面展开其人能，进而成为宇宙的中心。熊氏指出："儒家之学，自表面观之，似只是伦理学，而不必谓之玄学。实则，儒家伦理，悉根据其玄学。非真实了解儒家之宇宙观与本体论，则于儒家伦理观念，必隔膜而难通。"①这就是说，主体通过道德实践才能体证本体。主体与本体统一，本体与工夫统一。在一定意义上，本体其实就是理想主义的人生境界，是客观的天道与道德的本性的统一，是形而上的又是道德的实体。这就是中国的道德形上学。

再次，"仁的本体论"与"仁的宇宙观"肯定了人在宇宙中的地位，它关注"存有"与"万有"的关系，可以救治"形上的迷失"。一个充实完备的人格，应当与宇宙大化冥合为一。在天地人三者之中，人是一个关键、一个枢纽。天地宇宙的创造精神把握在人的创造生命之中。真正的儒者的博大气象，乃是以自己的生命通贯宇宙全体，笼罩并成就宇宙的一切生命。这就是人类生命的价值与归宿。正是在这样的意义上，中国哲学家以公正平和的心态，使万有在不同的存在领域中各安其位。其中，人性为天命所接受，人在大宇长宙的万象运化中，承受、秉持了"於穆不已"的创化力，成为宇宙的中心。人在本质上、在精神本性上与宇宙同其伟大，宇宙创造精神与人之间，无有间隔，人自可日新其德，登跻善境②。

---

① 熊十力：《十力语要》卷二，《熊十力全集》第四卷，武汉：湖北教育出版社，2001年，第172页。
② 参见方东美：《生生之德》，第292、352页；《原始儒家道家哲学》，第158—159、176—177页。

"人是什么？""终极存在究竟为何？"诸如此类古老的存在论（本体论）问题一直困扰着人们。不论人们是否有能力解开关于终极存在的谜底，作为"形上学的动物"的人，却永远没有停止过形上学的探讨。我国传统儒、释、道诸家，对于生死解脱、生命的终极意义和价值，对于"人如何活""为什么活""活得怎么样（活在哪种境界中）"等问题，都有自己的特殊的回答。中国哲学是以人的生命存在为本体和出发点的学说，即是从人类学本体论出发的学说。它不是靠外在的知识，而是靠内在的生命体验，才能领悟和把握。它强调实践。它充分肯定文化乃是由人类创造而又反过来创造了人类的特点，充分重视在社会生活中，一切活动都是在人这一主体（尤其是作为道德主体）的参与下才得以发生的这个本质。中国哲学家所作的本体论的思考，深究宇宙与人的动态关联和创化过程，安排人类与万有的地位，从人类的自我创造活动中寻找其根源，以人类生命本体取代无根的自然本体和虚构的精神本体。宇宙与人处在生命的秩序之中，挺立、创造、实现"道德自我"即"道德主体"，是人与天地万物道通为一、相融无碍的基础，是人合理地适应天地并与天地相参的基础。

黑格尔说过，一个民族失去了它的形而上学，失去了它的国家法学、情思、风习、道德，或者这些东西都变为无用之时，是一种"很可怪"的事。我们似乎是见怪不怪了。一个民族、一个社会、一个个体，如若失却了人文价值、终极信念的支撑、维系与调节，其行为只可能是无序的，起哄、赶潮、浮躁……人生的价值、意义何在？ 行为的根据何在？ 何谓"天人之际""性命之原"？ 没有神圣感、敬畏和虔敬感，没有根源意识和终极托付行不行？"天""道""理""命""心""性""仁""诚""良知"等，一个民族的文化精神达到一定自觉时才升华出来的这些意识与哲学本体论的范畴，决不是可有可无的奢侈品，更不是可以随意抛弃的垃圾。20世纪中国文化危机与思想危机的严重性，乃在于整个地背离、践踏了这个民族源远流长的传统。

当代世界哲学的主潮是把设定自然、上帝、逻辑等为实体的本体论消解，以克服本性与现象、人与世界的二重化。但这不是要消解本体论，而是把本体还原为人的生命、活动、历史、世界。这个世界对于人来说不是所谓纯粹客观的世界，而是一种价值世界、意义世界。因此，人与世界的关系又出现了一种新的理解：世界不仅仅是我的对象，我原本就是世界的一部分。中国传统思想的天人合一、知行合一、物我合一、心性合一、体用不二、质能不二诸论，虽有钝化向外求索的精神，造成科学逻辑、知识理性发展的局限，虽然缺乏一种现代意义的人的自觉和忽视了个体性的原则，但在涉及人与世界的关系、人之所以为人之道，人为什么活着、在哪种境界中活着，以及本体的主体性与本体的理想性诸方面，自有独到的、不亚于其他哲学系统的地方。如果把（攻之者与辩之者、全盘否定者与全盘肯定者其实都忽视了的）这一根本轻描淡写地抹掉，我们这个社会，哪怕是进入现代，仍将缺乏一种维系的主心骨、机制和力量，仍会出现20世纪不断出现的无序状态。离开我们民族长期形成的安身立命之道，人们只能扭曲、异化为泯灭了良知（甚至人性）的，金钱特别是权力拜物教的工具。从这个意义上说，中华民族的人文价值意识和信念，包括其终极托付和超越意识，是不能消解的。我们民族的本体论、形上学是不能消解的，也不能以西方近代哲学的价值方式和思维方法为尺度加以衡估。

总之，中国绝不是没有形上学，或形上学不发达，而是有着相当圆融、成熟，与古希腊、西方和印度不同的形上学。在我们面临新的问题，作出新的哲学思考时，希望学术界不要简单地抛弃中国的形上学。当然，与华夏族诞生、发展相伴随的人文睿识和本体思考，其实已溶化在我们的血液中，具有很强的生命力，想抛弃也是抛弃不了的。

（原题《试论传统形上学的基本特征》，原载《学术月刊》1991年第7期。）

3

古代哲人的生存智慧

生存论或生存哲学①包含有空间的向度与时间的向度。古今中外的人，本来就生活在一定的时空之中。就空间向度而论，我想至少有如下五个层面：第一是人与终极性的天的关系，即人与天命、天道的关系问题，其涵盖了人的终极信仰、信念；第二是人与自然的关系，即人与自然之天，与地，与自然山水、草木鸟兽的关系问题，也是我们今天所说的人与自然生态环境的关系问题；第三是人与物的关系问题，与自然物的关系我们已列入前一项，人与物的关系还应包含人与人造物、人造环境的关系，如人所驯化的作为工具的动物，饲养的家禽家畜，栽培的植物及果实，制造的工具、器物及包括衣食住行等人之生存、活动的方式或样态；第四是人与社会的关系，这包括人与人的各种现实关系和人所处的且无法摆脱的社会习俗、制度、伦理规范、历史文化传统等；第五是人与精神世界、内在自我的关系问题，包括身与心的关系、人的意义世界、自我意识、心性情才等。前面所说的人生存的空间诸层面，简单地说就是人与天（终极的他者），人与地及自然物（自然的他者），人与物

---

① 关于生存论与生存哲学的讨论，由华中科技大学哲学系张曙光教授（现执教于北京师范大学哲学与社会学学院）等倡导，本文即受到张教授的启发。

（包含驯化、饲养、栽培的动植物以及衣食住行等工具、器物），人与人（社会文化的他者），人与精神境界及内在自我的关系。（前面我们勉强借用了西方哲学中的"他者"的概念，其实中国哲学中并不把天、地、人、物看作是外在于我的，下详。）作为类的人、群体的人或个体的人，总是存在于或生活于天、地、人、物、我的空间范围之内的。与空间向度交织的还有时间的向度。中国哲人很重视人生存在历史的时间中，因而重视历史文化传统，讲自强不息、不舍昼夜的生活信念与生存态度，又注意保护与协调自然史与人类史，使之悠久无疆。因此，作为类的人、群体的人或个体的人，又总是生活在具体的历史时间之具体的空间中的。本文主要从上述时空向度上讨论中国古代哲学的生存智慧。

人与终极的天：贯通及德性禀赋

从连云港锦屏山将军崖发现之新石器时代遗存的石刻岩画上，可知晚期的原始人就有了天体、谷物、人体的崇拜。夏代有天神崇拜、祖先崇拜，同时并存的有英雄、自然神、鬼神、谷神崇拜。从《尚书·甘誓》可知，夏启征讨有扈氏就是以天命为合法性依据的，其理由是对方轻蔑神灵，把人的生存秩序和自然环境弄得乱七八糟，即所谓"威侮五行，怠弃三正"。从甲骨卜辞和《尚书》诸篇的记载中，我们可以确知殷代有皇天、上帝、帝或天帝的崇拜与祖先神、自然神崇拜等。从商汤、周公所发布的文告中可知，他们都以天为至上神，以天命为根据，以天与天命为王权所出之本原。西周进一步发展了天、天命、天子的观念,使天神不再是与人们相对立的盲目支配的力量,不仅主宰自然,而且主宰社会,与地上的最高统治者有了亲密的关系,成为周人建立的宗法制度之政治与道德的立法者。天神把疆土臣民委托给天子并时刻监督之,它保佑有德的君主,惩罚胡作非为的统治者。周人不仅把天神理性化了,而且把祖宗神理性化了,在祖宗神灵崇拜中也加强了政治与道德意义,进而提出了"以德配天"的观念[①]。天的意志与人的意志可以沟通,这就是所谓"天视自我民视,天听自我民听"(《尚书·泰誓》)。人可以了解天的意志,天的意志在一定意义上即是小民百姓的意志。宗教、政治、道德结合成一体,尤以道德为枢纽。

夏商周都"以祖配天",周代尤能把"以祖配天"转化成"以德配天",强调"皇天无亲,惟德是辅",只有敬慎其德才能祈天永命。统治者必须以临深履薄的态度处理政务、对待民众,否则天命会得而复失。这无疑是人文的觉醒,然而是在宗教神灵崇拜中产生的忧患意识,在忧患意识中透显出人的主体性,特别是道德的主体性。这种人文或人或主体的觉醒,绝不是寡头的去神化的人文精神与主体性。人总是宗教性的动物。周代关于"天""天命"的信仰和敬畏,涉及人的终极关怀和终极生存问题,其与人的贯通,始终以道德为枢纽,使得道德理性有了终极依据。孔子说:"畏天命"(《论语·季氏》);"获罪于天,无所祷也"(《八佾》);"巍巍乎,唯天为

[①] 详见任继愈主编:《中国哲学发展史》先秦卷,北京:人民出版社,1983年,第93—95页。

大,为尧则之"(《泰伯》);"天之将丧斯文也,后死者不得与于斯文也;天之未丧斯文也,匡人其如予何"(《子罕》);"天生德于予,桓魋其如予何"(《述而》),孔子保留了天的神秘性与对天的敬畏,同时把天作为内在道德的根源。孟子说:"尽其心者,知其性也。知其性,则知天矣。存其心,养其性,所以事天也。夭寿不贰,修身以俟之,所以立命也。"(《孟子·尽心上》)《中庸》云:"思知人不可以不知天。""唯天下至诚,为能尽其性。能尽其性,则能尽人之性;能尽人之性,则能尽物之性;能尽物之性,则可以赞天地之化育,可以赞天地之化育,则可以与天地参矣。"这可以说是士君子个体与终极之天相贯通的典型论述,在这里,有终极信仰的人可以安立自己,人可以体知天,上达天德,与天地鼎足而三,人可以让天地人物各遂其性,人在天地中的地位由此而确定。这是中国古代生存哲学的宗纲和大本。

人生存于天地人物我之间,首先生存于天地之间。有关"天"的问题,我们可以分析为自然之天、意志主宰之天、神性意义之天、命运之天、义理(即价值理性)之天、偶然命运之天等等,但中国古人对于天有一个整全的看法,这主要是西周至孔孟的看法长期浸润的结果。"天生烝民,有物有则,民之秉彝,好是懿德。"据《孟子》,孔子把上引《诗经·大雅·烝民》篇之诗,称为"知道"之诗,即趋向美好的道德是上天赋予人的法则、规定或人之所以为人的特质、类特性。这即从天赋或先验的层面上说明人的善性良知。人在事实经验的层面上当然有善、不善、为恶的区分,但从先验的层面上说,人性本善。孟子深知人之为恶更甚于禽兽,因此更强调人之异于禽兽者几稀，人要自觉养育、扩充其"恻隐之心"等天赋的善端。

天人的贯通关系到政治的合法性与人的道德性，关系到人的安身立命，对于人的生存有极其重要的意义。当代人生存的困境，首先是物化、工具化、功利化的生存氛围造成了"上不在天"的问题，即人与神性意义的"天"的疏离。不少人失去了终极信仰的支撑，内在道德理性日益贫弱化。这是今天我们所以讨论"生存哲学"的缘由。人的俗世生活、俗世关怀、生活世界，离不开终极性或意义世界。

中国哲学重内在超越，价值之源在天，也在天所禀赋的人之所以为人之"性"与自己的心中。西方宗教与哲学强化了超越界与现实界的分裂与紧张。中国没有西方意义上的宗教，中国哲学代替了宗教的职能，但它把理想境界与现实人生统一了起来，通过"为仁由己""尽心知性知天""存心养性事天"的内倾路径（而不是外向路径），把事实（或现实）世界与价值（或超越）世界统一了起来。这样，形而上与形而下贯穿、衔接起来了，超越形上学点化为内在形上学，通过践行尽性的工夫，使价值理想在现实人生中逐步地实现出来。生活于俗世的人，照样可以成圣、成贤、成真人、成佛，超脱解放，把精神向上提升，使超越的理想在现实世界中完成、实现。诚如方东美先生所说，儒释道诸家以其独特的文化智慧，化宗教之玄秘为道德之内在性，以理性的道德价值支配人心的情绪，这在世界文化史上是一笔绝无仅有、不可多得的精神遗产。没有这些，人生存的基础必然发生动摇。

人与自然、人与物：共生一体

　　人不能没有生存环境，环境是人生存的前提。环境包括自然环境与人造环境，是二者之统合。人与生存环境的共生关系，历来为中国人所重视。《庄子·齐物论》："天地与我并生，而万物与我为一。"这里表达的是"天、地、人、物、我"整体和谐的智慧：无论是类的人、群体的人还是个体的人，与无限的宇宙、有形有限的世界以及天地万物，可以达到契合无间的理想状态。孟子说："亲亲而仁民，仁民而爱物。"（《孟子·尽心上》）张载说："民吾同胞，物吾与也。"（《正蒙·乾称》）我们爱自己的亲人，进而推己及人，爱周围的人，爱人类，爱草木鸟兽瓦石，爱自然万物和人造的万物。这些爱当然是有差等的。但仁者把自己与天地万物看成是一种共生的关系。程颢主张天地万物与己一体，元无分别。《识仁篇》云："仁者，浑然与物同体。"又说："仁者，以天地万物为一体，莫非己也。"（《二程遗书》卷二上）这当然是一种超越的理境。儒家主张通过仁爱之心的推广，把人的精神提扬到超脱寻常的人与我、物与我之分别的"天人合一"之境。这同时也表达了一种共生共存的意识。在古代思想家看来，人与自然万物，与草木、鸟兽、瓦石、山水，与驯养、栽培之动植物和衣食住行之器物等是密不可分的整体。天地万物是不同差异的统一，在这个统一体中，万物各安其位，各遂其性，各得其所。

　　中国古典哲学认为，天、地、人、物、我，不是各自独立、相互对峙的系统，彼此之间有着不可分割的联系，它们同处于一个充满生机的生命洪流之中。中国哲人观察宇宙人生，以一种"统观""会通"的方式，即着眼于天地人物我、人身人心都处在不同的系统或"场"之中，肯定各系统、要素之内外的相互依存，密切联系。人体小宇宙是一个有机联系的整体，世界大宇宙也是一个有机联系的整体，人体小宇宙与世界大宇宙也是一个有机联系的整体。古代哲学以"统体""一体"，或者以"道""一""太极""大全""太和"等表明这个整体。

《易经》与《易传》把宇宙看作是整体圆融、广大和谐、旁通统贯的。"《易》之为书也，广大悉备。有天道焉，有人道焉，有地道焉。兼三材而两之，故六。六者非它也，三材之道也。"（《周易·系辞下传》）这里讲，《周易》这部书是广大而包罗一切的，有天象的规律，有人事的条理，有地理的法则，总括天地人三材而重复起来，所以每卦有六爻。六爻不是别的，就是三材的规律。"天地人三材之道"把各种事物之间复杂的联系与制约关系，归纳成多层次互相制约的天道、地道、人道三大方面或系统。

老子讲："故道大，天大，地大，人亦大。域中有四大，而人居其一焉。人法地，地法天，天法道，道法自然。"（《老子》二十五章）道、天、地、人是宇宙间四种伟大的存在。人以地为法则，地以天为法则，天以道为法则，道以它自己的样子为法则。就是说，人要因地制宜，用地要根据天时的变化，变化有其存在于自然界的规律性。"道"是天地自然最根本的总规律与总过程，统摄天、地、人三大系统。

中国古代十分重视生态平衡与人的生存的关系，重视人与天、地、人、物、我的共生问题。原始人已经了解了农业生产与季节的关系，也开始摸索什么土地适合种什么植物，即有了后来的"宜时""宜地"观念的萌芽。《仪礼》和《左传》中都保留了夏商两代，特别是西周至春秋时期，人们对山川土地树木谷物神灵的尊重与祭祀；所有祭祀活动用牲或王室用膳，都不用怀孕的牲畜。关于对山林、鱼鳖的保护，《逸周书·大聚解》记载，从夏代开始即有禁令："禹之禁：春三月，山林不登斧斤，以成草木之长。夏三月，州泽不入网罟，以成鱼鳖之长。且以并农力，执成男女之功。夫然，则有生而不失其宜。"《孟子·梁惠王上》《荀子·王制》都有类似的说法，在砍伐山林、捕猎鱼兽方面，主张"斧斤以时入山林"，"斩伐长养，不失其时"，细密的网与毒药不入池泽等，其目的虽然亦是为了人的食与用，为了繁衍人口，为了养生，但其平衡共生的考虑，是很清楚的。在《论语》中，我们了解孔子与弟子对山川土谷神灵的尊重与对飞鸟鱼虫的保护。《孟子·告子上》之著名的"牛山濯濯"章，以郊外秀美的牛山被人滥砍滥伐和任意放牧牛羊，从而变成秃山之例，比喻人性放失不养之害，亦显示其爱护、养育森林资源和心性资源的贯通性思考。古代的《月令》，特别重视人对动物、植物、山川、陂池的保护，涉及季节与人之养生、渔猎、伐木、农事的关系。例如古代由政府下令在春季"祀山林川泽，牺牲无用牝。禁止伐木，无覆巢，无杀孩虫胎夭飞鸟，无麛无卵"，"无竭川泽，无漉陂池，无焚山林"（《吕氏春秋》卷一、卷二）。古代在"贵生""尊生"即尊重人的生命并"养生"的同时，亦重视人生存之自然环境，保护动植物的正常繁衍生长，保护山林川泽，这都是很重要的。近些年在敦煌悬泉发现王莽时代国家颁行的《月令》，写在墙上，内容与上引资料相类似。《诗经·大雅·旱麓》有"鸢飞戾天，鱼跃于渊"的诗句，宋明理学家常常追求鸢飞鱼跃、生机无限的境界。

有人认为，我前面论述的都是古代人的理想，而事实上传统社会对自然的破坏也很严重。我们坦诚承认，传统社会随着人口增长出现了对原始森林乃至整个自然环境的破坏等等，但我们必须注意两点：第一，古代对生态环境保护的重视是针对人为破坏的，以上理念与政令确实起了正面的作用；第二，农业社会对自然环境的破坏与工业社会对自然环境的破坏是不可同日而语的。人类进入工业社会后，物种的灭绝、退化才发生质变。工业污染及现代科技对自然的掠夺是全方位的，自然资源将消耗殆尽，退化的地球将不再是人生存、居住的处所。

前面已说过，古代信奉多神崇拜，不仅对自然山川土地树木之神有敬畏，而且对人造物，如谷物、衣食住行等器物等也有敬畏之心、尊重与爱护之意，或者说有感情。古代人认为，人有人性，人性中有神性，物有物性，物性中也有神性。在农业社会，人们对农耕地和农具有深厚的感情；在现代社会，对炒地皮的商人来说，他对土地毫无感情，土地只是他谋利的中介。而在今天的中国，土地问题、耕地问题，隐藏着极大的危机，恐怕朝野正在做既对不起列祖列宗，又对不起子孙后代的事情。

中国古人对于天地人物我的整体性看法并不排斥在自然认知上

的逻辑分析。认为中国古代的认识是模糊、笼统的，没有科学分类与分析，没有精细记录与量化，认为中国思维有忽视逻辑的倾向，都是误解。李约瑟、冯契、刘文英等专家对这种误解都有驳斥，吾敬东先生从生物学、农学、天文学、数学、律学、地理学、制作技术及操作类、专门性、百科性著述方面，从精细思维及逻辑思维方面作了详细论述①。

人与社会、人与人：群己和谐与个体彰显

个体生存的限度与限制，不仅在终极生存和生态环境方面，而且在社会群性方面，在习俗、成文与不成文的制度规范、社会历史文化传统方面，在个体与家国天下之关系方面。换言之，现代人生存的困境，除了要解决"上不在天，下不在地"的难题之外，还要解决"外不在人，内不在己"的难题。个体的人不要成为片面的人，必须正确处理与群体的关系，必须正确处理人性健康全面发展的问题。中国哲学的"群己"关系之论与"心、性、情、才"之论都有可供转化的资源。本节与下一节将分别论述。

从雅斯贝尔斯到哈贝马斯，都十分重视交往理性，珍视交往与孤独的辩证性。这当然是在现代文化的背景上讲的。中国哲学传统中有"成己"与"成人"、"立己"与"立人"、"己达"与"人达"之论，在"己"与"人"的关系上，孔子主张"己欲立而立人，己欲达

---

① 详见吾淳：《古代中国科学范型》，北京：中华书局，2002年。吾淳，亦名吾敬东。

而达人","己所不欲,勿施于人"。成就自己是在成就别人的共生关系中实现的。成就自己,同时必须尊重别人,不尊重别人,也不能成就自己。儒家的"为己""成己""反求诸己"之学,肯定"人人有贵于己者"(《孟子·告子上》),肯定主体的内在价值,肯定自我的主导作用,在道德实践和政治诉求上,表现了"舍我其谁"的担当意识。自我的完善与实现,脱离不了家国天下的完善与实现。孔子主张"修己以安人""修己以安百姓"(《论语·宪问》)。《大学》主张,"壹是皆以修身为本",以"修身"为中轴,把"正心""诚意""格物""致知"与"齐家""治国""平天下"联系在一起。这也是所谓"内圣"与"外王"的统一。这里面当然有一些问题,很可能导致自我淹没在群体之中。但另一方面,这种思想传统亦说明了中国人在交往理性上并不会发生困难。

中国古代哲学有关群体和谐的话语,路人皆知,兹不赘述。但不少人认为,中国思想的主流是压抑个性,妨碍个体性生存和精神独立的。这一看法当然可以在传统社会的史料中找到不少证据,尤其是在专制主义社会的制度结构中,对个性的窒压、情性的萎缩、人格的异化,具有普遍的趋势,这正是近现代仁人志士所批判和鞭笞的负面。

另一方面,我们也应看到,正常的君臣、父子、兄弟、夫妇、朋友等五伦关系并非是不对称的,并非只有单向度的义务,相反在权利与义务上是对等的。传统知识人为此而不断奋斗。

中国思想中有大量的关于人的个体存在性和精神自由的向往,有甚深的意蕴,可以予以创造性转化。儒家关于"为己之学"与

"我善养吾浩然之气"的观点,道家关于生命自我之超拔飞越的"逍遥无待之游"的精神之域,玄学与禅宗之"自信、自肯、自得、自在"之论都有许多值得发掘的宝贵资源。庄子哲学突出了人的个体性。尤其是"自本自根""独有之人,是为至贵""独与天地精神往来""以游无穷"诸说,从精神上肯定了个体人的地位。庄子的《逍遥游》《齐物论》在我国哲学史上明确提出了"个体性"原则。《老子》即有"道生之,德蓄之"之说。道是人之所共由,德是我之所自得。庄生天籁齐物之论所言者为"道";此道乃整体的和谐,而这种整体的和谐源于个体人格的平等、独立,殊相物事的彼此疏离,即众人、众物、众论之不齐;此道表现出对各相对价值系统的容忍、尊重,由此才能上达绝对的价值系统。庄生逍遥无待之游所重者为"德",此德(得)乃个体的自在自得,而这种个体的自在自得取决于个体如何超越于精神奴役、名教宰制、物欲系缚、外在牵累;此德传达的是对泯灭个体人独立地位、自由本性的社会异化的抗议,是对无所依待的精神自由的向往追求。"逍遥"与"齐物"即内圣与外王、适己性和与物化、众生之大自在与众论之无不齐、个性自由和众生平等、人之殊相与宇宙共相、自在与自为的对称、平衡、互动。两论所表达的睿智在于:人们面对自己的生命、自己的自在存在作出的选择,需要相对地与整体共在"分生""独化",在新的层次上重塑自我,使个我本己的人格结构、精神生命一次次获得跃迁、新生。这不是排斥共相共在,而是一次次适度地疏离、超越、提升,直至无穷。郭象注《庄》抉发"万有独化"论,不仅承认在"无"之精神超越境界中个体的逍遥无待,尤其肯定在"有"之现实存在世界中个体的自由无限性。万物各自以自己作为自己存在的根据,"物任其性,各当其分""块然自生""掘然自得""因而自因""足于其性""生则所在皆本""变化无往而非我"。郭象的思想是在现实世界里把个体从名教纲常等社会体制的束缚中分疏出来,并把这种个体性上升为宇宙本体。

儒家张扬个体人格,并认为这种个体人格是宇宙生命的反映。每一个个体生命、个体人格精神都以宇宙大生命或绝对的本心为其自性。因此,个体人格甚至包融了自然秩序、历史法则。个体的责任感、使命感、担当意识,自我意识的圆满自足、无限能动性,三军可夺帅,匹夫不可夺志,如此等等,确乎是一种自由的精神,自由的个体性。因为具体的个体(仁人志士)在具体的处境中是非精神的,不自由的,人格如若作为一个具体的个体,是用不着他力(他律)驱之使然,而凭其内在精神主宰自己(自律),挺身而出,血荐轩辕。因此,儒家的道德哲学乃是肯定个人的绝对的个体性,而所放弃的乃是个人的偶然和易变的个体性。前者仍然是共相,落实到具体场合、具体的人,才是殊相,而一旦实现、落实化为具体的道德行为,就不能离开个体的感性的生命存在。

但是,特殊的人在本质上是同另一些这种特殊性相关的,所以每一个特殊的人都是通过他人的中介,同时也无条件地通过普遍性的形式的中介,通过社会群体与社会组织的中介,来肯定自己并得到满足的。因此,个体必须通过社会群体的现实生活,通过家国天下,把自己实现出来;社会群体的发展和实现,终究必须落实在每个个体的意识和行为中。

总之，个体性的确立，个体的自我完善，必须考虑个体与群体、理性生命和感性存在、大体与小体、道义与功利、必然与自由、共相与殊相等等一系列的矛盾。"个体性"原则在中国哲学的确立，有赖于现代化事业和现代人的全面发展，有赖于对传统资源的体认和扬弃。人总是在与生存环境、与天地人物我的关系中，在社会生活与社会组织中成就自己、实现自己。个体与群体、理性自我与感性自我总是相依相待的。个体性是全面的，不是片面的；个体性、殊相、偶然与群体性、共相、必然的关系亦是辩证的、统一的。整体和谐不妨碍个体自由，反之亦然。古代人"虚己容人""虚己容物"真是了不起的智慧。

人与自己，人的生存品质：陶冶与升华

当下，一方面，社会身份人格或面具的人与真实的自我发生了裂解或异化。另一方面，灵性的消解，感悟的钝化，情欲和贪念的炽张，生活品质或生存目标的低俗，是市场化的媚俗的"大众文化"对人性涵咏的极大挑战。

中国传统哲学家很看重个体人的生存品位与品质，很重视人文的熏陶和修养。孔子讲："志于道，据于德，依于仁，游于艺。"（《论语·述而》）孔子又说："兴于《诗》，立于礼，成于乐。"（《论语·泰伯》）优游、涵养、陶冶于礼乐教化之中，通过《诗》教、《书》教、礼教、乐教来培养社会精英，也提升民间的品位，是传统知识分子的重要任务。孔子有"知其不可而为之"的品格，有"文

王既没,文不在兹乎"的担当意识,以"天命在我""天生德于予"的自觉,一身系斯文传续的使命,同时,也有"吾与点也"之叹。其实子路、冉求、公西华三人从事军政外交的志向,孔子并非不认同,相反,他总是鼓励弟子有外王事功之实践与建树,但是在当时的语境中,孔子独独默许曾点的优游涵咏:"暮春者,春服既成,冠者五六人,童子六七人,浴于沂,风乎舞雩,咏而归。"(《论语·先进》)没有这种生活意境的人是读不懂"吾与点也"章的。其实,曾点在这场对话中表现了胸次悠然,直与天地万物上下同流的意境,其志趣的特出、独到,使夫子叹息而深许之。可见个体生存的意义世界,与个体人之身心的涵养有很大的关系。重视人有别于禽兽,自不待言。不唯如此,人不仅仅是语言、逻辑即逻各斯的动物,不仅仅是社会政治的动物,尤其是具有宗教性、道德性和美感的动物,这就需要涵养。要有所养,养气、养心、养性、养情、养才。靠什么养? 在古代是靠人文的"六艺"之学之教,靠五经四书。

1993年在湖北出土的《性自命出》这篇估计是孔门后学的文献,很有意思,它讲"性自命出,命自天降,道始于情,情生于性"。人性有上天禀赋的道德性,前面"人与终极的天"这一节已有论述。"道"在这里指人道,即社会礼制。该篇既重视喜怒哀乐等自然生命的情气真实,对于血气心知给予极高的肯定. 又强调"用心""用智""用情""用身""用力"的节度。认为声色、利欲、悲痛、欢乐,郁陶状态的情气发用,是人之真实,但离不开"志"的引导。该篇主张,从形身和心灵诸层面加以陶养。《诗》《书》《礼》《乐》之教有助于调节人们情气的发用,使之合宜、恰当。该篇说:

"至容貌,所以度节也。君子美其情,贵其义,善其节,好其容,乐其道,悦其教,是以敬焉。"①容貌的端庄,行止的美,身心的和谐,是《礼》教的任务。礼容、礼仪通过正身行来调整内心,让君子以和乐庄敬的生命投入社会人事,而音乐、乐教则通过抒发情怀直入人心,陶冶情操和心灵。"凡声,其出于情也信,然后其入拔人之心也厚。闻笑声,则鲜如也斯喜。闻歌谣,则舀如也斯奋。"②真情之声,能深深地拨动人的心弦。谛听、吟诵、观看、欣赏《韶》《夏》《赉》《武》之乐舞,可以健康地抒发情感。浸润既久,可以让人们返回人性本始之善,振奋正气。

我们传统的心性论是一富矿,可以开采发掘的资源甚多。即使是朱子的心性论,其实也不是那么面目可憎,相反非常有亲切意味。朱子诚然强调"天理"对于"人欲"的控制与调整,但主要是指内在性的调控,不是外在强加。"情"需要节制,并非中国哲学家的专利,古今中外大的道德学家、伦理学家没有不讲导情、节情的,"情"之泛滥总不是一件好事。

朱子恰恰反对释家和胡宏、李翱的"灭情以复性"说,指出:"旧看五峰说,只将心对性说,一个情字都无下落。"(《朱子语类》卷五)"李翱复性则是云灭情以复性,则非。情如何可灭? 此乃释氏之说,陷于其中不自知。"(《朱子语类》卷五九)朱子把"情"分为两部分,一是"七情",一是"四端"。对于"七情",他强调恰当抒发而

---

① 荆门市博物馆:《郭店楚墓竹简》,北京:文物出版社,1998年,第179—180页。此句据裘锡圭按语补改。
② 同上书,第180页。

不是窒压、泯灭，他对于《诗经·周南·关雎》的创造性诠释，足见其对情爱和歌咏情爱的肯认。对于"四端"，他更加认为是道德实践的能动性力量。"爱是恻隐，恻隐是情，其理则谓之仁。""仁是爱之理，爱是仁之用。未发时，只唤做仁，仁却无形影；既发后，方唤做爱，爱却有形影。未发而言仁，可以包义礼智；既发而言恻隐，可以包恭敬、辞逊、是非。"（《朱子语类》卷二〇）他在这里讲的是道德理性与道德情感的不离不杂，道德理性与才知利欲之心的不离不杂。

在张载、二程"心统性情"的总体架构上，朱子尤重心、性、情、才的关系。总的说来，朱子指出，情、才同出于性，同属于心。情才显性，即在道德与社会实践过程中，情与才都具有能动性，使人性得以全面地展开。他指出，情是动，才是力，情是感动、发抒，才是才质、才能、能力、气力。"才"能使外王事业成就出来，也就是使人全面地实现出来。

王夫之大体上沿朱子的思路讨论心、性、情、才的关系，当然也略有差异。王夫之认为，心包含了情、才，人性行之于情、才之中。"才"靠"情"启动，"情"靠"性"调节；有了"才"方能显性于情；"情正"可以尽才，因此尽性。他主张"情以御才"，用今人的话说，是指人的智力才干（或"智商"）受到情感世界（或"情商"）的调控。他又主张"才以给情"，似乎是指智力才干对情感生活的辅助，帮助情感乃至人的本性的完成、实现。他还主张"才以就功"，即"尽其才"，能取得"尽其性"的功效。成就自己、实现自己，在古代有很复杂的讨论，心性情才的关系之论就是其中之一,这其中又有很细微的差别,兹不赘述。

人之世代生存的时间向度:悠久无疆

关于人的生存问题,前面我们所介绍的中国古代哲学之"天人""天地""物我""群己""性情"关系的讨论,已多有涉及。人存在于宗教的或形而上的追求之中,人生活于自然生态环境之内和社会关系的体系之中。人之为人,有其类特性与类本质,有人之所同然,"心之所同然""东圣西圣,心同理同"的普遍性,但又有其族群的、社群的、阶级的、阶层的、性别的、地域的、语言的、年龄的、宗教的、文化的、历史的种种差异和作为个体的人的个别的特殊的种种色色的性状。个体人是活生生的,有血有肉、有欲望、有感情的人。今天的"生存哲学"的讨论,无非是反思在全球化和电子网络文明的背景下,人如何在现实性上活得更好,更有合理性,更有理想。人类、族类、个体要活得更好,就需要重新反哺人类各文明的精神资源和人生睿智。所谓活得更好不是只顾自己,不顾他人与子孙后代。在这里,中国的智慧是值得检视的。中国古代哲学用一句话来说,就是生活的智慧,生命的智慧。"天地之大德曰生""生生之谓《易》"。"生"既是生存,又是创新。这些对于实现一个全面健康的人类、族群和个体,都是有所裨益的。

我在这里还要特别强调一下人生存的时间向度问题。古代的《易传》《中庸》达到了与《存在与时间》相似的思想深度。前面在"天道""天地""社群""人我""身心"等向度上均已涉及人生存之时空的交叉，如"人与社会、人与人"这一节谈到具体的社会历史文化传统对人生存的限制及恰好是在这一限制中超脱出来，实现自我的问题等等。我现在要强调的是，中国古代哲人的特殊智慧，在思考人的生存时，特重人之事业的可大可久，人与环境之悠久无疆的问题①。

《周易·系辞传》曰："《易》穷则变，变则通，通则久。""乾以易知，坤以简能。易则易知，简则易从。易知则有亲，易从则有功。有亲则可久，有功则可大。可久则贤人之德，可大则贤人之业。易简而天下之理得矣。天下之理得，而成位乎其中矣。"在这里，"久"指时间，"大"指空间。意思是说，天之道自然实现，是容易被认识的；地之道自然完成，是容易顺从的。人在天地之中生存。人效法天地之道，故从者众（有亲），事有成（有功）。亲者众则事业的时间长久，功业著则受益者的空间广大。此之谓可大可久。华夏文化与文明，正是可大可久。

中国哲学家谈到生存问题一定要讲始与终、幽与明、往与来、生与死的智慧，讲一代一代人与栖息之广天博地的延绵。《中庸》曰："故至诚无息。不息则久，久则徵，徵则悠远，悠远则博厚，博厚则高明。博厚可以载物也，高明可以覆物也，悠久所以成物也。博厚配地，高明配天，悠久无疆。如此者，不见而章，不动而变，

---

①　我特别要感谢杨祖汉教授与李瑞全教授在这方面的指教。2002年11月我在台湾大学、新竹清华大学等10所大学演讲，28日我曾以本文之初稿应邀到台北"中央"大学作关于"中国古代的生存哲学"的演讲，承蒙杨、李二教授的评论和提示，本文修改时增加了第五节，补充了悠久无疆的问题。

无为而成。"博厚高明都是空间，德性之人与天地相投射相匹配。这里所说的生生不息、不间断、长久、悠久等，都是时间。只有长久才能效验于外，能行之悠远才能广博深厚，如此才能高大光明。可见没有时间亦没有空间，反之亦然，这两者是交织的。悠远长久所以能成长万物，只有在时间中，天、地、人、物、我才能逐渐地实现出来，人之世代传续及其与自然世界的相接相处才可以无穷无尽。人必须有眼光，必须考虑行之悠远，不能急功近利，不考虑将来子孙后代的生存。人无远虑，必有近忧。既要解决近忧，更要有深谋远虑。西方人把悠久的世界放在彼岸天国，中国人认为悠久的世界就在现实界，在延绵之代代相续，在历史文化的承传。故《中庸》讲天地之道是博也、厚也、高也、明也、悠也、久也。《中庸》讲孔子继承历史文化传统，又"上律天时，下袭水土。譬如天地之无不持载，无不覆帱。譬如四时之错行，如日月之代明。万物并育而不相害，道并行而不相悖。小德川流，大德敦化。此天地之所以为大也"。尊重、顺从自然，肯定、包容并存，这是很高明的生存智慧。这需要宽裕温柔的度量，发强刚毅的精神，斋庄中正的虔敬心态，文理密察的思考能力。

徐复观先生的《学术与政治之间》印有徐先生伉俪在唐君毅先生家中做客时坐在唐家客厅里的照片，其背景是唐家客厅正墙上挂的一副春联。上联是"古往今来，神人共岁"；下联是"天长地久，物我同春"[①]。这是传统中国士人的信念与胸抱，又很有草根性，过

[①] 见徐复观：《学术与政治之间》，台北：学生书局，1980年，第1版，书前插页第二幅照片。照相的时间可能是1980年春节。

去在民间常见这种春联。这十六个字把中国人生存的时空交织的图景生动地表达了出来。我们要以中国大传统的大智慧回应当代经济全球化的诸多问题的挑战,回应当今、未来人之生存的深度与广度问题的挑战。我们把什么留给子孙? 这是我们必须回答的。现代人太功利,竭泽而渔,对自然资源如此,如何对得起列祖列宗,又如何对得起子孙后代?

(原题《论中国古代哲人的生存论智慧》,原载《学术月刊》2003年第9期,《中国社会科学文摘》2004年第1期摘载。)

中国哲学史研究的方法论

关于中国哲学史方法论问题，今天我讲三个方面的内容：第一是我们的老前辈萧萐父先生的思考、贡献与启示；第二我们谈谈中西互动中的中国经典诠释的方法学的展开；第三是关于21世纪中国哲学研究的多重取径、前景与限制问题。先向大家汇报第一个问题。

萧萐父先生的思考、贡献与启示

（一）萧先生对方法论问题思考的背景、过程与重点

改革开放以来，由陈修斋老师、杨祖陶老师挂帅的外国哲学史教研室和萧萐父老师、李德永老师、唐明邦老师主持的中国哲学史教研室一起开了一门课，中、西哲学的研究生一起来听，一起来切磋，一起来讨论，这门课就是哲学史方法论。这当然也源自院系调整后的北京大学。"哲学史方法论"这门课是陈修斋、萧萐父与杨祖陶先生为中外哲学史的研究生共同开设的特色课程。我们在20世纪80年代初，在陈老师、萧老师、杨老师的带领下受学。当时还有王荫庭老师讲普列汉诺夫，徐瑞康老师也讲了课，也请了校外的老师

授课，确实使我们受益匪浅①。那时硕士生的课主要是讨论课，我们读了大量的马克思主义的经典著作，比如马克思的《〈黑格尔法哲学批判〉导言》《政治经济学批判导言》《1844年经济学哲学手稿》，还有马克思晚年的人类学笔记数种，恩格斯的《卡尔·马克思〈政治经济学批判〉》《德国农民战争》《家庭、私有制与国家的起源》《路德维布·费尔巴哈和德国古典哲学的终结》《自然辩证法》，马恩合著的《神圣家族》《德意志意识形态》及他们的通信，列宁的《哲学笔记》等，对涉及黑格尔哲学史观的《哲学史讲演录》导言部分更是反复地研读，还有康德《判断力批判》导言等。萧先生又很重视引导我们对《庄子·天下》、《荀子·非十二子》、《韩非子·显学》、《淮南子·要略》、司马谈《论六家要旨》诸篇反映的古代学术史论与刘知几、王夫之、章学诚的历史哲学的研读，以为从中可以吸取我们民族哲学思想的方法学。

萧萐父老师的《吹沙集》现已出了新版，四川的巴蜀书社出了《吹沙集》三卷，武汉大学出版社也出版了萧老师的论著集及萧师与师母的诗书画集等。这些著作里面有关于"方法刍议"的七篇论文及其他栏目的若干论文，这些文章我们都曾学习和讨论过，有的我也曾参与了整理。现在，温故而知新，每读一遍都有很深的感情。改革开放以来，全国的哲学界、哲学史界是如何艰难地跨越了

---

① 当时的部分讲义后来编入陈修斋、肖萐父主编：《哲学史方法论研究》，武汉：武汉大学出版社，1984年。此外，在萧萐父老师指导与安排下，1989年以武汉大学哲学系名义出了打字油印本《哲学史方法论新探》，由校印刷厂印出，用于研究生的"哲学史方法论"课程。

这一步，来真正了解人类文明史上最辉煌的西洋哲学与中国哲学的核心问题，及如何探讨方法学问题的，我们是见证人。

我们可以说是在陈修斋老师、萧萐父老师、杨祖陶老师等前辈指导并与我们一起讨论的过程中，打下了方法论的基础的。老师们是结合自己的专长与研究心得来讲方法论的，萧先生结合明清哲学的研究，陈先生结合西方唯理论、经验论与莱布尼兹的研究，杨先生结合德国古典哲学，主要是康德与黑格尔哲学的研究，王荫庭先生结合普列汉诺夫五项论的研究。陈修斋老师的有关论著，请参见段德智教授编的《陈修斋哲学与哲学史论文集》等，杨祖陶老师的论著有《德国古典哲学逻辑进程》《康德黑格尔哲学研究》等，以上几种精专传世之作都是武汉大学出版社出版的，陈先生的书新版为《陈修斋论哲学与哲学史》，由人民出版社出版。当时我们还修了江天骥先生的科学哲学的课，亦很受库恩的科学革命的结构的启发。江先生关于西方科学哲学的书，我们也是人手一册。以上诸先生的影响，从我1983年所写的一篇方法论的文章中可以看到①。

六十年来，一个甲子的中国哲学和西洋哲学关于方法学的讨论，的确是非常有深意的。改革开放刚开始，1978—1979年中外哲学史界著名的芜湖会议、太原会议，1981年杭州宋明理学讨论会等，都是很重要的会议。通过我们中外哲学史两个学科长期在一起讨论，对教条化、庸俗化、贫乏化的苏联日丹诺夫式的哲学史方法论给予了检讨。关于哲学史研究的对象、范围、重点、方法问题一

---

① 参见郭齐勇：《哲学史方法论学习札记》，《武汉大学学报（社会科学版）》1984年第4期。

直是萧老师等前辈们思考的重点。我们知道，这一思考的道路不是平坦的。最近我看到坊间有的杂志上有批评萧老师和李锦全老师主编的《中国哲学史》教材的文章。我不是说我的老师就不能批评，而是说批评一定要知人论世，一定要同情地理解。我们老一辈先生编的《中国哲学史》虽然在我们现在看来有一些不尽如人意的地方，但在当时来说那其实是非常了不起的贡献。而且这套书出版了十几万册，被许多本科阶段的大学生们捧读，的确是非常了不起的。因为它在方法学上有一个自觉，这个自觉表现在对我们中国哲学史研究的重点、范围、对象问题是加以思考与简择了的。萧先生主要是根据马克思主义方法学的理论和原理来思考和构建中国哲学史的，当时对哲学史的定义就曾参考学习了列宁的《哲学笔记》。萧先生讲关于自然、社会和思维的一般认识的历史，以此来定义哲学史，以区别于哲学与非哲学的界限。大家都知道，当时哲学界有一个认识论的转向，这个认识论的转向使得萧先生的认识史观特重梳理、筛选在宗教、艺术、道德、社会、政治、法律资料中涉及的规律、本质的哲学问题。至于这些学科中的具体问题，则由这些学科自行解决。如若把哲学史作为一门学科加以定义、研究，则一定关涉上述各学科里面的本质、规律等哲学问题。萧先生以黑格尔-马克思的"逻辑与历史相统一"的哲学史观与列宁《哲学笔记》的有关论断为方法论主调，且受到前面所说的哲学界"认识论"转向的影响。

　　武汉大学、中山大学等九校合编的，萧先生与李先生主编的中哲史教材就是用"螺旋结构""历史圆圈""范畴研究""哲学史是认识史"等路数来重新架构或解读中国哲学的，力图从比前的泛政治化走向学术化。同时，作者非常有深度地研讨了中国哲学的范畴问题。我们知道，要了解中国哲学的范畴问题，首先应对此加以提炼与辨析。我们须探讨中国哲学的天、人、道、气、性、命、心、理、德、知等范畴，宇宙论、本体论、心性论、认识论学说及如何与西方哲学相比照并加以调适上遂的发展的问题。且为了使这些哲学资料更加适合于我们的学子讨论和阅读，就须在教材中梳理出这些主要思想之逻辑发展的规则、轨迹。作者从中提炼出一些非常具有价值的范畴和范畴体系来加以建构。当然，在建构过程中也不免出现削足适履的情况，这是难以避免的，但是中国哲学的哲学性由此开始得到了特别的重视。这就是在20世纪70年代末、80年代初，也就是在我们读本科生和硕士研究生的时候，整个学界特别是中外哲学史界的一个主要的走向。冯契先生的《中国古代哲学的逻辑发展》及"智慧说"三部曲与萧萐父、李锦全先生主编的《中国哲学史》及萧先生的论著——《吹沙集》三卷，算是一种路数的代表。这是承接着逻辑与历史统一、哲学史就是认识史的路数展开的。另一方面，李泽厚先生的中国古代、近代、现代思想史论之三部曲及20世纪80年代的文化讨论、文化热，产生了汤一介、庞朴先生的一些论著，影响极大。大家知道，我们曾经都是李泽厚先生的粉丝。可以说，当时全国的人文学的研究生，其案头上几乎没有不摆放李泽厚的书的。这就是80年代初期中国思想界的一种状况。但我们比较偏重于冯契先生和萧先生这样一个脉络。这个脉络非常重视中西马的融通。对西方哲学的研讨，上至古希腊哲学，下至康德、黑格尔等的德国观念论,一直到马克思主义的经典导读,实与中国哲学相发明。可以说中西马的互动促成了当时这样一种哲学史观与方法学的讨论。

当然,今天我们检讨和回顾一个甲子的中国哲学史的研究及其方法论问题,不能不更往前推。我们这个学科的建设、它的自觉化有将近一个世纪的历程。我们知道,最早是胡适的《中国哲学史大纲》卷上。还有冯友兰先生20世纪30年代出版的《中国哲学史》两卷本。这个两卷本《中国哲学史》由卜德翻译成英文。这个英译本结合了西南联大时期冯先生《新原道》中的思想,在英文世界流行甚广,至今仍在起作用。这个英译本因为吸收了《新原道》中的思想,且采用了冯先生一边讲述、译者一边翻译的形式,因此比中文本更好,更能体现冯先生自觉地对于中国哲学史的解读。

我们看金岳霖先生给冯友兰先生的《中国哲学史》所作的审查报告,就特别强调了胡适先生的半部中国哲学史中所带有的那样一种强势的西方人特别是美国商人的眼光。后来经冯先生建议,金先生把"商"字去掉了。这种眼光难免造成诸多成见。按梁任公先生的评价,胡适先生的哲学史大纲,对知识论、逻辑学有石破天惊的创发,但是中国人最得心应手、最有创造性智慧的社会哲学、政治哲学、伦理学、人生哲学却暗而不彰。当然,我们也知道,当时胡适很困难,他能够从西方的实验主义、逻辑学出发来解读一部分中国哲学史的材料就很了不起了。当时对胡适先生这半部哲学史的推崇,是以蔡元培先生的评价为标准的,那评价是非常高的,认为是创造性的开天辟地之作。当然胡著是一个斩头的哲学史,它把前面很长一段哲学史都斩掉了。我们每一个人都有一定的限制，每一个学者也是这样，不可能不在时代的氛围内做自己的学术研究，因为他（她）必须有学术前史作为基础。所以，胡适、冯友兰，特别是胡先生还是非常了不起的具有开拓性的人物。

萧老师他们反省中国哲学（史）以及方法学的建构时，特别重视的还有他们的前驱，像郭沫若、侯外庐的这样一种研究范式。可以说，1949年以前，有两种范式占主导地位。前面一种范式是用美国或说西方的哲学解释框架或者某一种路数来解读传统中国哲学。比如，冯先生是新实在论的路数，用共相的观念来谈问题，而用共相来谈的"理"就成了一个空套子。但不管怎样，他有自己的优长。而冯先生晚年则特重人生哲学、社会哲学等。

郭沫若、侯外庐先生的方式是以唯物史观作为中国哲学讨论的最主要的一个理论指导。在这种框架之下，侯外庐、杜国庠、赵纪彬、邱汉生等的《中国思想通史》于新中国成立前出版了几卷，且新中国成立后继续出版，这成为六十年来中国哲学史和中国思想史最重要的参照，非常了不起。当年，侯外庐专门谈《资本论》、谈亚细亚生产方式，都是我们今天还在讨论的问题。但是我们要看到，当时的讨论的确是以唯物史观作指导来研究中国哲学、中国思想的，这也是具开创性意义的，有很多值得我们肯定的思想财富。此外，张岱年先生新中国成立前写的《中国哲学大纲》，之前出版了一个小本子，但却湮没无闻，一直到80年代初期才由中国社会科学出版社正式出版，这时才有了一些影响。但张先生是以范畴论的方式来写这部大纲的。任继愈先生挂帅主编的几个版本的《中国哲学史》也是一个重要的参照。特别是四卷本的那套,"文革"前已出版,1979年又重新修订出版,成为我们好几代学生重要的教材和参考书。这些都是萧先生那一代人思考中国哲学及其方法论的重要前史。特别值得参考的是,他们用唯物史观的理论与方法来指导中国哲学的研究,重视哲学思想产生的社会历史背景及其对哲学观念的影响,重视发掘被正统史家所湮没的民间下层的思想代表等,都很了不起。

萧先生会通中西印哲学,非常重视中西印各哲学传统的发展。金克木先生、汤用彤先生都是他的老师,彼此之间特有会心。萧先生以批评的精神和创造性智慧,转化、发展儒释道、诸子百家思想资源。为总结历史经验教训,他从哲学史方法论的问题意识切入,尽力突破左的教条主义的束缚,引入螺旋结构代替对子结构。对子结构也就是唯物主义与唯心主义、辩证法与形而上学对立的这样一种结构。萧先生重视逻辑与历史的一致,强调普遍、特殊、个别的辩证联结,认真探究中国哲学范畴史的逻辑发展与哲学观念史发展的历史圆圈。萧先生由哲学史方法论问题的咀嚼,提出了哲学史的纯化与泛化的有张力的统一观①,努力改变"五四"以降中国哲学依傍、移植、临摹西方哲学或以西方哲学的某家某派理论与方法对中国哲学的史料任意地简单比附、"削足适履"的状况。这可以说是萧先生方法学思考的理论贡献。

---

① 纯化是把哲学问题提炼出来,泛化是还原到思想史、学术史、文化史或某个部类中去。

(二）萧先生关于经典与史料的研读

萧先生也特别强调经典与史料的研读。我们讨论的是中国哲学。在文史哲分科之前，我国图书分类法只有这样一种经、史、子、集四部的分类方法，还有就是清代的义理、考据、辞章三种学问路向，但这些都不是今天西方社会科学的分科。分科当然非常好，但分科也会带来一些盲点。比如说，经学是中国文化最重要的根源，但经学通过这种分科反而得不到很好的研究。今天我们适度地提倡国学，国学这一学科不可以替代文史哲的分科，但是它可以补救现行文史哲分科后出现的问题。例如，经学中的《诗经》放在了文学科，但只放在文学中够吗？《诗经》讨论的只是今天文学范畴内的问题吗？当然不是。所以，萧先生在重视经典和史料研读的过程中，非常重视方法论之前的方法或解释学之前的解释。有的人认为训诂、考据或者文献学的研讨，包括文字、音韵、训诂，一直到校勘、辨伪与辑佚等，不能算作解释学的内容，但它们肯定是解释学之前即我们研读中国哲学文本之前必须要做的基础工作。

我们读书的时候，萧老师给我们开了史料学的课程，专门读梁任公先生的《清代学术概论》等书籍。梁先生论朴学，主张"凡立一义，必凭证据；无证据而以臆度者，在所必摈"[1]。且强调"孤证不为定说。其无反证者姑存之，得有续证则渐信之，遇有力之反证则弃之"[2]。还有，作为一名学者为了证明自己的看法或观点，"隐

---

[1][2] 梁启超：《清代学术概论》，上海：上海古籍出版社，1998年，第47页。

匿证据或曲解证据,皆认为不德"。"最喜罗列事项之同类者,为比较的研究,而求得其公则。""所见不合,则相辩诘,虽弟子驳难本师,亦所不避,受之者从不以为忤。""文体贵朴实简絜,最忌'言有枝叶'。"①即语言不要太枝蔓,要集中到你的论证上来。此外,萧先生还让我们讨论陈垣先生的《元典章校补释例》之《校法四例》,即对校法、他校法、本校法、综合考证法。这都是我们切实研读文献时须讨论的。关于考据,清儒考据工夫很深,但萧先生启发我们对此也不要迷信。

不要迷信已有考据的成果,清儒考据也有自身的限制。例如关于《大学》,清儒毛奇龄认为《大学》的单行本出现很早,以为《论语》《孟子》《大学》《中庸》《孝经》乃小经,在汉唐时早已单篇独行,不始于宋儒。全祖望《萧山毛检讨别传》就指陈其谬,而且举出的例子有很多实证的方面。比如说,关于毛奇龄对于《新唐书》所载材料的误读就是一例。《新唐书》说修小经、中经、大经,指的是学年时间的概念,并不是说有所谓小经、中经、大经的一个内容上的区别。《新唐书》卷四十四载:《孝经》《论语》一年修,《尚书》《公羊传》《穀梁传》一年半修,《周易》《诗经》《周礼》《仪礼》两年修,《礼记》《左传》三年修。不能因《新唐书》的这条材料,我们就把小经当作单篇别出。清儒朱彝尊这一了不起的学者,也指出单篇别出的《大学》《中庸》出现非常早,不始于宋代,尤其不始于南宋。朱彝尊甚至说司马光所注的《大学广义》是单行的开始,好像

---

① 梁启超:《清代学术概论》,第47页。

铁证如山。但实际上，《礼记》有十多篇在宋代以前已有专篇注解了，并不能因此断言单篇独行。司马光所注《大学》，仍是作为《礼记》的一篇。如按《经义考》，《礼记》有四分之一的篇章早已单行。我们今天来了解《大学》《中庸》形成的历史，就知道这些问题都较容易解决。《大学》《中庸》单篇别出不是如毛奇龄、朱彝尊所理解的那样的①。

我们还注意到《资治通鉴》几位撰写者的分工问题。胡三省在《新注资治通鉴序》中说："修书分属，汉则刘攽，三国讫于南北朝则刘恕，唐则范祖禹，各因其所长属之，皆天下选也。"但清人全祖望在《通鉴分修诸子考》中提出一条材料，是司马光写给范祖禹的信，信中说：你要看到魏晋南北朝的材料就给刘攽，五代的材料就给刘恕。全祖望据此说胡三省注里讲的分工不对。抗战期间，陈垣先生带研究生，就叫研究生自己写文章来讨论全祖望的说法是否可靠。陈垣先生的意见是，司马光的这封信的确是信史，确有其事。但那只是他初步的想法，是收集资料做长编时候的考虑，后来并没有这样做。新中国成立后翦伯赞先生写过一篇文章，里面关于《通鉴》的分工，还是按胡三省的说法。马上就有人写文反驳，批评翦伯赞，并举全祖望之说云云。翦伯赞先生回应说，全祖望的说法不对，你还须考证②。从这些材料的甄别可以看出，中国哲学的难度也在其史料、资料的辨析上。

---

① 详见岑溢成：《大学义理疏解》（第七版），台北：鹅湖出版社，2000年，第4—8页。

② 详见柴德赓：《资治通鉴介绍》，北京：求实出版社，1981年，第13—14页。

在我校最近举办的明清学术会议上，一位域外学者引用了邓豁渠《南询录》的材料。他用的是发表在《中国哲学》辑刊第19辑上的材料。我就告诉他，那个材料不可用。因为《南询录》的材料日本人很重视，收藏在他们的东洋文库即内阁文库中，而在中国却失传了。日本有几位大学者如岛田虔次先生、荒木见悟先生等都写了关于《南询录》的论文。我们有的先生做事疏忽或训诂方面的修养不够，点校的问题就很大。点校是要工夫的。比如说，该书前面引的白沙子的话，其实只有短短一句话，整理者却把一长段话都打上引号，当做陈白沙的话。其实白沙子的书都已整理出版，可以查对。有关《南询录》，应看邓红的整理本①。

又如，有人讲庄子的"判天地之美，析万物之理"如何了不起，值得大力提倡云云，这是对《庄子·天下篇》的误解。其实这本来是庄子学派所批评的一曲之见。《天下篇》作者认为把握道体之"全"，才能"原天地之美，达万物之理"。

我举以上几个例子是想说明，萧先生在训练我们的时候特别重视资料、文献的鉴别、爬梳与点校。这是非常难又很重要的一种训练。萧先生的史料学课的讲义，通过我们前几届研究生听课并不断整理，老师反复加以修订而成②。这是作为我校研究生院的教材，由校出版社出版的，理应成为我们专业博、硕士生的案头书，这本书不仅讲史料，也讲方法。其中第二讲《古史祛疑》，就是对疑古思

---

① 邓豁渠著，邓红校注：《南询录校注》，武汉：武汉理工大学出版社，2008年。
② 萧萐父：《中国哲学史史料源流举要》，武汉：武汉大学出版社，1998年。

潮的反思，属于方法论问题，第三讲《朴学简介》，就是讲文献识别与把握的门径与方法，第四讲则讲地下考古资料与传世文献的互证等，也是方法，即二重证据法。

（三）萧先生强调对已有成果的把握

萧先生不仅非常重视第一手原始资料与文献，而且非常重视对于海内外已有成果的研读，即学术前史的通晓。他训练我们的硕、博士生时，强调一定要能够做一个非常好的文献综述。做文献综述中也要贯穿着问题意识。任何思想史上的人物都是接着讲的。当你做硕士论文或博士论文时，一定要切实梳理你的研究方向、论题的现有成果。从对已有成果的反思中发现问题，然后抓住问题深入研究，超越已有成果。我们做的是有思想的学术和有学术的思想。思想离开了学术是空疏的，学术离开了思想是盲目的。"竭泽而渔"是陈垣先生倡导的治学方法。那时萧老师就让我们读《励耘书屋问学记》，让我们反复体会大学问家的治学精神。傅斯年先生讲"上穷碧落下黄泉，动手动脚找东西"。傅斯年先生成立史语所的时候，其宣言尽管用的是唯科学主义的方法，存在问题。但我们知道，现代学术的规范就是要充分理解你所研究的对象，并尽量掌握已有的成果。因此，要全面理解中国的、外国的包括汉学家的、中国学家的、日本的、欧美的已有成果来做学术前史的梳理。所以，假如我们没有对于已有成果的研读和学术前史的梳理，每做一篇文章都有可能失败，因为别人已经说过了，只是你不知道而已。有的人自说自话，孤芳自赏，根本不了解海内外有关人物、课题、著作研究的进展与前沿，那当然不能称之为真正的学术研究。我们现在指导研究生时发现，有些同学比较偷巧，在网上查资料，但找的都是一些地方师专学报等刊物上的文章。而对于研究对象所涉及的一些最重要的文献却并没有去找，特别是对思想的演进过程不了解。我们认为，学术方法与学术态度是连在一起的。做学问就要老老实实。"知之为知之，不知为不知，是知也。"在一定意义上，老老实实既是态度，也是方法。诚实地做学问既是态度，又是方法。这是我们的老先生们一再所强调的。因此，萧老师、陈修斋老师、杨祖陶老师、李德永老师、唐明邦老师都非常重视做人与做学问的一致。对此，萧先生提出二十字方针："德业双修，学思并重，史论结合，中西对比，古今贯通。"这是一种开放的，以做人为前提的学问之道。我以为这里面包含的内容非常深广。以汤用彤先生、金克木先生为榜样的萧先生有一副对联，也是他一生的努力过程："多维互动，漫汗通观儒释道；积杂成纯，从容涵化印中西。"萧先生和师母的骨灰现安葬在他们的家乡成都，墓碑上的碑文就是这副对联。这是我们武汉大学以及哲学学院最重要的一个学术传统，也是最重要的一个方法学。我们不应把方法与方法学太过于拘束化了。总之，一定要有广博的知识背景与扎实的学问工夫，精读经典，打好基础。

中西互动：中国经典诠释方法学的展开

前面谈了第一个问题，即萧先生的致思趋向、方法学思考与治学方法。这里讲第二个问题，讨论的是中国经典诠释方法学的展开。

(一) 诠释学与创造的诠释学

这就要提到美国天普大学教授傅伟勋先生。他和萧先生、刘纲纪先生都是非常好的朋友。傅伟勋先生一共来武大两次，萧先生邀请并让我接待、陪同。傅伟勋先生的创造的诠释学是20世纪80年代中后期首次在武汉大学讲的，后来又有所修改。关于诠释学，他很敏感。那时大家还没有像今天这样重视伽达默尔的诠释学。那时傅先生用五层辩证的关系来讨论中国经典诠释。首先是"实谓"，即这个文本实际上说了什么？这一层实际涵盖了我前面所说的点校、训诂、考据、辨伪、辑轶等。要想弄清文本实际上说了什么，就离不开文字训诂等一系列小学工夫与文献学的工夫。假如对前面的思想史遗产完全不了解，就没有办法做个案的研究。第二层是"意谓"，即作者想要表达什么？或他所说的意思到底是什么？这一点傅先生认为非常重要。后来有人讨论说，这才是开始了真正的诠释学。第三层是"蕴谓"，即作者可能要说什么？或他所说的可能蕴涵着什么？第四层是"当谓"，即原思想家本来应当说出什么？或创造的诠释学者应当为原思想家说出什么？最后一层是"必谓"（后来傅先生修改为"创谓"），即原思想家现在必须说出什么？或为了解决原思想家未能完成的思想课题，创造的诠释学者现在必须践行什么？①有人批评说，必谓（或创谓）也应放在诠释学之

---

① 参见傅伟勋：《从西方哲学到禅佛教》，北京：生活·读书·新知三联书店，1992年，第51—52页。

外。也就是说,属于诠释学之内的只有意谓、蕴谓和当谓。实谓是进入诠释学的一个工夫与前提,是前面的准备工作。意谓、蕴谓和当谓才是诠释的过程。必谓(或创谓)则是今人的解读,应排除在诠释过程之外。香港中文大学的刘昌元先生对傅伟勋先生创造的诠释学也有所批评。他认为,假如存在这五层创造的诠释的话,就有过渡诠释的嫌疑。他强调孟子所说的读《诗》时"以意逆志"的方法。要分析"说话的主体"与"实际的主体",以期做到不"以文害辞",不"以辞害意"。人的意识总是处在一定的处境、制度与风俗之中①。还有,诠释者总是使用一定的语言,这也是伽达默尔所强调的一种诠释对话的理论。我们要勇于突破权威的、独断的说法给我们的限制。这就必须有开放的心态。关于"成见",伽达默尔也有他自己的解读,大家想必也很熟悉了。此外,刘昌元先生提出了"历史的具体化原则""融合原则"和"丰富性原则"。比如,他说方东美先生用道体、道用、道相、道徵四方面来解读"道",就把《老子》的"道"解释为在形上学上有一超本体论的层次。这些都是刘昌元先生在解释学层面对傅伟勋先生的批评。刘先生还提出有所谓"尊敬的解释学"与"怀疑的解释学"等相对应的观点②。关于伽达默尔的诠释学,我们有很多很好的学者来做这方面的研究。伽达默尔所反省的是西方启蒙主义的两大精神:一个是强调理性,一个是否定传统。

---

①② 参见刘昌元:《研究中国哲学所需遵循的解释学原则》,见沈清松主编:《跨世纪的中国哲学》,台北:五南图书出版公司,2001年,第77—98页。

（二）从黑格尔转向后黑格尔

我接手哲学史方法论这门课程到 2009 年，约有十五个年头了。我们这门课原来是中西哲学史的老师一起上，后因工作量的问题，就分开了。分开后，我和田文军老师一起来负责。原来这门课是两个学期即一个学年的课，田文军老师与我各带一学期课，近几年压缩为一个学期了，我们各带半学期课。我主持这门课时曾请邓晓芒教授、彭富春教授、何卫平教授到我们这个班给中国哲学专业的研究生来讲西方哲学中最重要的哲学家的方法学。这是我们一直所强调的中西互通。我接手之后对这门课程的转型，就是从黑格尔转向后黑格尔。一方面，我们继续研读黑格尔《哲学史讲演录》的导言，对其进行细致的讨论；另一方面，我们更重要的是学习并检讨马克思·韦伯，学习并反思西方著名汉学家的新成果，学习并讨论伽达默尔的诠释学在中国哲学诠释中的意义。伽达默尔认为，如果否定传统就丧失了我们所理解的视域，而令纯理性的作用几乎成为不可能。现代并不与传统相对立，而是以崭新的方式来形成新的传统。真正达到理解时，社会对现代与传统的理解就实现了"视域融合"。洪汉鼎、沈清松、陈荣华、何卫平等教授在这一方面都有很多贡献，我们主要读洪汉鼎译《真理与方法》及洪先生书数种，沈清松先生著《现代哲学论衡》有专章论哲学诠释学，陈荣华先生著有《葛达玛诠释学与中国哲学的诠释》。沈清松据伽达默尔思想指出："任何文化创造者皆必须承接传统。我们每一个人都必须意识到自己隶属于一个传统，但同时更要知道这个历史传统只是各种传统中的一个而已。所以，我们同时必须对其他传统采取开放的态度。

但在对其他传统开放时,亦不可以抛弃自己的传统。如果丢掉自己的传统,那么我们根本就没有理解其他传统的根据地……在传统中,最是宝贵、最资珍惜的,应当是语言的传统,而语言的传统乃是由经典、文学作品等所构成的世界。例如在我们中国文化的传统中最可贵的就是由这些典章文物、圣贤言论、经史子集等等语言文字所构成的,由于有了这些传统,我们才能理解这个世界,并且对这个世界有深入的了解和参与。"① 向印度、西方等不同传统开放,一定要有自己的根据地。

解释学有它的"游戏"观念,而游戏中又有规则。这一规则与自然科学中的规则不同。自然科学的规则是主客对立。西方社会科学也受到了自然科学这一规则的限制。主客二分作为所谓的普遍规则理论,用到对具体事物的把握上,就造成了像我们今天生态环境遭受严重破坏等后果,这就是科技文化所产生的弊端。所以,须理解老子所谓"道法自然"。我们要费很多口舌来向我们的听众表明"道法自然"这一"自然"不是西方观念下的那个对象化的"自然"。"道法自然"就是道像自己的那个样子而已。伽达默尔诠释学讲到了诠释活动的预设,认为客观的诠释是不可能的,我们的理解总是在先设结构(所有、观念、概念等)的框架内才能实现。比如说,我们解读孟子的"尽其心者,知其性也。知其性,则知天矣。存其心,养其性,所以事天也"②。尽心、知性、知天、存心、养

---

① 沈清松:《现代哲学论衡》,台北:黎明文化事业公司,1985年,第306—307页。
② 《孟子·尽心上》。

性、事天只有从《孟子》全书的脉络中才能得到理解。不仅如此,我们甚至只有从先秦儒学发展的脉络中才能理解这句话。这就是诠释时的"先设所有"。所以任何一种创造性的理解都离不开我们的传统。我们现在认为理性与传统之间是可以各自分离、彼此独立的。然而解释学告诉我们,在我们彼此之间,在问题与答案之间,通过诠释经验中的对话性,双方可以达到一种互动。这就是一种人文主义的方法学[①]。

(三) 近年来中国经典诠释的方法论启示

中国哲学史界近年来的方法学讨论,我觉得最值得重视的是成中英先生的本体诠释学,汤一介先生的中国解释学、黄俊杰先生以孟子诠释为中心的经典诠释学与东亚经典的诠释学、李明辉先生的康德与儒学的互释、刘笑敢先生的"反向格义"说,还有借现象学解释的路子,如张祥龙教授与陈少明教授等所做的工作。成中英先生认为,西方古典的形上学是寻找本体的诠释,而他所探讨的中国诠释学是基于本体的诠释。他要重新建构中国诠释学视域下的本体论。黄俊杰先生把两千年来《孟子》的诠释历史加以分析与提炼,总结中国诠释的方法学及时代所附加在《孟子》诠释上的一些内容,使经典与文本得以新的敞开。此外,日本、朝鲜半岛、越南学者对于四书、儒学也有自己不同的诠释,并在此方面做出了积极的贡献。汤一介先生总结了中国古代经典诠释的三种路向:一是"历史事件的解释",二是"整体性的哲学解释",三是"社会政治运作

[①] 参见陈荣华:《葛达玛诠释学与中国哲学的诠释》,台北:明文书局,1998年,第97—100、168—170页。

型的解释"。这些都是值得我们讨论的一些问题,都可以丰富我们的哲学史研究。伽达默尔101岁时告诫中国学者,不应忽视自己本民族及文化传统中丰富的具有特色的解释学思想的分析与提炼,它也可以给西方提供某种借鉴与启示①。我们有自己的解释学传统,我们的经学、子学、佛学、理学中都有自身的解释学传统。对此我们应倍加珍惜,我们相信伽达默尔的这番话具有重大的意义。

前些年还有所谓中国哲学"合法性"问题的讨论。对于中国有没有哲学,不能因为一个洋大人来中国走了一遭,说中国没有哲学,只有思想,我们就亦步亦趋。其实,没有必要去争论中国有没有哲学,因为哲学的定义本来就非常繁复。但有人又提出,这么多年以来我们中国哲学的解释完全是"汉话胡说"。那么,我们是不是不要用外国人的思想作为参照,不要"胡说"了呢? 还有人提出,我们不要"哲学"这一词汇,就用古代的"道术"替代算了。此外,我们该如何应对"以西释中",是不是可以开出一条"以中释中"的路子呢? 有的先生主张"自己讲"和"讲自己"。我们今天已经到了一个中西不可分割的对话时代,个人以为,已经不可能自说自话了。既然我们处在一个中西互动的时代,那么前面所面临的疑问自然就好回答了。看来,故步自封是不行的。"中国哲学"学科的完善与发展,仍然离不开中外哲学的多方面的更加广泛深入的交流、对话与沟通。今天,我们的解释学处境是在中外古今之间,故针对"以西释中"回到所谓"以中释中",是不妥当的,其实"中"

---

① 参见余敦康、黄俊杰、洪汉鼎、李明辉:《中国诠释学是一座桥》,《光明日报》2002年9月26日。

"西"都是流动的、变化着的。通过对近十几年来中国经典诠释的方法学及专家们所提出的各种问题进行讨论、解读，可以引发我们对于中国哲学方法学的新思考。

21世纪中国哲学研究的多重取径、前景与限制

下面，我讲第三个大问题，20世纪中国哲学研究的多重取径、前景与限制。十五年来，我在为研究生讲授哲学史方法论课程的教学计划中，有关教学目的，我一直写着这样一句话："重点理解和讨论中国哲学史的特殊方法论，即不以西方范型为框架的中国人文的方法论，破除将西方社会科学与哲学方法作为普遍方法的迷信，理解中国哲学范畴、价值、意境的特殊性及其普式化。"在我布置的思考题中，有一个题目是："治中国哲学史的一个难题，就是人们的视域、思考方式、方法学训练，主要是依从西方的。试问，您认为如何从心态、方法（包括思想方法和范畴诠释方式）上更好地解释传统？"我开的长长的书单中有张岱年先生的《中国哲学史方法论发凡》和韦政通先生编的《中国思想史方法论文选集》等。近些年，我也发表了好几篇关于哲学史方法论的文章[①]，以下综合这些论文，简略地谈几个问题。

[①] 郭齐勇：《中国哲学：保持世界性与本土化之间的必要的张力》，《天津社会科学》2004年第1期；郭齐勇：《"中国哲学"及其自主性》，《文史哲》2005年第3期；郭齐勇：《中国哲学的自主性与哲学对话》，谢地坤主编：《中国哲学年鉴》（2006），哲学研究杂志社，2006年；郭齐勇：《建构中国哲学的方法论反思》，《学术月刊》2007年第3期；郭齐勇：《内在式批判与继承性创新》，《河北学刊》2009年第2期。

(一)"中国哲学"学科的主体性与中西哲学的对话性

中国哲学与西方哲学是两种不同的哲学形态,我们不能把西方哲学定于一尊。当年金岳霖先生预设的"普遍哲学"仍然只是以欧洲哲学为蓝本的,是西方一部分哲学的抽象。他以所谓的"普遍哲学"作为唯一尺度,衡量、评估非西方的丰富多彩的哲学。这种观点是应予以检讨的。但凡思考宇宙、人生诸大问题,追求大智慧的,都属于哲学的范畴。关于人在宇宙中的地位、人的尊严与价值、人的安身立命之道等等,都是哲学的题中应有之义。中国哲学在这些方面有自己的智慧。中国哲学与西方哲学当然可以通约,可以比较。不同文化背景下产生的哲学具有某种一致性、互通性,因此相互翻译、诠释、比较的哲学研究工作不仅有可能,而且有意义与价值。所谓内在与超越的关系,学界讨论有没有"内在超越",或者说超越就一定是外在的吗? 关于这个问题,完全可以在中国的天人之学中加以探讨。

我们强调"中国哲学"学科成立的正当性,强调"中国哲学"学科自身的特色,并不是把"中国哲学"作静态的处理,其本身即是一个动态的过程。中国哲学(儒、释、道诸家等)有自己的特性。一般说来,中国哲学的实践性很强,不停留于"概念王国",没有西方哲学中的上帝与尘世、超越与内在、本体与现象、主观与客观、身体与心灵、事实与价值等绝对二分的框架。以天、天命、天道为背景,中国哲人有神圣、高远且强烈的终极关切、理想境界、形上追求、精神信念,同时又有现实关怀,力图把理想在社会大众生活和现世人生中实现出来,其内圣与外王是打通的。有人说"中国人没有信仰",我看中国人、外国人中都有没有信仰的人,也都有有信仰的人。不能笼统地讲嘛! 我是中国人,我就有信仰,当然不能由此推论所有中国人都如此。中国人的信仰在今天的民间仍保留着。我们的老师萧先生、陈先生、杨先生等都有着很深沉的信仰。我们在他们身边能强烈地感受到这种信仰支撑的学术人生。他们的所言、所思、所行无不让我们感觉到,这是有信仰的人。

(二)理解的历史性与诠释的相应性

一旦涉及中国哲学史的方法论问题,当然离不开"理解"与"批判"、"继承"与"原创"、"传统"与"现实"等关系问题。所谓"批判",是在全面深入理解基础上所作的内在的批评,而不是不相干的外在批评;所谓"原创""创新",不是无源之水、无本之木,不是玄想,不是标新立异,不是剑走偏锋,而是真正在全面继承基础上所作的开拓,是扬弃(既保留又克服);弘扬传统并不意味着脱离现实,而是调动并创造性转化传统文化资源,以其中的某些因素介入、参与、批判、提升现实,促使传统与现代的互动。

如何历史地、相应地诠释中国哲学,值得我们思考。余英时先生是历史学家,他在解读中国思想史时有很多重要的创获。他所强调的"内在理路说"有一定意义。关于清儒与宋儒的关系问题,就值得深思。因此,我们如果强调问题意识和方法学自觉的话,就要对这些前辈学人的重要的思想成果加以认真研读。海外一些汉学家的成果,我们相当重视。例如葛瑞汉、列文森、史华慈、狄百瑞、杜维明、安乐哲教授等,还有一些日本学者。安乐哲先生曾来我校授课、讲学,他有很多重要的创获。我们做中国哲学研究的学者、学生有着更加麻烦的工作，就是必须对西方哲学，对海内外的现有成果都给予足够的重视，并加以细致的研读，否则根本谈不上创新。

"五四"以来，片面的、平面的西化思潮及教育体制，使得我们这一代甚至前后几代人逐渐丧失了解读前现代文明（或文献）的能力。故现在我们带领同学们读经，就是拿十三经原本来读，连注疏一起读，从识字、断句开始，慢慢培养我们解读原典的能力。在座的各位不要看白话解释，所有的白话翻译都是有弊病的。我们要看就直接看古文献。对于自己民族的文化及其经典，应有起码的尊重，起码的虚心的态度，不要信口雌黄，不要相信所谓的名家所说的中国文化如何如何、西方文化如何如何，那都靠不住。有所谓"新批判主义者"，比"老批判主义者"更荒唐，更靠不住，其对中国传统哲学的批评，绝大多数是站不住的，因为他断章取义，而且是暴力强加式的，武断宰割的，先入为主的。没有相应的理解，不可能有相应的批评，这是非常重要的方法论问题。

(三)"中国哲学"的特殊性与丰富性

关于有没有所谓"普遍哲学"，刚才我们讨论金岳霖先生的论点时已有所涉及。其实，把西方哲学作为一种普遍性的哲学，把中国哲学作为一种特殊性的哲学，这本身就是有问题的。我们中国哲学不能用狭隘的西方哲学的观念来加以范围。用纯西方哲学的观念来研究中国哲学，收获会让人觉得非常遗憾和有限。我们相信，方法多元与成果多样肯定是未来这个时代的哲学方法学和哲学解释状况的前景。但是任何方法与方法学都有它的限制。

劳思光先生用"基源问题研究法"对中国哲学进行解读，很有创意，很有收获。他认为中国哲学有三种基本的形态。一种是心性论的形态，一种是宇宙论的形态，还有一种是形上学的形态。他的这一特定内涵，分别指向三种建构道德价值之门径。他认为，主体性之自觉活动内在于心性主体之中，从而确定善的价值方向。在劳先生看来，孔、孟哲学就是这种心性论哲学的典范。他认为，以宇宙论为中心的哲学太注重于外在的"天"，这个"天"是以汉儒董仲舒为代表的宇宙论的趋向。形上学的形态则是将价值建基于超经验之"实有"（Reality）上。他认为，北宋的二程哲学是形上学最纯粹的表现。如果要加以定位，他认为宇宙论的哲学是最低的一种形态，形上学的哲学是中间的形态，心性论的哲学则是最高的形态。由此，他对于宋明理学的解读展开了所谓一系三向或三系的说法，这与牟宗三先生的三系说不一样。他在这里就把二程放在中间的层次，把周敦颐、张载隶属于宇宙论的形态，即最低的一个层次。而到陆象山、王阳明则越发凸显心性论这一形态，属于最高的一个层次。他的这种判教的确有新见，当然也有一些限制。因此，大家在检讨劳思光先生四卷本的《中国哲学史》及这种"基源问题研究法"时，提出了一些问题与批评。比如，他的这种架构本身就难免对中国哲学造成伤害。考虑到中国哲学的特殊性，这种方法是否适用于中国哲学的研究值得我们进一步讨论①。

哪怕是研究中国的名学、逻辑学、正名学说，如若以西方的纯

---

① 参见郭晓东：《劳思光与"基源问题研究法"》，《文景》2006年第10期。

逻辑的观点或方法来加以解读的话,也不可能得到一个恰当的理解。有时候我们的确需要抽象、分析及理论推演,但我们中国人更重视的是当下的体验,更重视一种特殊的、具体的情势。这种体验方式,当然有它自身的局限性。但我们仍要虚怀地去了解这种生命的、生活的体验方式之重要性。西方人对哲学的分类方法也不适用于中国哲学。我们的天道、人性学说,假若用西方的宇宙论、伦理学来加以解读,就会完全不相干。我们对于中国传统哲学自身的特性及治中国哲学史的方法学,仍在摸索之中。我们应有自觉自识,发掘中华民族原创性的智慧与古已有之的治学方法,予以创造性转化。中国有自己的语言学与语言哲学的传统。中国先民仰观天象,俯察地理,近取诸身,远取诸物,以"六书"为特点的汉字,生命体验,经子之学,有自身诠释文献的方法与智慧。中国人强调经验直观与理性直观地把握、领会对象之全体或底蕴的思维方式,有赖于以身"体"之,即身心交感地"体悟"。这种"知""感""悟"是体验之知,感同身受,与形身融在一起。我们要超越西方一般知识论或认识论的框架、结构、范畴的束缚,发掘反归约主义、扬弃线性推理的"中国理性""中国认识论"的特色。

(四)内在的批评与思想的训练

我们批评、超越传统,我们从来不拒绝批评。所谓"批评",是在全面深入理解的基础上所作的内在的批评,而不是不相干的外在批评。但内在的批评与思想的训练一定要以同情的了解为前提。因为,必须有深刻的同情的了解才能做好哲学思想史研究,而同情的了解要靠相应的才具。刘述先先生讲:"要了解一家哲学,我们必须要了解这一家哲学产生的时代和文化的背景是什么,所感受到的问题是什么,所提出的解决问题的方向是什么,独特的哲学心灵尤其需要独特的处理,庸俗的眼光未必能够了解崇高的哲学的境界。""缺乏同情的了解是研究传统中国哲学的一大限制,而时代气氛不同,尤其使我们难于领略过去时代的问题……故此研究思想史贵在作深入的内在的探讨,外在的论议是其余事。从这一个观点看,胡适与冯友兰的哲学史都不能够算是深刻,因为它们不能作足够的内在的深刻的讨论的缘故。大抵在中国哲学史上,以佛学与理学最不容易处理,以其牵涉到内在的体验的缘故。如果缺乏体验,根本就看不出这些东西的意义。入乎其内,而后才能出乎其外,这是研究一家哲学的不二法门。要了解一个哲学所要解决的问题是什么,着手的方法是什么,所根据的经验基础是什么,这样才能看出这一哲学的优点与缺点所在。"①刘先生认为,由此我们才能理解古人的陈述与陈述背后的洞识,显发古人思想中所潜在的逻辑性,使其具备与内容相适应的理论结构。

我所主张的方法是一种"谦虚"的方法。所谓"谦虚",或"同情的""客观的"理解,或"以继承为前提的创新""弱势或软性的诠释"等,不仅是态度,而且是方法。文化立场、心态作为一种做学问的态度或方法对诠释的效果也会产生很大的影响。但它本身也有局限。我们不是不要批评、反思,而是要做难度更大的内在性

---

① 刘述先:《研究中国史学与哲学的方法与态度》,韦政通编:《中国思想史方法论文选集》,台北:水牛出版社,1987年,第221—223、224—225页。

的、相干性的批评与反思。反思是辩证的扬弃,既保留又克服。反思不是全盘否定或恣意地无根据地乱说。王元化先生曾经说过:"黑格尔学说具体的普遍性不同于抽象的普遍性,前者可以将特殊性和个体性统摄于自身之内。我认为这只是存在于黑格尔的逻辑学中,而并不存在于现实中。实际上,普遍性愈大,它所能概括的特殊性和个体性则愈小。设想有一种不同于抽象普遍性的具体普遍性,使这种概括可以放之四海而皆准,那只是美好的空想。"①因此,我们在拥护这种具体普遍性时,也应看到它自身的局限。主张弘大传统文化精神并不意味着没有现实感、不关注现实或脱离现实,而恰好包含着批判现实,批判现代性的负面与偏弊,批判时俗流弊,批判"五四"以来相沿成习的某些误解。我们努力对传统儒释道与宋明理学等思想传统作创造性转化,主要是通过生活化的渠道浸润到民间,在现代生活中起作用。

此外,还要注重思想训练与思想力的培养。徐复观先生说:"某人的思想固然要通过考证(包括训诂、校勘等)而始能确定;但考证中的判断,也常要凭思想的把握而始能确定。……前后相关的文句,是有思想的脉络在里面的。这即说明考证与义理在研究历程中的不可分割性。就研究的人来讲,作考证工作,搜集材料,要靠思想去导引;检别材料,解释材料,组织材料,都是工作者的思想在操作。而'思想力'的培养,必须通过了解古人的、他人的思想,而始能得到锻炼、拓展、提升的机会。所以思想力的培养,是教学

---

① 王元化:《谈谈我的反思》,《文汇报》1995年10月22日。

与治学上的基本要求。岂有不求了解古人的、他人的思想而能培养自己的思想力？岂有没有思想力的人能做考据工作？"①他主张通过了解古人的、他人的思想来锻炼、提升、培养"思想力"，尤其要学会把握古人思想的内在脉络，这才是批判的基础。因此，我们要时时理解中国哲学（每家每派）的边界与限制。当然，首先是自己要老老实实地读书，不要说大话，要有自知之明，自虚其心，自空其说。这并不妨碍问题意识的产生，而是尽可能避免剑走偏锋。

(五) 回顾与瞻望

回顾近三十年中国哲学之研究，中外哲学（及汉学、中国学）与各宗教间的对话逐渐加强，古今会通也受到重视。研读第一手资料的工夫更加扎实，也重视海内外已有的研究成果即研究前史，在此基础上提出创新性见解并给予详实的分析、论证。研究领域进一步扩大，各个时段的思潮、流派、人物、著作与哲学问题的研究都有许多成就。传统哲学与当代的关系、经与经学、佛教、道家与道教、宋明理学、现当代新儒学、出土简帛中的哲学思想研究、从政治哲学的视域研究中国哲学等，已成为热门或显学。当然，这其中也有不尽如人意的地方。如何做到小中见大仍是我们面临的难题。我们研究的对象越小，背景越大，才能越有深度。此外，把东亚（中国、朝鲜半岛与日本）以及越南的哲学思想史作为一个整体来研究，把整个东亚作为一个思想背景和解释学处境加以对待，也是富有创

---

① 徐复观：《治古代思想史方法》，韦政通编：《中国思想史方法论文选集》，第170页。

新性的思路，这种研究业已展开。

当前的中国哲学研究也存在不少的问题或缺失：第一，学科间交叉、对话不够。第二，学术品质与水平及对古典的研读能力的下降。第三，现实向度不够。第四，面向世界的能力尚待加强。第五，问题意识和理论深度还有待提升。第六，关于少数民族的哲学与古代科学中的哲学问题的研究还比较薄弱。第七，中国哲学史研究在少数重要人物（如孔、孟、老、庄、程、朱、陆、王）及其著作上扎堆的现象急需改变，有许多在历史的某时段某地域颇有影响的人物、学术共同体、著作等都没有得到很好的发掘、整理与细致的研究。中哲史上有很多二、三流的人物，其实也非常了不起，在某时某地很有影响，都亟待我们结合东亚史、地域文化思想史去开拓，首先要下工夫把第一、二手资料给予整理、出版。

中国哲学或中国哲学史当然不同于中国学术史、中国思想史，其研究范围、对象与方法自有不同。中国哲学更重视哲学形上学与哲学问题的讨论。另一方面，中国哲学研究者并不排斥，相反更重视哲学思想、理念对社会民俗、政治与各种社会制度的作用与影响。这种关怀与对哲学理念的关怀相辅相成。我们的任务是彰明中国哲学之为中国哲学的自身的哲学问题、精神、方法、范畴、特点、风格与传统，深度建构、阐发中华民族几千年来的哲学思维发展史，体现中国人的哲学智慧、超越境界、身心修炼、生命意境、言说论辩方式的特色及其与欧洲、印度等哲学智慧的同异及世界上几大哲学传统在中华文化区的碰撞与交融。

瞻望未来，我们预计中国哲学界将会在中国哲学学科主体性的确立,中国经典诠释的多样性,中国哲学范畴、命题与精神、智慧的准确把握,西方哲学的中国化与中国哲学的世界化,中国哲学的创造性转化,中国哲学智慧对现代化的参与及对人类社会的贡献等方面继续取得重要进展①。

(本文系作者于2009年12月10日在武汉大学的演讲,此为武汉大学首批人文社会科学研究方法训练营项目之一。周浩翔整理。原题《中国哲学史方法论问题》,原载郭齐勇、欧阳祯人主编:《问道中国哲学:中国哲学史研究的现状与前瞻》,北京:九州出版社,2013年。)

---

① 参见郭齐勇、廖晓炜:《六十年来中国哲学思想史研究的思考》,《文史知识》2009年第9期。

5

儒家的政治哲学及其正义论

儒家有没有政治哲学，有没有关于政治正义的看法？可不可以用今天的政治正义学说来诠释传统儒家的观念？我们的回答是肯定的。笔者近年来特别关注儒家政治哲学、儒家与自由主义的对话问题，已有几篇拙文讨论过儒家的正义论①，本文在此基础上进一步申论之。

　　笔者承认传统政治与现代政治有质的差别，其根本差别在于人权，即个体人是否享有政治自由与独立的政治权利。现代政治来源于西方政治，现代西方自由主义政治学的基础是自由理性主义、原子式个人主义（中性的）与社会契约论等②，而前现代的政治学说则

---

① 郭齐勇：《儒家的公平正义论》，《光明日报》2006年2月28日理论版；郭齐勇：《孟子与儒家的正义论》，庞朴主编：《儒林》第三辑，济南：山东大学出版社，2006年，第137—144页；郭齐勇：《先秦儒家论公私与正义》，郭齐勇主编：《儒家文化研究》第二辑（儒家政法思想与现代经学研究专号），北京：生活·读书·新知三联书店，2008年，第3—49页；郭齐勇：《先秦儒学关于社会正义的诉求》，《解放日报》2009年1月11日理论版；郭齐勇：《〈周礼·地官司徒〉、〈礼记·王制〉中有关社会公正的论述》，蔡方鹿主编：《经学与中国哲学》，上海：华东师范大学出版社，2009年，第85—93页。本文在以上拙文的基础上进一步申论之。

② 顾肃在讨论自由主义的理论基础时指出，自由理性主义、个人主义、社会契约论、功利主义、道德多元主义是最为重要的。他说，罗尔斯总结的自由主义的基本原则是：自决原则、最大限度的平等自由、多元主义、中立性、善的原则、正当对善的优先性等。他总结斯皮兹临终遗言关于自由主义基本原则的十条时说："简言之，自由主义把自由价值置于其他价值之上，强调尊重人，不可轻信权力和权威，坚持宽容和民主政治，接受真理、理性和社会变迁，但也要学会妥协和保持批判精神。这些可谓自由主义之精华所在。"顾肃：《自由主义基本理念》，北京：中央编译出版社，2005年，第3—4页。

与此不同，那是时代的限制。

权利概念起源于自然法学说和人的自然本性学说。后者由亚里士多德所主张，认为"政治的公正有些是自然的，有些是约定的。自然的公正对任何人都有效力，不论人民承认或不承认。约定的公正……一旦定下了……就变得十分重要了"①，而"人类自然是趋向于城邦生活的动物（人类在本性上，也正是一个政治动物）"②，这与前者实质上是一致的。而前者最早由古希腊晚期斯多葛学派提出，遵循自然法被奉为最重要的人生规范，该学派哲学家克吕西波强调，我们的目的"可定义为顺从自然而生活"③，这些思想为中世纪阿奎那继承，把自然法作为上帝永恒法用来规范人类行为的法则，但人多有义务而几无权利④。荷兰近代哲学家格劳秀斯在《战争与和平法》中提出权利概念⑤，认为人类在自然状态下拥有以理性为基础的自然法，其中自然法既规范人类生活，也赋予人类各种自然权利，这些自然权利也是道德权利，是神圣不可侵犯的天赋人权，认为权利也就是使正义得以实施，即应得的东西为应得的人所得到。他提出了八条自然权利：生存权、躯体不受侵犯权、自由权、

---

① 亚里士多德著，廖申白译：《尼各马可伦理学》，北京：商务印书馆，2003年，第149页。
② 亚里士多德著，吴寿彭译：《政治学》，北京：商务印书馆，1965年，第7页。
③ 苗力田主编：《古希腊哲学》，北京：中国人民大学出版社，1989年，第611页。
④ 参见阿奎那著，马清槐译：《阿奎那政治著作选》，北京：商务印书馆，1963年，第110—118页。
⑤ 参见格劳秀斯著，A.C.坎贝尔英译，何勤华等译：《战争与和平法》，上海：上海人民出版社，2005年，第一篇第一章。

支配权(主要指物权)、平等权、对罪犯的惩罚权、守约权、权利转让权以及结盟权①。在自然法学派看来，由于自然权利或道德权利比约定权利及其中的法定权利更根本，因此应当成为法定权利的基础或根据，如法定权利背离自然权利，公民有不服从法律或破坏法律的权利。权利概念经过霍布斯、洛克、卢梭、斯宾诺莎、康德等人的阐释发展，后来以法律形式出现在《美国权利法案》《法兰西人权宣言》《联合国人权宣言》等重要的政治宣言中，成为西方现代民主政治制度的基石②。

中国19世纪从西方引进权利概念之前，古代中国同西方社会一样有着发达的财产、契约等私权制度，但尚无西方现代民主政治制度意义上的权利概念。从《诗经》中的"氓之蚩蚩，抱布贸丝"③，《周礼》中的"听称责以傅别""听取予以书契""听买卖以质剂"④，自先秦至于清末三千年来有关通过各种动产和不动产的"书契"进行交易和设定实在财产权属的制度，都是政府协调保护宗法封建或君主集权等级名分制度的一种管理办法，没有法律自主性意义上的权利概念，更多的是群体道德责任主体意义上的权利和义务意蕴。类比意义上的权利更多地诉诸君子(士以上阶层)的个人道德修养和公共治理原则上，庶民没有平等的法律地位和明确的法律主体意识。古代中国"权""利"连用，较少的时候是动宾词组，指权

---

① 参见格劳秀斯著，何勤华等译：《战争与和平法》，第一篇第二章。
② 张传有：《伦理学引论》，北京：人民出版社，2006年，第297—305页。
③ 李学勤主编：《十三经注疏（简体、横排、标点本）·毛诗正义·卫风·氓》，北京：北京大学出版社，1999年，第228页。
④ 孙诒让：《周礼正义·天官·小宰》，北京：中华书局，1987年，第167页。

衡利害，譬如："夫民之情，朴则生劳而易力，穷则生知而权利。易力则轻死而乐用，权利则畏法而易苦。"(《商君书·算地》)"君子知夫不全不粹之不足以为美也……是故权利不能倾也，群众不能移也。"(《荀子·劝学》)当然，荀子这里的权利是并列的两个词，不是动宾词组。只是在这个意义上，权利与西方的权力（power）和利益（interest 或 goods）略相对应。直到 1864 年由清政府总理衙门刊印的《万国公法》一书，用"权利"一词来翻译 rights，表达 rights 在法律含义中对国家或个人的权力和利益方面的界定，才有了中西可以基本互通的权利概念[①]。

我们应如何看待中国古代政治思想、学说与制度及实践中的若干问题呢？我的看法是：第一，不妨以西方政治哲学中的理念为参照系去透视、反观中国传统政治文化资源，发掘其中可以与今天的民主政治相接榫与会通的因素，把这些因素调动出来为今天的中国政治改革所用；第二，进一步发现中国传统所有而西方现代所无的优秀政治文化的观念、智慧、方略、制度架构、机制及民间土壤等，并予以创造性的转化。

从西方政治正义视角来看儒家

笔者较为系统地研究过孔子、孟子、《周礼》与《礼记》若干篇

---

① 金观涛、刘青峰：《观念史研究：中国现代重要政治术语的形成》，北京：法律出版社，2009 年。

目中的政治思想，发掘了其中所涉及的"实质正义"的若干内容。

从孔子的政治哲学来看，他肯定、尊重老百姓的生存权与私利，强调民生问题，并以之谓为"公"；他不反对私利，但反对以权谋私；针对世卿世禄的制度，主张从民间"举贤才"与"有教无类"，开放教育与政治，此即机会公平与公共权利向民间敞开的大事，也即肯定民众的受教育权与参与政治的权利；他强调责任伦理、信用品性、廉洁奉公，乃作为对为政者、士大夫在公共事务中的道德要求；他有关君臣的权责之相互的要求，含有政治分工与制约的萌芽；他提倡中正平和的治政理念。孔子为政思想中的正义内涵奠定了儒家实质正义的基调。

关于孟子的政治哲学：首先，涉及生存权、财产权的"制民恒产"论，"是故明君制民之产，必使仰足以事父母，俯足以畜妻子，乐岁终身饱，凶年免于死亡"[1]，土地、赋税、商业政策之平等观，"王如施仁政于民，省刑罚，薄税敛，深耕易耨"[2]，"易其田畴，薄其税敛，民可使富也；食之以时，用之以礼，财不可胜用也"[3]；其次，养老、救济弱者、赈灾与社会保障的制度设计，"所谓西伯善养老者，制其田里，教之树畜，导其妻子，使养其老"[4]，"昔者文王之治岐也，耕者九一，仕者世禄，关市讥而不征，泽梁无禁，罪人不孥。老而无妻曰鳏。老而无夫曰寡。老而无子曰独。幼而无父曰

---

[1] 朱熹：《四书章句集注》，北京：中华书局，1983年，第211页。
[2] 同上书，第206页。
[3] 同上书，第356页。
[4] 同上书，第355页。

孤。此四者，天下之穷民而无告者。文王发政施仁，必先斯四者"①；再次，教育公平，平民参与政治的制度安排及作为村社公共生活的庠序乡校，"尊贤使能，俊杰在位，则天下之士皆悦而愿立于其朝矣"②，"谨庠序之教，申之以孝悌之义，颁白者不负载于道路矣"③；最后，尊重民意、察举，官守、言责与官员自律，防止公权力滥用的思想及革命论，"国君进贤，如不得已，将使卑逾尊，疏逾戚，可不慎与？左右皆曰贤，未可也；诸大夫皆曰贤，未可也；国人皆曰贤，然后察之；见贤焉，然后用之。左右皆曰不可，勿听；诸大夫皆曰不可，勿听；国人皆曰不可，然后察之；见不可焉，然后去之。左右皆曰可杀，勿听；诸大夫皆曰可杀，勿听；国人皆曰可杀，然后察之；见可杀焉，然后杀之。故曰，国人杀之也。如此，然后可以为民父母"④，"民为贵，社稷次之，君为轻，是故得乎丘民而为天子，得乎天子为诸侯，得乎诸侯为大夫。诸侯危社稷，则变置"⑤，"贼仁者谓之贼，贼义者谓之残，残贼之人谓之一夫。闻诛一夫纣矣，未闻弑君也"⑥。孟子的仁政民本思想，堪称古代中国政治实质正义的典范。

《周礼·地官司徒》《礼记·王制》中有关社会公正的论述，涉及的内容很广，包括：荒政，对灾民的赈济及其制度化；养老

---

① 朱熹：《四书章句集注》，第218页。
② 同上书，第236页。
③ 同上书，第212页。
④ 同上书，第220—221页。
⑤ 同上书，第367页。
⑥ 同上书，第221页。

恤孤扶弱的制度安排；颁职事及居处、土地、赋税、商业之制度与政策；选贤与能的主张与制度诉求；以德教为主，强调刑罚的慎重与刑罚的程序化；隐私与私人领域的保护问题等。这些社会公正从制度上保障平民的基本权利，是具有中国特色的实质正义。

儒家善于继承前朝的典章制度，并与时推移，加以适当的因革损益，使之合于当世，便于应用。其伦常之道，有助于社会的秩序化、和谐化、规范化，其生聚教训之策，更足以内裕苍生而外服四夷。内裕民生应视为安邦之本。儒家讲礼乐伦理教化，虽在实行时会打一些折扣，但大体上与民众的稳定和平、淳化风俗的要求相适合。社会要繁荣发展，秩序化、和谐化是基本的要求。礼教使社会秩序化，乐教使社会和谐化。在分配经济资源，在财产与权力的再分配过程中，儒家满足人民的一个基本公正合理的要求，强调民生，制民恒产，主张惠民、富民、教民，缩小贫富差距，对社会弱者，包括老弱病残、鳏寡孤独和灾民予以保护。其推行的文官制度、教育制度，为平民、为农家子弟提供了受教育及参与政治的机会。这个文官制度，就成了我们的一个国本，它使得历代各级政治有了新鲜血液，有了民间基层人士的参与。这种制度的建构本身，是儒家理念促成的。这个制度文明背后的理念，是以"仁爱"为核心的维系和协调社会人心的价值系统。

笔者认为，中国传统的政治文明（包含观念、制度、实践、民俗诸层面）中的许多遗产，值得人们认真地去思考，尤其是应放在具体历史环境中去考察，真正体会到古人的用心，其中不乏与西方的分配正义观念相沟通的要素。例如,以西方政治正义论来看儒家的公私观、公义论,便不难看到,不仅孔孟儒家关于利益(权利)的分配应根据人的德性、才能和贡献而有等级之别(德、才、位、禄、用相称)的思想,与亚里士多德的"配得"观念或按德性分配的"分配正义"观念具有很强的内在相通性,而且当孔子提出"有教无类"、主张尊重一切人的生命权和幸福权时,其实在一定意义上也蕴涵着亚里士多德的总体的正义的概念的含义。

儒家提倡的以"仁"为内核、以"德教"为前提的礼法等级秩序,权利不是平等地享有,儒家的王道仁政思想主张君王治下的道德责任和政治责任。"天下为公"(《礼记·礼运》),天有好生养民之德,君王作为天之子,受命于天,"修己以安百姓"(《论语·宪问》),有带领群臣一起去实现大同之世的天职。除非政府严重失职不能眷顾生民的生命权和发展权,老百姓应各尽其责,安分守己。试以儒家忠恕之道来说明。儒家的"恕"道,即"己所不欲,勿施于人"(《论语·颜渊》),意味人之尊严和基本权利,人人有之,不欲人夺,推己及人,故应当保护所有人的基本权利不受侵犯、不受非人对待、保持人的尊严和无害他人的各种自由。儒家的"忠"道,即"己欲立而立人,己欲达而达人"(《论语·雍也》),主张以德性和才能为标准,人民都有学为君子、参与公共政治的机会,通过公共权力调配和群体内部协调,保证每个人各尽其用、皆有所养。

如果以此来看,儒家力图通过礼义教化和规范来防止社会分配的严重不均,维护、保障老幼鳏寡孤独等贫弱者的利益的思想以及

"荒政"中对灾民的救济等,则与罗尔斯正义观中关于应该有利于社会的最少受惠者的最大利益的主张,不无契合之处;而孔子有教无类等思想,及作为儒家文化重要体现和成果的文官制、科举制等,与罗尔斯的第二个正义原则中所提出的在机会公平均等的条件下,权力和地位向所有人开放的要求,更有着强烈的共鸣①。儒家的理念及由儒家推动的制度安排中,有大量的与之相会通的因素,似不可轻忽放过。

以上的详细论证见本文的第一个注中所列之拙作,兹不赘述。以下笔者则从较广泛的范围,讨论儒家政治哲学的一般问题,这些都与正义论相关联。

儒家论政治权力的源头和合法性

今天我们讲的政治正义问题,首先是政治权力的来源、政权合法性的基础、权力的分配与再分配、制度架构中的权力制衡等,这都是现代论域中的问题。假如我们平实地考察儒家传统,亦不难从中看到其中有一些独特的智慧,实涉及以上诸方面。儒家经典五经

---

① 详见郭齐勇:《中国儒学之精神》,上海:复旦大学出版社,2009年,第139—167页。又,姚大志在《从"正义论"到"新正义论"》中指出,罗尔斯更强调平等的价值。罗氏认为,最大的平等是对处于社会底层,拥有最少的权力、机会、收入与财富的人,即"最不利者"的帮助。"一种正义的社会制度,应该通过各种制度性安排来改善这些'最不利者'的处境,增加他们的希望,缩小他们与其他人之间的差距。这样,如果一种社会安排出于某种原因不得不产生某种不平等,那么它只有最大程度地有助于最不利者群体的利益,它才能是正义的。"见罗尔斯著,姚大志译:《作为公平的正义——正义新论》,上海:上海三联书店,2002年,第447页。

中保留了中国文化源头的若干史料,其中有未经分化的,作为宗教、政治、伦理、教育之本的若干内容。在一定意义上,五经是中国政治、教育之本。

"天""昊天""上帝""帝""天命"是夏、商、周三代的王权政治合法性的来源与根据。从《尚书·舜典》的资料中,我们不难看到,舜在接替尧担任首领时,主持了庄严肃穆的宗教仪式,首先祭祀"上帝"天神,然后祭祀其他自然神灵。这种虔敬的宗教仪式也是舜在政治、军事上取得统治的合法性的象征。夏禹征服三苗,夏启讨伐有扈氏,都是假天与天神的命令为根据的。

> 有扈氏威侮五行,怠弃三正,天用勦绝其命。今予惟恭行天之罚。……用命,赏于祖;弗用命,戮于社。(《尚书·甘誓》)

商汤在讨灭夏桀的动员会上发表誓辞:

> 格尔众庶,悉听朕言。非台小子,敢行称乱,有夏多罪,天命殛之……夏氏有罪,予畏上帝,不敢不正。(《尚书·汤誓》)

足见殷商继承了夏代的"上帝""天神"崇拜观,也继承了以"天命"神权作为政治合法性根据的做法。

在盘庚迁都的几个文诰中,我们已经能感受到道德性的诉求。"呜呼!古我前后(君主)罔不惟民之承,保后胥戚,鲜以不浮于天时。殷降大虐。先王不怀厥攸作,视民利用迁。"① "今我民用荡析离居,罔有定极。尔谓朕曷震动万民以迁。肆上帝将复我

---

① 李学勤主编:《十三经注疏(标点本)·尚书正义·盘庚中》,北京:北京大学出版社,1999年,第235—236页。

高祖之德，乱（治理）越（于）我家。朕及笃敬，恭承民命，用永地于新邑。"①

盘庚说，从前我的先王没有不尽心爱护人民的，臣民也互相体谅，无不顺从天意行事。以前上天降灾给殷，先王不敢留恋旧都，为保护人民的利益而迁都。又说，我们遇到大水灾，人民没有安居之处。我为什么要兴师动众迁都呢？上帝降大灾，是叫我们迁到新都，恢复高祖的事业，兴隆我们的国家。我很诚恳小心地顺着上帝的命令去办事，我很尽心地去拯救人民。在盘庚的这些训诫中，已包含了尊重民意、民利和当政者的笃诚敬业精神，有了一点点人文主义的萌芽。

及至周代，作为附属国的小邦周取代大殷商，其政治的合法性仍以上帝、天神之命为根据。周武王死后，成王年幼，周公代行王政，在讨伐三监和武庚等的叛乱时，曾以《大诰》布告天下，政治动员仍然用夏、商的老办法：

> 已！予惟小子不敢替上帝命。天休（嘉美）于宁王（宁王即文王），兴我小邦周。宁王惟卜用，克绥受兹命。今天其相民，矧亦惟卜用。呜呼！天明畏（即威），弼我丕丕基！（《尚书·大诰》）

在殷周之际的革命中，较之夏殷两代的主政者，周公等人的观念发生了一定的变化，即把"以祖配天"发展成"以德配天"，把血缘性的祖宗崇拜，发展为政治与道德性的祖宗崇拜，把外在性的天神崇拜，逐渐内在化、道德化。这些变化对整个中国哲学思想史的

---

① 李学勤主编：《十三经注疏（标点本）·尚书正义·盘庚下》，第243—244页。

走向起了决定性的作用。这也是儒家之所本。

周初人进一步有了人文的自觉。这种自觉源于他们以小邦而承受大命，又面临内外部的叛乱，总结夏殷两代的"天命"得而复失的教训，不能不有一种忧患意识。强大的夏、殷王朝分别在桀、纣手中一朝败亡，说明"天命"是可以转移、变更的。周公在《尚书·多方》中指出，作为"民主"（民之主）的君王，由天与天命选定，但由天授命的"民主"是可以改易的，主要看君王的行为；在《尚书·多士》中，大谈"革命"的理论，殷革夏命，周革殷命；在《尚书·康诰》中，告诫康叔"惟命不于常"，命是可以更改的，关键是主政者要"明德""敬德"。他指出，文王能够"明德慎罚"，即修明自己的德行，小心谨慎地处理刑罚事务，不敢欺侮鳏寡孤独，勤恳、诚敬、审慎、敬畏，任用、尊重贤人，惩罚坏人，其德行在人民中非常显著，上帝知道了，降给他灭殷的大任。在《尚书·召诰》中，周公指出，"我不可不监于有夏，亦不可不监于有殷"。夏、殷灭亡的教训是"不敬厥德，乃早坠厥命"，因而"皇天上帝改厥元子兹大国殷之命"。夏、殷违背了天道，因而丧失了天命。周公告诫成王"不可不敬德"，"王其疾敬德，王其德之用，祈天永命"。周人把天神与鬼神作为人间政治与道德的立法者、评判者，使人们崇拜的对象有了可以认识的内容，在宗教神学里加入了尽人事的理性活动。他们改造夏殷两代的王权神授论，不仅创造天子说，假天神权威为王权的合理性作论证，而且创造天命转移论，假天神权威对君主的权力做出一定的限制和道德的约束，又赋予君主不仅治理人民，而且教化人民的双重责任。

周初人认识到"天命靡常"(《诗经·大雅·文王》),"皇天无亲,惟德是辅"(《左传·僖公五年》引《周书》);"天惟时求民主",人主只有敬慎其德,治理好国家,"保享于民"才能"享天之命"(《尚书·多方》)。徐复观指出:周初人的"敬""敬德""明德"的观念,是一种充满责任感的忧患意识,从把责任、信心交给神转而为自我担当。"战战兢兢,如临深渊,如履薄冰。"(《诗经·小雅·小旻》)这种由警惕性而来,精神敛抑集中,对政务、事业的谨慎、认真,对自己的行为负责的心理状态,不同于宗教的虔诚。这不是消解主体性,而是自觉、主动、反省地凸显主体的积极性与理性作用。这是中国人文精神最早的表现,是以"敬"为动力的、具有道德性格的人文主义或人文精神①。

周公提出的"敬德保民""敬德安民"等一系列人道主义的思想是非常深刻的,在社会实践中起过一些作用。从考古发掘上看,周代与殷代很大的不同,人殉与人牲的现象大大减少。周初的统治者已认识到人民的生命、生活与人民的意志、意向的重要性,将其抬高到与天命同等的地位,要求统治者应通过人民生活去了解天命。也就是说,天意是通过民意来表现的,王者要以民为镜,从民情中去把握天命。这就是"天视自我民视,天听自我民听"(《孟子》引《泰誓》);"民之所欲,天必从之"(《左传·襄公三十一年》引《泰誓》);"古人有言曰:人无于水监,当于民监"(《尚

---

① 参见徐复观:《中国人性论史》(先秦篇),第八版,台北:台湾"商务印书馆",1987年,第20—25页。

书·酒诰》)。

周公制礼作乐,有一系列经济政治制度的建构。中国史不同于欧洲史,既没有古代希腊、罗马那样的典型的奴隶制,也没有经历过像欧洲中世纪那样的领主封建制,而是从井田制的生产方式发展为小农经济以及地主经济的生产方式。西周的井田制,是贵族占有村社的土地制度,既有共同耕作的"公田","公田"的收入用于祭祀和公益事业,又有一夫受田百亩等。在井田制基础上古代村社组织有十、百家,或称邑、里,或称"社"与"村社",最初村社中管理公务的领袖,是由选举产生的三老、啬夫等。古代村社的公共生活在庠、序、校等公共建筑中进行,这就是议政、集会与活动的场所,以后变成古代的学校。祭社和祭腊是最热闹的群众性活动[1]。西周初期的宗法制度,其要点是立子立嫡(嫡长子继承)之制、封建(封邦建国)子弟之制、庙数(即宗庙祭祀)之制和同姓不婚之制。这些制度殷代也都实行过,不过周初以此纲纪天下,成为根本大法,按大宗与小宗、血亲与姻亲的关系确立远近亲疏的名分等级,解决权力与财产的分配与再分配问题,以祖宗崇拜、宗法关系来维系其统治。

与上述诸制度相关联的道德的内容,即尊尊、亲亲、贤贤、男女有别等。从《尚书·康诰》表达的周人的道德思想中,可知当时特别强调"孝"与"友",已有了"父慈""子孝""兄友""弟恭"的内容。其所强调的上天赋予的"民彝",即老百姓的内在的法则,是

---

[1] 参见杨宽:《西周史》,上海:上海人民出版社,1999年,第185—204页。

趋向"孝""友"等等的道德。与孝、友等道德规范不合，则需要强制性的刑、罚。这也就开始了我国历史上统治者长期提倡的"德主刑辅"的治理社会之方略，不过当时并没有明确地这么提。

如前所述，昊天上帝崇拜和祖宗崇拜的逐渐结合，从"以祖配天"到"以德配天"的觉醒，是三代宗教、政治、伦理发展的趋势。那个时候，宗教、政治、伦理是密切结合在一起的"礼"。夏、殷、周的"礼"有其继承性和变革性。殷周之际的变革，使传统天命论得到新生，增加了敬德保民、努力人事、谨慎尽责的内容，把民意提升到天命的高度，因之给中国早期人文精神打上了道德的自主性和内在性的烙印。

中国政治的根源即在于此，无此则无我们上一节谈到的儒家的公平正义观。

儒家论政治权力的分配和制衡

与政治权力的来源和合法性相对应，儒家的天命说也是限制君权的一个民间舆论监督和心理震慑机制。周公鉴于小邦周灭亡大殷商的历史教训，认识到"天命靡常"，"天听自我民听，天视自我民视"，评价统治者政治行为善恶及其政绩优劣的标准，是人民的体会感受和生存状况，天命不是固定不变的，而是会在当政者失其天职时，根据人民的意志来转移到善德善政的统治集团。君民关系犹如荀子所说，"庶人安政，然后君子安位。传曰：'君者，舟也；庶人者，水也。水则载舟，水则覆舟'"（《荀子·王制》）。故周公苦口婆心告诫成王"天命不僭，卜陈惟若兹"（《尚书·大诰》），叮咛康叔"惟乃丕显考文王，克明德慎罚"（《尚书·康诰》）。

呜呼！封，汝念哉！今民将在祗遹乃文考，绍闻衣德言。往敷求于殷先哲王用保乂民。汝丕远惟商耇成人，宅心知训。别求闻由古先哲王，用康保民。弘于天，若德裕乃身，不废在王命！（《尚书·康诰》）

天命是不会有丝毫差错的，不可心存侥幸，过去夏殷因败德暴政失去天命，文王、武王俊德王道赢得天命，只有遵循明德慎罚之旨意，敬天保民，天命才可以延续对小邦周的眷顾。周公以"惟德是辅"的政治哲学理念制礼作乐，作为治国方针，来警惕和规范君王政治行为，周政是以能延续七百余年之久。

孟子的汤武革命说，是对统治者的道德震慑和政治劝诫。

齐宣王问曰："汤放桀，武王伐纣，有诸？"孟子对曰："于传有之。"曰："臣弑其君可乎？"曰："贼仁者谓之贼，贼义者谓之残；残贼之人，谓之一夫。闻诛一夫纣矣，未闻弑君也。"（《孟子·梁惠王下》）

齐宣王问卿。孟子曰："王何卿之问也？"王曰："卿不同乎？"曰："不同。有贵戚之卿，有异姓之卿。"王曰："请问贵戚之卿。"曰："君有大过则谏，反复之而不听，则易位。"王勃然变乎色。曰："王勿异也。王问臣，臣不敢不以正对。"王色定，然后请问异姓之卿。曰："君有过则谏，反复之而不听，则去。"（《孟子·万章下》）

孟子认为"汤放桀，武王伐纣"，是诸侯诛杀无道的暴君，而不是弑君的行为，这样就赋予人民讨伐败德君王、推翻无道王朝的权利。这是对君权最严厉的威慑和制约。"易位"，同汤武革命，乃可使王"勃然变乎色"，其对诸侯君王的震慑力量可知，作为士的卿对君王权利的制衡作用可知。

在春秋时代，礼坏乐崩，"孔子惧，作春秋，春秋，天子之事也"（《孟子·滕文公下》）。孔子有德无位，通过修《春秋》，以王道褒贬天下，实质上做了与"汤武革命"同样的王者功业。"昔者禹抑洪水而天下平，周公兼夷狄、驱猛兽而百姓宁，孔子成《春秋》而乱臣贼子惧。"（《孟子·滕文公下》）孟子把孔子修《春秋》与大禹治水、周公平天下相提并论，奉为三圣。《春秋》也成了后世儒家在不同时代阐发政治哲学，批评现实政治，实施德政教化的一部重要经典，儒家借以检验统治者的政治行为，监督、批评和建言，掌握了规范历代政治正当性的话语权。

汉儒董仲舒借阐释《春秋》中孔子的微言大义，提出天命说、灾祥说和三纲五常，来规范政权的正当性和身份的道德性，把自然灾害和人事怪异都与君王道德及政治优劣紧密联系在一起，无时无处不在提醒君王和统治阶层修德任贤，施行德政，造福万民。

中西政治文化的传统不同，胡秋原认为，乃定型于两汉与罗马帝国。中国所以为中国，汉儒对礼与法的解决，实有决定的影响。罗马族类复杂，阶级制度很严，其领土扩张很多，方法靠武力征服，目的则在于经济特权。"罗马之扩张，是由许多武人带兵各自去开疆扩土的，他们照例各自随意在殖民地征税，即以其财富武力，回国争权……逐渐形成军人干政乃至专政之局……罗马'将军政府'及其法律,实在比秦还坏,亦终不免于灭亡……武力征服在中国历史上素不占重要地位。除乱世以外,军人干政之局是很少的。"①汉代文治政府的建立,在当时及尔后很长一段时间的世界文明史上,都是无人企及的典范,这是儒家的功劳!

古代礼乐刑政的配制,礼乐是文化,有价值。"礼"是带有宗教性、道德性的生活规范。在"礼"这种伦理秩序中,亦包含了一定的人道精神、道德价值。荀子推崇"礼"为"道德之极""治辨之极""人道之极",因为"礼也者,贵者敬焉,老者孝焉,长者弟焉,幼者慈焉,贱者惠焉"(《荀子·大略》),即"礼"的目的是使贵者受敬,老者受孝,长者受悌,幼者得到慈爱,贱者得到恩惠。在贵贱有等的礼制秩序中,含有敬、孝、悌、慈、惠诸德,以及弱者、弱小势力的保护问题。"夫礼者,自卑而尊人,虽负贩者,必有尊也,而况富贵乎?富贵而知好礼,则不骄不淫;贫贱而知好礼,则志不慑。"(《礼记·曲礼上》)孔子批评有的为政者对百姓"动之不以礼"(《论语·卫灵公》),强调爱惜民力,"使民也义"(《论语·公冶长》),"节用而爱人,使民以时"(《论语·学而》)。这里又提到对负贩、贫贱等弱者的尊重和对等的施报关系。过去我们对"礼不下庶人"(《礼记·曲礼上》)的理解有误,据清代人孙希旦的注释,"礼不下庶人"说的是不为庶人制礼,而不是说对庶人不以礼或庶人无礼制可行。古时制礼,自士以上,如冠礼、婚礼、相见礼等都是士

---

① 胡秋原:《古代中国文化与中国知识分子》,台北:学术出版社,1988年,第459页。

礼，庶人则参照士礼而行，婚丧葬祭的标准可以降低，在节文与仪物诸方面量力而行。

　　胡秋原说，汉初政府大体无为，没有大的问题。武帝和宣帝时，研究仪礼的后苍曾有"推士礼而致于天子"之说。"明堂和推致之说，都有民主意义。前者是议而后治，后者视天子亦士耳。"①汉式政治是以皇帝意志为政、神意为政、民意为政三种政治的折中。由于儒家对礼乐的鼓吹，《周礼》的研究，虽礼乐的政治未成功，"然而汉儒做到了几件事情：（一）遏止了秦式刑法政治；（二）建立了汉代平民参政政治，相对地限制了皇权，亦即维护了民权；（三）秦代以来杂祀并兴，汉初方士参加制礼，益使人神杂糅；自西汉之末至东汉大为整饬，使祭祀合理化；（四）不断批评秦法，使刑法人道化；（五）儒家伦理观念普及。此结果有二：（六）郑玄等以礼并法，自此有'礼法'之称，并开后来制度之学（唐人仿周礼定六典，至明清六部犹仿周官）；自庄子至两汉，《春秋》为经世之书，此后礼学成了经世之学大宗了（如曾国藩所云）；（七）随家族制度之巩固，士礼复兴，至六朝大盛"②。秦政之后，儒家与政府不断地斗争与联合，代表平民利益的儒家的政治诉求不断被吸纳到国家制度法典之中，董仲舒起了很大的作用，而从《盐铁论》到《白虎通》则代表了这一过程。汉代以后的礼制保留了相当大的民间空间，为汉代及日后的开明专政起了一定的保障作用。

　　儒家实际上减缓了传统社会专制统治者对百姓剥削的残酷性。

---

① 胡秋原：《古代中国文化与中国知识分子》，第462页。
② 同上书，第463—464页。

而由儒家推动、建构的君相制、三省六部制,一直到谏议制、封驳制、监察制、回避制以及一系列整饬官德吏制的方法,至今仍有意义。余英时指出,关于君权相权,在宋代,王安石把相权扩大了,而从监察御史刘黻论度宗"内批"不合法来看,皇权并非无限制;在唐宋制度上,"君权的'枢机'是出令,但这个'令'从'参试''封驳'到'施行'却属三省,也只有经过这层层的程序,皇帝的'令'才取得合法性。但总领三省的职权则属于宰相"。"可见君权、相权的分际与运作程序在宋代确有客观的标准。……朱熹一则曰人主与百官'各有职业,不可相侵',再则曰:皇帝'独断'即使'有当于理'也'非为治之体'。这两句话尤其锋芒毕露,已达到了传统体制下批判皇帝专制('独断')的极限。细玩其语气,朱熹似乎一方面承认治天下的权源('制命')属于皇帝,但另一方面又强调'百执事'的职权(统称为'相权')有其相对的自主性,虽'人主'也'不可相侵'。不但如此,即使是从权源处发出来的'制命',最后仍当由'大臣'(丞相、参知政事、知枢密院)和'给舍'(门下给事中、中书舍人)反复讨论,'以求公议之所在'。这段话可以看作朱熹用制度的语言来描述宋代皇帝和士大夫'同治天下'的格局。"①制度语言与理想语言不同,因为制度是现行的,当时正在运作之中;违制虽不可免,但终属例外。朱熹的话不是完全脱离实际的空言,余英时据此认为,"君尊臣卑"的距离已大为缩短。可见中国古代的官制是十分丰富的宝藏,不乏对权力的制衡与监督等制

---

① 余英时:《朱熹的历史世界:宋代士大夫政治文化的研究》(上),北京:生活·读书·新知三联书店,2004年,第233—234页。

度建构。以上充分说明了儒家是通过天神崇拜、天命论与革命论、民间舆论的震慑，特别是文治政府及其制度，来批评、监督、限制君权的。

儒家与社会自治、士大夫参政及言路开放

传统中国是儒家式的社会，是小政府大社会的典型。传统中国的社会管理、中间组织很多，例如以宗族、家族、乡约、义庄、帮会、行会（到近代转化为商会、农会、工会）等为载体，以民间礼仪、节日与婚丧祭祀活动，村社活动，学校、书院讲学活动，士农工商的交往等为契机，在一定意义上就是社会自治、地方自治的①。从某种意义上说，传统社会的空间比20世纪50年代之后的社会空间大得多。传统中国绝非由政府包打天下，而主要靠血缘性的自然团体及其扩大化的社会各团体来治理社会，这些团体自身就是民间力量，它们也保护了民间社会与民间力量，包含家庭及私人空间。它们往往与政权力量相抗衡又相协调，在平衡政权力量的同时，又起到政权力量所起不到的多重作用，如抑制豪强，协调贫富，保障小民生存权，教化民众，化民成俗，安顿社会人心等，又起到慈善机构的作用，扶助、救济贫弱，支持农家、平民子弟接受教育、走上仕途等，乃至对抗专制政府的恶法与法家以国家权力破

---

① 干春松：《制度化儒家及其解体》，北京：中国人民大学出版社，2003年；干春松：《制度儒学》，上海：上海人民出版社，2006年。

坏亲情及私人领域的若干做法①。

儒家强调知识分子在社会政治中的指导作用,甚至提出士大夫与皇帝共治天下的主张。除为直接参政而抗争之外,儒家有其言责,批判与主动建言,为广开言路而抗争。传统社会中儒家的政治参与和批评,绝非摆设,亦非无关痛痒。

余英时有多种论著讨论知识分子、士与中国文化问题,对汉代、宋代的知识人有深入的研究。根据西方学术界的一般理解,所谓"知识分子",除了献身于专业工作以外,同时还必须深切地关怀着国家、社会以至世界上一切有关公共利害之事,而且这种关怀又必须是超越于个人(包括个人所属的小团体)的私利之上的,他们具有一种宗教承当的精神。余英时说:"熟悉中国文化史的人不难看出:西方学人所刻画的'知识分子'的基本性格竟和中国的'士'极为相似……'士'作为一个承担着文化使命的特殊阶层,自始便在中国史上发挥着'知识分子'的功用。"②余英时追根溯源,指出:"孔子来自中国文化的独特传统,代表'士'的原型。他有重'理性'的一面,但并非'静观瞑想'的哲学家;他也负有宗教性的使命感,但又与承'上帝'旨意以救世的教主不同。"③毋庸置疑,中国的"士"兼具两重性格,更近于西方近代的"知识

---

① 详见郭齐勇主编:《儒家伦理争鸣集——以"亲亲互隐"为中心》,武汉:湖北教育出版社,2004年;郭齐勇:《亲亲互隐观念、亲属容隐制度在古代及现代的意义》,见郭齐勇:《中国哲学智慧的探索》,北京:中华书局,2008年,第221—240页。

② 余英时:《士与中国文化》,上海:上海人民出版社,1987年,"自序",第2—3页。

③ 同上书,"自序",第8页。

分子"。

杜维明也讨论了俄罗斯、西欧各国与美国的知识分子的定义及特色,例如与政治运作所要求的权力结构保持距离,抗议已成为知识分子精神中的一种典型品格,而在现实性上根据一定时空条件可能演变、体现为增进市民社会(美)、社会批评(英)、文化反省(法)、民族一体化(德),或直指政治上层建筑(俄)。杜维明进而认为,东亚读书人的理想,为讨论公共领域内的知识分子理想提供了一种更有价值的参考。"在儒家传统中,关心政治、参与社会及对文化的关注,是读书人最鲜明的特征。中国的'士大夫'、日本的'武士'以及朝鲜的'两班'包括文官与武官,他们不仅仅致力于自身的修养,而且担负着齐家、治国乃至平天下的重任。"①受儒家传统熏陶的知识分子,只要身处其位,就具有凭其权力与声望维护社会秩序的责任,努力改善人类的生活条件,并且更有效地实现太平与繁庶的大同理想。也就是说,东亚传统的书生、君子、士人与西方知识分子不仅基本相同,而且有自身的特色。

在一定的意义上,皇权与知识分子儒生的关系常常出现拉锯战,知识分子儒生代表老百姓的诉求,反映人民心声,伸张人民权益。胡秋原举汉初知识分子的奋力抗争,指出刘邦集团并不尊重知识分子,唯憬于秦亡教训,多少能接受忠告,这才使其政权渐次安定,而知识分子的势力也逐渐壮大,终有儒家之勃起。胡秋原肯定

---

① 杜维明著,郭齐勇、郑文龙编:《杜维明文集》(第5卷),武汉:武汉出版社,2002年,第601页。

陆贾、贾谊、贾山的批判与指导,指出贾山力图恢复古代言论自由政治公议之制。《汉书·贾山传》:"古者圣王之制,史在前书过失,工诵箴谏,瞽诵诗谏,公卿比谏,士传言谏,庶人谤于道,商旅议于市,然后君得闻其过失也。闻其过失而改之,见义而从之,所以永有天下也。天子之尊,四海之内,其义莫不为臣。然而养三老于大学,亲执酱而馈,执爵而酳,祝饐在前,祝鲠在后,公卿奉杖,大夫进履,举贤以自辅弼,求修正之士使直谏。……秦政力并万国……地夺于刘氏者,何也? 秦王贪狼暴虐,残贼天下,穷困万民,以适其欲也。……退诽谤之人,杀直谏之士,是以道谀媮合苟容,比其德则贤于尧舜,课其功则贤于汤武,天下已溃而莫之告也。""臣不胜大愿,愿少衰射猎,以夏岁二月,定明堂,造太学,修先王之道。"胡秋原引用以上材料后指出:"汉人所谓明堂太学,确有将此一古制,变为一种议会政治的意思。"[①]汉代儒家知识分子通过各种举贤任能的途径,以类似西方议会政治的方式,上达民意,下施仁政,为民请命,为民谋福。

汉代刘邦及以后,皇室在秦政反思中保持警惕,逐渐寻求与知识分子的广泛合作。尤其是汉武帝采纳董仲舒开太学养士和察举官吏的建议后,汉代已经孕育出以儒家知识分子为骨干的文治政府或士治政府这样的皇权和知识分子合作模式。

徐复观认为,知识分子与政治的关系,唐宋以前与以后有很大的区别。以汉代为例,前汉从贤良方面得的人才比较多,后汉从孝

---

① 胡秋原:《古代中国文化与中国知识分子》,第320页。

廉方面得的人才比较多。其中透露出来的历史意义是：士人的仕途，不是出于士人对政治的趋附莽竞，可以养士人的廉耻；士人的科别行能，出于乡曲的清议，是社会与政府共人事进退之权，无异于政府把人事权公之于社会，不仅使士人不能脱离社会，而且含有民主的意义，调剂了大一统的专制气氛；士人要取得乡曲的称誉，必须砥砺品节，士人砥砺品节，又可激励乡曲。"所以中国文化的精神，不仅通过辟举的标准而使其在士人身上生根，并且可由此而下被于社会，深入于社会……而乡下儒生，一旦举荐登朝，即可慷慨与朝贵辩论国家大政……所以'直言极谏'，便始终成为两汉取士的另一重要科目……这不仅在政治上可以通天下之情，而且也可以把皇帝的地位向社会抑平，以俾张士人的气概。"[1]因此他认为，汉代的选举制度虽有流弊，但其基本精神是趋向真正民主之路，是中国知识分子和政治的关系最为合理的时代，也是中国文化成就最高的时代。

从以上有关秦汉史，特别是汉代政法史的讨论中，我们可知中国政治制度文明的传统，是儒家知识人积极建设的，其中皇权、地方权势与知识人的张力是明显的。

钱穆先生认为，以儒家精神为指导、士治政府为主要形式的中国古代政体，自当属于一种民主政体，只不过是有别于西方现代民主的中国式之民主政治。"当知中国政府虽无国会，而中国传统政府

---

[1] 徐复观：《中国知识分子的历史性格及其历史的命运》，徐复观等著，周阳山编：《知识分子与中国》，台北：时报文化出版企业有限公司，1980年，第207—208页。

中之官员,则完全来自民间。既经公开之考试,又分配其员额于全国之各地。又考试按照一定年月,不断有新分子参加。是不啻中国政府早已全部由民众组织,则政府之意见,不啻即民间之意见。"①钱穆认为,当代中国政治的出路,应当接续士治政府的人道精神,通过士的学术和教育来谋出路。"中国传统的士人政府,乃使政府成为一士人集团,学术与政治,并无严格划分,而政治常受学术领导。学术命脉则寄托在教育上,教育精神则寄放于自由民间。"②中国政治现代化,必须在继承中国传统政治人道精神的基础上,通过对中西先进文明制度的消化吸收,才能将其嫁接到中国本土文化和人事上。中国传统政治中的郡县统一体制及其文治政府体现的人道政治,还将是其世界政府的未来形式,是当代中国政治和西方政治将来要借鉴与努力发展的方向③。

余英时认为,关于士大夫与君王共治天下,宋代知识人尤为自觉。余英时缜密地讨论了宋代士大夫的政治文化,认为宋代的士不但以文化主体自居,而且也发展了高度的政治主体的意识。理学家们以各种方式抑制君权,伸张士权,在君民、公私论上有似于西方契约说。他从政治文化的角度系统而全面地检讨了道学(或理学)的起源、形成、演变及性质,将理学放回到它原有的历史脉络中重新

---

① 钱穆:《文化与教育》,桂林:广西师范大学出版社,2004年,第82页。
② 钱穆:《国史新论》,北京:生活·读书·新知三联书店,2001年,第111页。
③ 参见吴龙灿:《秦政成败决在人道:钱穆政治哲学管窥》,黄北强主编:《钱穆研究暨当代人文思想国际学术研讨会论文集》,台北:东吴大学2010年印行,第69—92页。

加以认识。余英时指出,吕大钧、吕大临兄弟建立的"乡约"、范仲淹首创的"义庄","同是地方性的制度,也同具有以'礼'化'俗'的功能。它们同时出现在11世纪中叶,表示士大夫已明确认识到:'治天下'必须从建立稳定的地方制度开始。……这本是儒家的老传统,即所谓'儒者在本朝则美政,在下位则美俗'(《荀子·儒效》)。但北宋士大夫所面对的是一个转变的社会结构,他们不得不设计新的制度来重建儒家秩序,无论是王安石的'新法'、吕氏'乡约'或范氏'义庄',虽有全国性与地方性之异,都应作如是观"。"与皇帝'同治'或'共治'天下是宋代儒家士大夫始终坚持的一项原则。熙宁三年神宗正式接受了'共定国是'的观念,则象征着皇权方面对这一基本原则的认可……'同治'或'共治'所显示的是士大夫的政治主体意识;他们虽然接受了'权源在君'的事实,却毫不迟疑地将'治天下'的大任直接放在自己的身上。在这一意义上,'同治'或'共治'显然是'以天下为己任'的精神在'治道'方面的体现"①。

余英时梳理了道统与政统、"道"与"势"的关系,指出"道"源自礼乐传统,基本上是一个安排人间秩序的文化传统;中国古代知识分子一开始管的就是恺撒的事,后世"以天下为己任""天下兴亡,匹夫有责"的观点即源于此;他们不仅代表道,而且相信"道尊于势"。正如余英时所说,"道"缺乏具体的形式,知识分子只有

---

① 余英时:《朱熹的历史世界:宋代士大夫政治文化研究》(上),第219—220、229页。

通过自爱、自重才能尊显其所代表的道①。

儒家有以"天"或"德"抗位的传统和批判的精神,乃至孟子有所谓"闻诛一夫纣矣,未闻弑君也"(《孟子·梁惠王下》)。儒家的政治文化资源中的民本思想、民贵君轻思想、民有思想、民富思想、官与民同享同乐思想、载舟覆舟思想等,是可以做出现代转化与现代诠释的。儒家有很多思想、价值可以与民主政治相连接或作铺垫。"以人民为主体"的思想当然与传统社会的"以民为本"的思想有质的差异,现代社会的"民主"与传统社会的"民本"也有内涵的不同,但不能说二者之间完全没有联系。

中国古代的士人、儒生、君子与古希腊到近现代的西方知识分子之间有深刻的一致性,甚至在政治参与、相对文明的政治制度的设计与政治实践方面,中国传统知识分子比西方知识分子有过之而无不及。儒家知识人是民间百姓的代表,他们的政治理念、制度设计、实践精神、道德勇气等方面的遗产,至今对我们建构以人民为主体的政治文明有很大的参考意义,是中国政治民主化的重要资源。西方知识分子为知识而知识、为真理而真理的追求,值得我们中国知识分子效仿。

"五四"以来,有关中国社会政治文化、中国知识分子,特别是对儒家的理解上,不少人有误会,有简单化、想当然、缺乏理性分析的倾向。从以上的讨论中,我们知道,政治制度与知识分子的境遇之间,知识分子的状况与国民精神的状况之间,息息相关。中国

---

① 参见余英时:《士与中国文化》,第 107、119—121 页。

传统政治文化有其自身优长与特色，其中良性制度的建构来自传统士人的抗争、积极运作与设计；知识分子的精神代表了国家、民族的精神，中国传统知识分子有自己正道直行的精神与人格；今天，民主政治架构是唯一可以保障知识分子的地位与尊严的制度架构，有此才有政治、教育、学术的独立，言路的通畅，自由人格的伸张，才能促进知识分子在社会上全面发挥其积极作用；现当代知识分子对中国的发展自有其责，知识分子应当检讨自己的思想言行，成为真正的有骨气、有自尊、有品格的中国知识分子；在现代中国，应继承光大传统，在新的时代培养更多的公众知识分子，真正代表民意，参与、推动现代化的健康发展。

儒家的"道德的政治"及其现代转化

儒家政治哲学的核心是"仁义"价值及其向政治社会推广的"仁政"学说。

陈荣捷特别重视孟子的仁义并举、仁义内在的理论，指出："为什么孟子要将仁义放在一起讲呢？这正是由于孟子同样重视仁的本质，也重视仁的应用……孟子坚持'天之生物也，使之一本'（《孟子·滕文公章句上》第五章），即道德生活只有一根，不同意将仁义分成内外。受《中庸》的影响，孟子也很重视仁的本质。但是孟子尽力忠实于孔子的原意。他说：'仁，人心也；义，人路也。'（《孟子·告子章句上》第十一章）又说：'仁，人之安宅也；义，人之正路也。'（《孟子·离娄章句上》第十章）显然，正路需要一个过程顺序,这里,顺序包含重要性或差等性的相对性。仁包含了所有的人伦关系,然而正是'义'区分了这些关系。换句话说,儒家的'仁'之普遍性和特殊性都受到了高度重视。"①也就是说,"义"对"一体之仁"的重要性,在于补充、丰富了道德的秩序性、差等性、相对性、殊异性。无论是作为个体内在道德性的"仁""义",抑或是作为社会规范性道德的"仁""义",相互对待与补充,兼顾了普遍性和特殊性。"仁"是内在精神,"义"是行事的准则。"义"德亦可以说是"仁"德的具体分别,敬(爱)其所当敬(爱),行其所当行,人们对父母、夫妻、兄弟、亲戚、邻人、陌生人,对门内门外,对公事私事,对家、国、天下,每人的担当、责任、义务不同,行仁有一定的范围、等级、边界、节度、分寸感。"义"是对事情应当与否的判断及由此而引发的行为,有应当、正当性的义涵。"义者宜也",又是合宜、得宜、恰当②。

董仲舒对儒家仁义和德治思想的创造性诠释,对儒学德教思想在汉代的制度化落实方面起到了重要的作用。

> 是义与仁殊。仁谓往,义谓来;仁大远,义大近;爱在人,谓之仁,义在我,谓之义;仁主人,义主我也。故曰仁者,人也,义者我也,此之谓也。君子求仁义之别,以纪人我之间,然后辨乎内外之分,而著于顺逆之处也。是故内治反理以正身,据礼以劝

---

① 陈荣捷:《儒家的"仁"之思想之演进》,见姜新艳主编:《英语世界中的中国哲学》,北京:中国人民大学出版社,2009年,第23页。

② 参见郭齐勇:《中国儒学之精神》,第121—122页。

福,外治推恩以广施,宽制以容众。孔子谓冉子曰:"治民者,先富之而后加教。"语樊迟曰:"治身者,先难后获。"以此之谓治身之与治民,所先后者不同焉矣。《诗》曰:"饮之食之,教之诲之。"先饮食而后教诲,谓治人也。又曰:"坎坎伐辐,彼君子兮,不素餐兮!"先其事,后其食,谓治身也。《春秋》刺上之过而矜下之苦,小恶在外弗举,在我书而非之。凡此六者,以仁治人。义治我,躬自厚而薄责于外,此之谓也。(《春秋繁露·仁义法》)

仁是爱他人,义是正自身。对统治阶层的君子而言,必须做到正己爱人,修身为本,推己及人,博施而泛爱众。而对普通老百姓而言,则要体谅、宽容,"仓廪实而知礼节,衣食足而知荣辱"(《史记·管晏列传》)。先富后教,首先要保证老百姓的生存权,在此基础上再谈发展。董仲舒认为,"仁贪之气,两在于身","今万民之性,有其质而未能觉,譬如瞑者待觉,教之然后善"(《春秋繁露·深察名号》),老百姓有善质,但必须通过教化才能实现。

然则王者欲有所为,宜求其端于天。天道之大者在阴阳。阳为德,阴为刑;刑主杀而德主生。是故阳常居大夏,而以生育养长为事;阴常居大冬,而积于空虚不用之处。以此见天之任德不任刑也。(《汉书·董仲舒传》)

凡以教化不立而万民不正也。夫万民之从利也,如水之走下,不以教化隄防之,不能止也。是故教化立而奸邪皆止者,其隄防完也;教化废而奸邪并出,刑罚不能胜者,其隄防坏也。古之王者明于此,是故南面而治天下,莫不以教化为大务。立大学以教于国,设庠序以化于邑,渐民以仁,摩民以谊(义),节民以

礼,故其刑罚甚轻而禁不犯者,教化行而习俗美也。(《汉书·董仲舒传》)

王者不仅首先要修德正自身,作为万民的道德楷模,而且要实现德政,设立学校,用礼乐文明、儒家经典教化老百姓,使得人人"有耻且格"(《论语·为政》),走向"无讼"的大同治世。

儒家主张的政治是"道德的政治",这常常引起人们的诟病,但我们认为,人们恰恰应当追求道德的政治而摒斥、批判不道德的政治。儒家的政治理念最强调的就是其应然,即正当性,其中我们不难分析出不脱离一定时空条件下的实质正义,儒家为此而不断为人民去争取与追求。儒家强调对人,特别是对人民的尊重。其天下大同、天下为公的社会理想与社会正义观、公私义利观,儒家的仁爱、民本、民富、平正、养老、恤孤、济赈、民贵君轻、兼善天下、和而不同、食货、仁政及德治主张、入世情怀、参与精神等,在今天还有极高的价值,是中国当下政改与民主政治建设的重要精神资源。

关于儒家的民本思想,前文已经说过,尽管与今天的人权、权利意识、主权在民的思想不可同日而语,但也不能轻率地对待之,乃至有人认为民本不过就是君本,甚至比君本更坏,是对帝王专制的伪饰与无病呻吟而已。假如这样来对待传统政治资源,那我们就无话可说。以理性来分析的学者则不会如此,如金耀基关于儒家民本主义有相当好的诠释①,李明辉将其归纳为:"一,人民是政治的

---

① 见金耀基:《中国民本思想史》,台北:台湾"商务印书馆",1993年。

主体；二，人君之居位，必须得到人民之同意；三，保民、养民是人君的最大职务；四，'义利之辨'旨在抑制统治者的特殊利益，以保障人民的一般权利；五，'王霸之辨'意涵：王者的一切作为均是为人民，而非以人民为手段，以遂行一己之目的；六，君臣之际并非片面的绝对的服从关系，而是双边的相对的约定关系。"①这对于传统与现代的对话很有启发性。而关于现代人权与儒家传统，李明辉经过分析、比较，认为美国学者帕尼卡（R. Panikkar）曾归纳出《世界人权宣言》的三项哲学预设，一是普遍人性，二是个人之尊严，二是民主的社会秩序，"在这三项预设当中，前两项预设无疑可在儒家思想（尤其是孟子思想）中发现有利的思想资源'②。此外，民本思想不难与第二代人权概念衔接，存有的连续性观点可以支持第三代人权的"环境权"，义利之辨、先义后利可以呼应罗尔斯的正当对于善的优先性。总之，"儒家传统的确包含现代'人权'概念的若干理论预设，而不难与人权思想相接榫……儒家传统也为源自近代西方的'人权'概念提供了另一个诠释角度与论证根据"③。

儒家学说中的政治正当性，即认为政治权力之根源在天、天命、天道，人们理应有所敬畏、谨慎与忧患；其根柢、本位在人民、老百姓、农工商，他们是政治的主人；其基础是广阔的民间社会，民间力量及其自治，在现代更应开放民间社会，鼓励民间社

---

① 李明辉：《儒家视野下的政治思想》，台北：台湾大学出版中心，2005年，第96页。
② 同上书，第81页。
③ 同上书，第98页。

会、社团的成长,积极发挥其主体性,并加以协调;其指导、参与、监督与言责则在士人,今天则更应强调知识分子的自重、自尊与积极参与。由此可得出人民是政治的主体,士大夫是政治的主体的结论。道德仁义系统、仁政学说及以上四点为中心的儒家的政治哲学在今天还有极高的价值。

中国传统的政治文明中(包含观念、制度、实践、民俗诸层面)的许多遗产,值得人们认真地去思考与创造性转化。例如,古代制度文明中有很多东西我们还没有认真清理,其中制度层面的消化吸收是政治文明建设的任务之一;民间组织与自治、士人积极参与及儒学传统所倡导的公共性与公共品德是公民社会的人的成长与全面发展的基础,也是现代性政治的基本内容。公民道德的重建也离不开儒家文化的土壤,而儒家的人禽之辨、公私义利之辨、君子小人之辨、天理与人欲之辨,对今天重建官德、整饬吏治腐败有积极意义。

(原题《再论儒家的政治哲学及其正义论》,原载《孔子研究》2010年第6期,发表后又做了修改,修改中得到吴龙灿博士的帮助。此为修改稿,载郭齐勇:《儒学与现代化的新探讨》,北京:商务印书馆,2015年。)

《礼记》哲学诠释的四个向度
——以《礼运》《王制》为中心的讨论

《礼记》（小戴记）的诠释，宜以各章、篇为单位，原因在于《礼记》成书复杂，各篇内容十分丰富，以各篇，最好以各章为单位，比较具体。当然，《礼记》毕竟是一部经典，仍然可以统合而言之。

在《礼记》四十九篇中，《王制》是第五篇，《礼运》是第九篇。关于《王制》的写作时代与作者，众说纷纭，莫衷一是。郑玄认为在战国时，孟子之后。任铭善对郑说加以论证，认为是篇出于战国末期的深受孟子影响的儒者。卢植认为《王制》是汉文帝时博士所作，孔颖达认为《王制》作于秦汉之际。任铭善驳斥卢植、孔颖达说甚为有力[1]。钱玄、杨天宇都支持郑玄、任铭善说[2]。王锷则认为《王制》成于战国中期，在《孟子》之前。我们取郑玄、任铭善说。

关于《礼运》的写作时代与作者，任铭善认为是子游记孔子之言，也有后人窜入的文字[3]。杨天宇认为此篇受战国末阴阳五行思

---

[1] 钱玄、钱兴奇编：《三礼辞典》，南京：江苏古籍出版社，1998年，第243、244页；杨天宇：《礼记译注》，上海：上海古籍出版社，1997年，第191页。本文引文与译文多处使用了杨天宇书。

[2] 王锷：《〈礼记〉成书考》，北京：中华书局，2007年，第184—188页。

[3] 任铭善：《礼记目录后案》，济南：齐鲁书社，1982年，第23—25页。

想影响,可能是秦、汉时期的作品①。王锷认为,《礼运》全篇是孔子与子游讨论礼制的文字,主体部分是子游记录的,大概写于战国初期,在流传过程中约于战国晚期掺入了阴阳五行家言,又经后人整理而成为目前我们看到的样子②。我们取任铭善、王锷说。

如此看来,《礼运》《王制》文本大体上定型于战国末期,基本上是儒家关于理想社会及圣王时代理想制度的讨论,其中有些制度对后世的制度建设发生过作用,有些理想社会的描述则启发了廖平、皮锡瑞、康有为、孙中山、毛泽东等。

十多年来我读、讲《礼记》的关切或诠释有这样几个重点:第一,《礼记》中所蕴含的终极性与宗教哲学的内容及其意义;第二,《礼记》中所蕴含的生态环保伦理的内涵与意义;第三,《礼记》中所蕴含的儒家政治社会哲学与社会治理方面的内容及其意义;第四,《礼记》中所蕴含的道德哲学,即修养身心性情、培养君子人格的内涵与意义。本文拟以《礼运》《王制》为主,兼及其他篇,略从以上四个方面诠释《礼记》的内涵与意义。

"礼必本于天"的终极性

关于"礼"的社会学起源,《礼运》详述了"夫礼之初,始诸饮食"云云,指出礼起于俗,与人们的衣食住行、葬祭活动方式有密

---

① 杨天宇:《礼记译注》,上海:上海古籍出版社,1997年,第362页。
② 王锷:《〈礼记〉成书考》,北京:中华书局,2007年,第241页。

切联系。由于葬礼、祭礼的仪式与意义本身涉及养生送死,事奉天神上帝,与神灵相沟通、相往来,因此关于"礼"的起源、发展、过程的讨论,肯定要追溯到"礼"的根源与根据。关于"礼"的终极根源与根据,《礼运》则假孔子之口回答言偃之问,谓"礼,必本于天,殽(效)于地":

> 孔子曰:"夫礼,先王以承天之道,以治人之情,故失之者死,得之者生。《诗》曰:'相鼠有体,人而无礼。人而无礼,胡不遄死。'是故夫礼,必本于天,殽于地,列于鬼神,达于丧、祭、射、御、冠、昏、朝、聘。故圣人以礼示之,故天下国家可得而正也。"

这里指出,"礼"是前代圣王禀承天之道,用来治理人情的,以"礼"治天下、国家是十分重要的。"礼"根据于"天",效法于"地",具有神圣性。这里肯定"礼"的形上根据,比荀子的"礼有三本"说更加重视终极性①。《礼运》又指出,规范有序、庄严肃穆的祭祀,用以迎接上天之神与祖宗神灵的降临;祭礼的社会功能可以端正君臣,亲和父子兄弟的恩情,整齐上下关系,夫妇各得其所,"是谓承天之祜",这即承受了上天的赐福。

《礼运》指出:"故先王秉蓍龟,列祭祀,瘗缯,宣祝嘏辞说,设制度,故国有礼,官有御,事有职,礼有序。"即先王持各种蓍草、龟甲,依次安排各种祭祀,埋下币帛以赠神,宣读告神和祝福的文辞,设立制度,使国有礼制,官有统系,事有专职,礼有秩序。接

---

① 荀子《礼论》有"礼有三本"说,把天地作为生命的本源来崇敬。但《礼记》对"礼"的超越性与终极性的重视,则超过了《荀子》。

着指出:

> 故先王患礼之不达于下也,故祭帝于郊,所以定天位也;祀社于国,所以列地利也;祖庙,所以本仁也;山川,所以傧鬼神也;五祀,所以本事也。故宗祝在庙,三公在朝,三老在学,王前巫而后史,卜筮瞽侑皆在左右。王中心无为也,以守至正。故礼行于郊而百神受职焉,礼行于社而百货可极焉,礼行于祖庙而孝慈服焉,礼行于五祀而正法则焉。故自郊、社、祖庙、山川、五祀,义之修而礼之藏也。(《礼记·礼运》)

这是孔子讨论先王通过各种祭礼,使礼下达于民众。这里也反映了我国古代有巫觋传统,诸先王本人就是最高祭司,又兼社会事务的领袖。天子在郊外祭祀皇天上帝,以确立天的至尊地位;在国都中祭祀社神,用以歌颂大地的养育之功;祭祀祖庙,体现仁爱;祭祀山川,用以敬礼鬼神;祭祀宫室的五祀神,用以体现事功。因此设置宗人与祝官在宗庙,三公在朝廷,三老在学校,天子前有巫官后有史官,卜人、筮人、乐官等都在左右,天子居中,无为而治,持守正道。因此在郊区祭祀天帝,天上群神都随上帝享祭而各受其职;祭祀社神,大地的各物资物产可以尽其用;祭祀祖庙,父慈子孝的教化可以施行;祭祀五祀,从而整饬各种规则。所以,从郊天、祀社、祭祖、祭山川至五祀,就是修养与坚守礼义。

> 是故夫礼,必本于大(按即太)一,分而为天地,转而为阴阳,变而为四时,列而为鬼神。其降曰命,其官于天也。夫礼必本于天,动而之地,列而之事,变而从时,协于分艺。其居人也曰养(应为义),其行之以货、力、辞让、饮、食、冠、昏、丧、祭、射、御、

朝、聘。(《礼记·礼运》)

"太一"指天地未分时混沌的元气,至大无垠。礼在总体上必以"太一"为根本。"太一"分离而为天地,转化为阴阳,变动为四时。四时更迭运转,在天地间布列了主管生成万物的种种鬼神。"太一"的气运降临到人世间就叫做"命","太一"对万物的主宰在于"天"。礼必根据于"天"与"天理",运用于大地,分布于众事,并随四季而变化,配合十二月来制定事功的标准。礼在人叫做义,而礼的实行是通过财物、体力、谦让、饮食、冠礼、婚礼、丧礼、祭礼、射礼、御礼、朝觐礼、聘问礼等表现出来。

据《王制》,天子巡守时要拜五岳。巡视东方,要到泰山烧柴祭天,望祭山川。天子还要考察诸侯对山川之神是否祭祀,不祭祀就是不敬,就要削减其封地。对宗庙不顺的就是不孝,对不孝的国君要降其爵位。天子外出之前,要祭上帝、社神、祢庙。诸侯外出之前,要祭社神与祢庙。

从礼仪中抽绎出来的"礼"的新观念,淡化了宗教的意味,特别是许多道德观念,几乎都是由礼加以统摄的。徐复观先生从《左传》《国语》中找到很多资料,特别是关于"敬""仁""忠信""仁义"等观念,与"礼"紧密地联系在一起。徐复观先生进而指出,春秋时代以"礼"为中心的人文精神的发展,将古代宗教人文化了,使其成为人文化的宗教。他说:"第一,春秋承厉幽时代天、帝权威坠落之余,原有宗教性的天,在人文精神激荡之下,演变而成为道德法则性的天,无复有人格神的性质。""此时天的性格,也是礼的性格。""第二,此时的所谓天、天命等,皆已无严格的宗教的意味,因为它没有人格神的意味。"①他认为,春秋时代诸神百神的出现,大大减低了宗教原有的权威性,使诸神进一步接受人文的规定,并由道德的人文精神加以统一。

我们认为,尽管如此,从以上材料看,天、天命等仍有宗教、人格神的意味。先秦儒家祭祀最重视的是祭天祭地,祭天地就是追本溯源,尊重其所自出,在这层意义上,"天地"即人的父母。"天地"有着价值本体意涵,又具有宗教性意涵。从《礼运》《王制》等文本看,这些篇的作者仍认为"天神"是至上神,对天神的崇拜要重于对地神的崇拜,然后就是对山川诸神的崇拜。除祭祀至上神与自然神灵外,还要祭祀祖宗神灵。这里反映出人文化的"礼"仍具有的"宗教性"与"超越性"。"宗教性"与"超越性"是不同的而又有联系的两个概念。通过读《礼记》,我们从精神信仰的层面肯定儒学具有"宗教性"。"天"是人文之"礼"最终的超越的根据。

"以天地为本"的生态伦理

"天地"是万物之母,一切皆由其"生生"而来。《礼记》曰:"天地和同,草木萌动"(《礼记·月令》);"和故百物皆化"(《礼记·乐记》)。"草木""百物"的化生都是以"和"为条件的。"天地不合,万物不生"(《礼记·哀公问》);"天地合而后万物兴焉"(《礼

---

① 徐复观:《中国人性论史》(先秦篇),第八版,台北:台湾"商务印书馆",1987年,第八版,第51、52页。

记·郊特牲》)。天地是万物化生的根源,生态系统的"生生大德"就是借"天""地"两种不同力量相互和合、感通而实现的。

《礼记·乐记》曰:"天地相荡,鼓之以雷霆,奋之以风雨,动之以四时,暖之以日月,而百化兴焉。如此则乐者天地之和也。"《礼记》通过对"天地"生物于四时的描述,认为"乐"是"天地之和"的体现,反而观之,"天地"通过雷霆、风雨鼓动宇宙间的阴、阳二气而四时无息地展现其"生生大德"的景象,又何尝不是宇宙间最壮丽动人的生命交响的演奏!

儒家对生态系统"生生大德"的认识,对"天"(阳)、"地"(阴)和以化生的认识,都是很深刻的。生态系统是一个不断创生的系统,也是一个各类物种和谐共生的生命共同体,这是儒家对"天地"这个大的生态居所的深切感悟,这在今天已经成为环境伦理学的普遍共识。

在"天人合一"理念下,"天"是一切价值的源头,而从"生物"而言,天、地往往须并举,且很多时候举"天"即统摄着"地",所以,我们也可以说"天地"是生态系统中一切价值的源头。儒家有着人与万物一体同源的共同体悟。唯有如此,人才可能对万物都持有深切的仁爱、关怀,将整个天地万物都看作是与自己的生命紧紧相连的。在这种价值来源的共识之上,儒家的生态伦理可以建立范围天地万物的生态共同体,将生态系统真正视为人与万物共生、共存的生命家园。《礼运》指出:

故人者,其天地之德,阴阳之交,鬼神之会,五行之秀气也。故天秉阳,垂日星;地秉阴,窍于山川。……

故人者,天地之心也,五行之端也,食味,别声,被色而生者也。故圣人作则,必以天地为本,以阴阳为端,以四时为柄,以日、星为纪,月以为量,鬼神以为徒,五行以为质,礼义以为器,人情以为田,四灵以为畜。以天地为本,故物可举也。以阴阳为端,故情可睹也。以四时为柄,故事可劝也。以日、星为纪,故事可列也。月以为量,故功有艺也。鬼神以为徒,故事有守也。五行以为质,故事可复也。礼义以为器,故事行有考也。人情以为田,故人以为奥(犹主也)也。四灵以为畜,故饮食有由也。(《礼记·礼运》)

这里肯定了宇宙生态各层次中,人处在较高的层次。人体现了天地的德性,阴阳的交感,鬼神的妙合,荟萃了五行的秀气;人是天地的心脏,五行的端绪,是能调和并品尝各种滋味,创造并辨别各种声调,制作并被服各色衣服的动物。尽管人是万物之灵,但人仍从属于生态系统之整体。因此,圣人制作典则,必以天地大系统为根本,以阴阳二气交感为起点,以四时所当行的政令为权衡,以日、星的运行来纪时,以十二个月来计量事功,以鬼神为依傍,以五行的节律为本位,以礼义为器具,以人情为田地,以四灵为家畜。

因此,人在天地之中一定要尊重山川、动物、植物等。这种尊重与敬畏,通过祭祀山林川泽加以表达:

天子祭天地,诸侯祭社稷,大夫祭五祀。天子祭天下名山大川,五岳视三公,四渎视诸侯。诸侯祭名山大川之在其地者。天子、诸侯祭因国之在其地而无主后者。(《礼记·王制》)

《礼记》强调礼是符合时令,配合地的物产的。人取用动植物,依据于不同季节有不同的生物,不同的地理环境有不同的物产。

> 礼也者,合于天时,设于地财,顺于鬼神,合于人心,理万物者也。是故天时有生也,地理有宜也,人官有能也,物曲有利也。故天不生,地不养,君子不以为礼,鬼神弗飨也。居山以鱼鳖为礼,居泽以鹿豕为礼,君子谓之不知礼。故必举其定国之数,以为礼之大经。礼之大伦,以地广狭;礼之薄厚,与年之上下。是故年虽大杀,众不匡惧,则上之制礼也节矣。(《礼记·礼器》)

可见制礼与行礼的原则是不违背自然的原则,故一定时空条件下不适于生长的物产,君子不用来行礼,鬼神也不会享用。以本地希罕的动物作为礼品,这种人是不懂礼的。行礼须以本国本地的物产,根据土地的大小、年成的好坏,量力而行。

《礼记·月令》载"(仲春之月)安萌芽,养幼少";"毋竭川泽,毋漉陂池,毋焚山林";"(孟夏之月)继长增高,毋有坏堕,毋起土功,毋发大众,毋伐大树"。人们取用动植物,必须考量时间,不可以在生长期、繁衍期滥砍滥杀,不砍伐小树,不射杀幼鸟兽与怀孕的兽,否则就是不孝。

> 曾子曰:"树木以时伐焉,禽兽以时杀焉。夫子曰:'断一树,杀一兽,不以其时,非孝也。'"(《礼记·祭义》)

> 孟春之月……命祀山林川泽,牺牲毋用牝。禁止伐木。毋覆巢,毋杀孩虫、胎、夭、飞鸟,毋麛,毋卵。(《礼记·月令》)

《王制》论述天子、诸侯田猎的礼,绝不能斩尽杀绝,竭泽而渔,如"田不以礼曰暴天物。天子不合围,诸侯不掩群","草木零落，然后入山林。昆虫未蛰，不以火田。不麛，不卵，不杀胎，不殀夭，不覆巢"。

《礼记·郊特牲》："故天子牲孕弗食也，祭帝弗用也。"怀胎的牲畜，即便是天子也不得食用，郊祭的时候也不用，这都是对"天地"生养万物的礼敬。

《王制》又说："林麓川泽以时入而不禁。"此与《孟子》"泽梁无禁也"相类。"不禁"是不禁止老百姓进入林麓川泽取用动植物，但要注意时令。这里当然考虑到人取用的可持续性，但仍不止于此意。《礼记》诸篇都隐含着礼制秩序与自然节律的一致性，《礼记·月令》将春夏秋冬四季又各自分别出孟、仲、季三个时段，按不同季节时段详细规定了有关祭祀活动、农业生产、资源取用、政令发布的内容，这些都需要有相关的具体部门去执行完成。

从这里我们可知儒家以礼法保护生态资源有三个重要的内容：(1) 禁止灭绝性砍伐、捕猎；(2) 保护幼小生命；(3) 重"时"。禁止灭绝性砍伐、捕猎很好理解，因为这种行为与"天地"的"生生大德"背道而驰。保护幼小生命则与儒家重"养"的思想有关，"天地"生万物则必又养育之，此乃天道之自然，"天地养万物"（《易传·象》）。

《礼记·乐记》："是故先王之制礼乐也，非以极口腹耳目之欲也，将以教民平好恶而反人道之正也。"饮食等礼节的制定不是为了满足人的欲望，而是为了让人返归"人道之正"。儒家有关生态保护的礼乐观念既是遵从天地的生养之道，也出于对人性物欲进行节制的目的。

儒家以"天地"为人与万物之祖，对"天地"的尊崇有着强烈的宗教性情怀，这是对它生养万物的敬畏、礼拜。先秦儒家一向认为生态资源是天地所赐，他们对此充满了虔敬的感情，《礼记·曲礼》："岁凶，年谷不登，君膳不祭肺，马不食谷，驰道不除，祭事不县。大夫不食粱，士饮酒不乐。"年岁不好的时候，儒家对饮食就特别要求节制，以体恤"天地"生养万物之不易。

儒家是人类中心主义者吗？由上可知显然不是。儒家是主张生态系统存在客观内在价值的，人有人性，物有物性，甚至人性中有神性，物性中也有神性。儒家对生态系统的价值判断基于"天地"对万物赋形命性的认识，万物在被缔造的"生生"过程中，都被赋予了"形"与"性"，这种赋予是普遍的、无遗漏的，差异只是阴阳创化的不同，然而无物不出于创化。从"天地"创生的赋形命性的普遍性去作价值的判断，价值自然不仅仅限于有机的生命体，万物和人一样具有客观的内在价值，因此，在儒家那里，"天地"的这种创生是具有价值本体论的意义的。事实上，先秦儒家对万物都是关爱的，而且是从其所具的内在价值去确定这种爱的，因为万物的内在价值都是"天地"所赋予的，与人的内在价值本同出一源。当然，万物的内在价值是有差异的。

古代中国的生态环保意识是被逼出来的。中国是自然灾害多发、频发的国家，据邓云特(拓)《中国救荒史》、竺可桢《中国历史上气候之变迁》等，古代中国的自然灾害，如水、旱、蝗、雹、风、疫、霜、雪、地震等从未间断过，平均每半年即罹灾一次，其中水、旱灾平均每两年一次。古中国的灾荒状况不断，政府与社会不能不以应对灾荒作为主要职能之一,由此也积累了赈灾的方略,如赈济、调粟、养恤、除害、节约、蠲缓、巫术仪式等。

《礼记》中有很多灾害、疗救记忆的信息。据唐启翠研究,《礼记》中有关记载的文字段落,大旱及祈雨的记载凡十处,蝗疫之患一处,风雨水患两处,雪霜冰雹一处,日食一处①。

我们看几则材料:"岁旱,穆公召县子而问然,曰:'天久不雨,吾欲暴尪而奚若?'曰:'天久不雨,而暴人之疾子,虐,毋乃不可与?''然则吾欲暴巫而奚若?'曰:'天则不雨,而望之愚妇人,于以求之,毋乃已疏乎?'"(《礼记·檀弓下》)鲁国遇大旱,穆公举行了一些禳灾仪式,试图祛旱祈雨,但没有应验,于是他想要暴晒尪者与巫者,让上天怜悯他们而降雨,就此请教县子。尪者是脊柱弯曲、面部向天的残疾人,巫是沟通人神的女性神职人员。儒者县子批评穆公,阻止了暴晒残疾人与女巫的非人道行为,但赞同了穆公为了求雨而罢市的设想。因祈雨不灵,鲁穆公拟处罚巫师,在西方人类学史上也有相似的例子。人间遇到自然灾害,巫师、祭司以巫术干预后仍不起作用,他们要承担责任,受到处罚②。

《月令》的"月"是天文、天时,其"令"是政令、政事。先秦时人认为王者必须承"天"以治"人",所以设计一套依"天文"而施行"政事"的纲领,其实是一种"王制"。"古代的天文知识曾被

---

① 唐启翠:《礼制文明与神话编码:〈礼记〉的文化阐释》,广州:南方日报出版社,2010年,第271—273页。

② 详见杨雅丽:《〈礼记〉语言学与文化学阐释》,北京:人民出版社,2011年,第13、14页。

应用于阴阳五行说,故此月令亦可视为依据阴阳五行说而设计的王制,不过重点是放在天子身上。施行这种王制的天子,必居于明堂以施政,故此月令,又可称为'明堂月令'或'王居明堂礼'。"① 儒家坚持从礼的层面认识生态保护问题有重要的意义,他们的很多主张在后世被纳入律法中,对生态资源的保护起到了切实的作用,如云梦秦简《田律》、汉代悬泉置壁书《使者和中所督察诏书四时月令五十条》中都有保护生态的律法条款,与《礼记·月令》的主张非常接近。

《王制》有关节约粮食、储备粮食以防灾的"耕三余一"政策,是基于历史经常的一种荒政,防患于未然:

> 祭,丰年不奢,凶年不俭。国无九年之蓄曰"不足",无六年之蓄曰"急";无三年之蓄,曰"国非其国"也。三年耕,必有一年之食;九年耕,必有三年之食。以三十年之通,虽有凶旱水溢,民无菜色,然后天子食,日举以乐。(《礼记·王制》)

必须预防灾荒,使国家有足够的粮食储备。没有九年的储备叫"不足",没有六年的储备叫"急",没有三年的储备叫国不成其为国。三年的耕种,定要余存一年的粮食;九年的耕种,定要余存三年的粮食。以三十年来看,即使有大旱灾大水灾,老百姓也不会挨饿。这样天子才能安心用膳,日日听音乐。

先秦儒家以礼乐理顺生态资源,主要有三条原则:(1)人要生存

---

① 王梦鸥注译:《礼记今注今译》修订版,台北:台湾"商务印书馆",1984年,上册,第255页。

不得不对生态资源有所取用，但应当顺应生态系统的生养之道，做到有理（"顺于鬼神，合于人心"）、有节（"合于天时，设于地财"），人类不能为了一己之私去日益竭尽天地之材。（2）《礼记·乐记》："是故大人举礼乐，则天地将为昭焉。天地欣合，阴阳相得，煦妪覆育万物……"以礼乐精神关照生态问题，就意味着对天地之道的清醒认识（"天地将为昭焉"）。"天地"默然运作而万物化成，因此，对于生态系统的保护，人类最有效的策略是尽可能少地去干预其完善自足的生养之道，只要人不去破坏生态环境，"天地"自然会让万物生化不已，充满生机。（3）《礼记·乐记》："揖让而治天下者，礼乐之谓也。暴民不作，诸侯宾服，兵革不试……大乐与天地同和，大礼与天地同节。和故百物不失……"生态问题的彻底解决（"百物不失"）并不只是一个生态问题，它在根本上也是一个政治问题，它需要人类的共同协作与努力，人类如果自身不能和睦共处，导致战争四起、社会动荡，那么讲生态保护只能是一种奢望。

《礼记》对生态系统的认识是在容纳天、地、人、神诸多要素的"天地"概念下展开的，这是一种整体论、系统论的观念，以"和"为条件的不断创生是他们对这个生态系统的根本认识。他们对"天地"的创生现象持有价值判断的观念，肯定天地万物皆有内在价值，要求一种普遍的生态的道德关怀，而他们对人性、物性的辩证认识又同时清楚地表明了一种生态伦理的等差意识，或曰不同伦理圈层的区分意识。儒家在从工具价值的立场取用生态资源的同时，并不忽视动植物等的内在价值。从儒家"天人合一"的理念看，生态伦理作为一种新的伦理范式其确立的基础必须建立于对人性的重新反思之上①。

鳏寡孤独"皆有所养"的政治哲学

从《王制》《礼运》等篇来看，作者关于财产、权力的分配与再分配的制度诉求，仍然主张西周的封建制，即王静安先生总结的封邦建国制、宗庙祭祀制、嫡长子继承制、同姓不婚制等。礼制所维护的当然是统治阶级的财产与权力的继承秩序。尽管如此，对于下士及庶民，对社会的最不利者在经济福利与政治权利等方面的诉求，《礼记》作者亦有一定的呼应，其制度设计仍然反映了一定的公正性。

这里首先是对后世的土地制度极有影响力的"一夫授田百亩"的制度设计。"制农田百亩"，制度规定一个农夫受田百亩。百亩土地按肥瘠分类，上等土地一个农夫可供养九人，次一等的可供养八人，依次递减为七人、六人、五人。庶人在官府任职的俸禄，依这五等农夫的收入区分等差。诸侯的下士的俸禄比照上等土地的农夫，使他们的俸禄足以代替他们亲自耕种所得。中士的俸禄比下士多一倍，上士的俸禄比中士多一倍，卿的俸禄是大夫的四倍，君的俸禄是卿的十倍。俸禄显然是有差等的，但农夫有农田是最基本的生活保障。

---

① 崔涛、郭齐勇:《先秦儒家生态伦理思想探讨》，邓正来主编:《中国社会科学辑刊》2010年6月夏季卷，上海:复旦大学出版社，2010年。

《礼记》中有对社会弱者予以关爱与扶助的制度设计。关于养老制度，《王制》曰：

> 凡养老，有虞氏以燕礼，夏后氏以飨礼，殷人以食礼，周人修而兼用之。五十养于乡，六十养于国，七十养于学，达于诸侯。
>
> 有虞氏养国老于上庠，养庶老于下庠；夏后氏养国老于东序，养庶老于西序；殷人养国老于右学，养庶老于左学；周人养国老于东胶，养庶老于虞庠，虞庠在国之西郊。（《礼记·王制》）

上古虞夏殷周都有养老之礼，《王制》作者肯定综合前代的周制，强调实行养老礼的礼仪制度，也有专家说是对大夫及士庶人为官的退休者实行分级养老制。关于五十岁以上老人（包括平民）享受的优待，《王制》曰：

> 五十异粻，六十宿肉，七十贰膳，八十常珍，九十饮食不离寝，膳饮从于游可也。……五十始衰，六十非肉不饱，七十非帛不暖，八十非人不暖，九十虽得人不暖。五十杖于家，六十杖于乡，七十杖于国，八十杖于朝。……五十不从力政，六十不与服戎，七十不与宾客之事，八十齐衰之事弗及也。（《礼记·王制》）

这里的"不暖""不饱"句显然来源于《孟子》。《王制》又说，三代君王举行养老礼后，都要按户校核居民的年龄。年八十的人可以有一个儿子不服徭役；年九十的人全家都可以不服徭役；残疾、有病、生活不能自理的人，家中可有一人不服徭役；为父母服丧者，三年不服徭役；从大夫采地迁徙到诸侯采地的人，三个月不服徭役；从别的诸侯国迁徙来的人，一年不服徭役。

关于对待鳏寡孤独与残疾人等社会弱者，孟子曰："老而无妻曰鳏,老而无夫曰寡,老而无子曰独,幼而无父曰孤。此四者,天下之穷民而无告者。文王发政施仁,必先斯四者";"居者有积仓,行者有裹(囊)粮";"内无怨女,外无旷夫"(《孟子·梁惠王下》)。

《王制》几乎重复孟子之说,指出:

> 少而无父者谓之孤,老而无子者谓之独,老而无妻者谓之矜,老而无夫者谓之寡。此四者,天民之穷而无告者也,皆有常饩。(《礼记·王制》)

"常饩",即经常性的粮食救济或生活补贴。又说:"瘖、聋、跛、躃、断者、侏儒,百工各以其器食之。"对于聋、哑及肢体有残疾、障碍的人则有供养制度,即由国家养活。国家则以工匠的收入来供养他们。又曰:"庶人耆老不徒食。"即老百姓中的老人不能只有饭而无菜肴。又曰:"养耆老以致孝,恤孤独以逮不足。"即通过教化,形成风气,引导人民孝敬长上,帮助贫困者。

关于安居,《王制》曰:"司空执度度地居民。山川沮泽,时四时,量地远近,兴事任力。凡使民,任老者之事,食壮者之食。"司空负责丈量土地使民居住。如果是山川沼泽地,要观察气候的寒暖燥湿,并测量土地的远近,来确定居邑与水井的位置,然后兴建工程。凡使用民力,让他们承担老年人能干的活,而供给壮年人的粮食。关于民居,不同地区的人及少数民族都有不同的风俗习惯,可以因其俗而教,但不要改变。"凡居民,量地以制邑,度地以居民。地、邑、居民,必参相得也。无旷土,无游民,食节事时,民咸安其居,乐事劝功,尊君亲上,然后兴学。"这里说的是安置人民的居处,要根据地理条件、居邑建制、居民多少来调节,使之相称。没有旷废的土地，没有无业游民，节制饮食，遵守农时，可以使民众安居乐业。

关于土地、赋税与商业政策，《王制》说：

> 古者公田藉而不税，市廛而不税，关讥而不征，林麓川泽以时入而不禁，夫圭田无征，用民之力岁不过三日，田里不粥，墓地不请。(《礼记·王制》)

古时借助民力耕种公田而不征收民的田税；贸易场所只征收店铺税而不征收货物税；关卡只稽查而不征税；开放山林河湖，百姓可按时令去樵采渔猎；耕种祭田不征税；征用民力一年不超过三天；田地和居邑不得出卖；墓地不得要求墓葬区以外的地方。在《孟子》《荀子》中都有类似材料。

涉及政治参与权、受教育权的有关选拔人才的制度，亦是中华文化优秀传统的一部分。《王制》对庶民中的人才的选拔、任用并授以爵禄予以肯定，并规定了步骤：

> 凡官民材，必先论之，论辨，然后使之。任事，然后爵之；位定，然后禄之。

> 命乡论秀士，升之司徒，曰选士。司徒论选士之秀者而升之学，曰俊士。升于司徒者，不征于乡；升于学者，不征于司徒，曰造士。乐正崇四术，立四教，顺先王《诗》《书》《礼》《乐》以造士。春秋教以《礼》《乐》，冬夏教以《诗》《书》。王大子，王子，群后之大子，卿大夫、元士之嫡子，国子之俊选，皆造焉。凡入学以齿。将出学，小胥、大胥、小乐正简不帅教者，以告于大乐正，大乐正以告于王。王命三公、九卿、大夫、元士皆入学；不变，王亲视学；不

变,王三日不举,屏之远方……大乐正论造士之秀者,以告于王,而升诸司马,曰进士。(《礼记·王制》)

这里讲的是选士制度。各乡考察优秀人才,上报司徒,叫选士。司徒再考察选士中的优秀者,升于太学,叫俊士。选士、俊士均不服徭役,叫造士。乐正以《诗》《书》《礼》《乐》四种学术来培养人才。王太子、王子、诸侯的太子、卿大夫和元士的嫡子,及俊士、选士,都要学习这四种课程。入学后按年龄安排课程。将毕业时,小胥、大胥、小乐正检举不遵循教育的子弟,上报大乐正,大乐正上报给王。王命三公、九卿、大夫、元士到学校去帮助教育这些子弟;如果不改变,王亲往学校视察;如果还不改变,王三天用膳不奏乐,把不遵循教育者摒弃到远方。大乐正考察造士中的优秀者,报告给王,把他们提拔到司马属下,叫进士。

《王制》又说:"司马辨论官才,论进士之贤者,以告于王而定其论。论定然后官之,任官然后爵之,位定然后禄之。大夫废其事,终身不仕,死以士礼葬之。有发,则命大司徒教士以车甲。"司马辨别、考察、任用人才,考察进士中的优秀者,报告给王,由王下定论。然后委任官职,出任官职后授予爵位,爵位定后发给俸禄。大夫放弃职责的,终身不能再做官,死后以士礼埋葬。有战事,则命大司徒对士训练车甲之事。

关于各行各业技艺者的考察与任用,《王制》说:"凡执技、论力:适四方,嬴股肱,决射御。凡执技以事上者,祝、史、射、御、医、卜及百工。凡执技以事上者,不贰事,不移官,出乡不与士齿;仕于家者,出乡不与士齿。"考察力士、技艺者,并派他们到各地去。对于为王服务的技艺者，祝、史、卜、医生、弓箭手、驾车人及各种工匠，不可从事专业之外的事业，也不任官职，在乡在大夫家可按年龄与士排列位次，出了乡则不可。

关于社会治理，《礼记·乐记》提出德教为主的礼乐刑政四者相互补充的方略：

> 是故先王之制礼乐，人为之节。衰麻哭泣，所以节丧纪也。钟鼓干戚，所以和安乐也。昏姻冠笄，所以别男女也。射乡食飨，所以正交接也。礼节民心，乐和民声，政以行之，刑以防之，礼乐刑政四达而不悖，则王道备矣！（《礼记·乐记》）

古代礼乐刑政的配制，礼乐是文化，有价值。"礼"是带有宗教性、道德性的生活规范。在"礼"这种伦理秩序中，亦包含了一定的人道精神、道德价值。"礼"的目的是使贵者受敬，老者受孝，长者受悌，幼者得到慈爱，贱者得到恩惠。在贵贱有等的礼制秩序中，含有敬、孝、悌、慈、惠诸德，以及弱者、弱小势力的保护问题。

> 太上贵德，其次务施报。礼尚往来：往而不来，非礼也；来而不往，亦非礼也。人有礼则安，无礼则危，故曰"礼者，不可不学也"。夫礼者，自卑而尊人，虽负贩者，必有尊也，而况富贵乎？富贵而知好礼，则不骄不淫；贫贱而知好礼，则志不慑。（《礼记·曲礼上》）

这一交往原理包含如下内容：以德为贵，自谦并尊重别人，讲究施惠与报答，礼尚往来。无论富贵或贫贱，都互相尊重，互利互惠。这里提到对负贩、贫贱等弱者的尊重和对等的施报关系。过去我们对"礼不下庶人"的理解有误,据清代人孙希旦的注释,"礼不下庶人"说的是不为庶人制礼,而不是说对庶人不以礼或庶人无礼制可行。古时制礼,自士以上,如冠礼、婚礼、相见礼等都是士礼,庶人则参照士礼而行,婚丧葬祭的标准可以降低,在节文与仪物诸方面量力而行。

在社会治理上,儒家重视道德教化,同时重视法治。《王制》中也有刑罚制度的记录与设计。我这里只指出一点,即在审案、判案、处罚过程中如何审慎、认真,避免冤案,严格程序及对私人领域的保护问题。

关于司寇听讼治狱的法规与审理案件的程序,《王制》曰:

> 司寇正刑明辟,以听狱讼。必三刺,有旨无简不听,附从轻,赦从重。凡制五刑,必即天论,邮罚丽于事。凡听五刑之讼,必原父子之亲,立君臣之义以权之;意论轻重之序,慎测浅深之量以别之;悉其聪明,致其忠爱,以尽之。疑狱,泛与众共之;众疑,赦之。必察小大之比以成之。成狱辞,史以狱成告于正;正听之,正以狱成告于大司寇;大司寇听之棘木之下,大司寇以狱之成告于王;王命三公参听之,三公以狱之成告于王;王三宥,然后制刑。凡作刑罚,轻无赦。刑者,侀也。侀者,成也,一成而不可变,故君子尽心焉。(《礼记·王制》)

这是说,司寇负责审查刑律,明辨罪法,以审理诉讼。审案时一定不能草率,要再三探讯案情。对于有作案动机而无犯罪事实的不予受理,对于从犯从轻量刑,对于曾宽赦而重犯的人则从重处理,定罪施罚一定要符合事实。审判案件中,要从体谅父子的亲情,确立君臣关系的大义的角度来权衡，要考虑犯罪情节的轻重程度，审慎分析，区别对待，要充分发挥聪明才智，奉献忠良爱民之心，来彻查案情。有疑问的案件，要广泛地同大家商量、讨论；众人疑不能决的，则赦免嫌疑人。审判案件要参考同类大小案件的已有案例来定案。经过审理核定嫌犯的供辞后，史把审案结果报告给正；正又审理一番，再把结果报告大司寇；大司寇在外朝棘树下再审理一番，然后把结论报告给王；王命三公参与审理，三公再把审案结果报告给王；王又对罪犯多次提出宽宥的理由，然后才判定罪刑。凡制定刑罚，人易犯的轻法不作赦免的规定。刑是成型的意思，人体一旦受刑成型就不可改变了，因此君子审理案件不能不十分尽心。

关于夷夏关系，《王制》指出：

> 凡居民材，必因天地寒煖燥湿，广谷大川异制。民生其间者异俗：刚、柔、轻、重、迟、速异齐，五味异和，器械异制，衣服异宜。修其教不易其俗，齐其政不异其宜。中国、戎夷五方之民，皆有性也，不可推移。东方曰夷，被发文身，有不火食者矣；南方曰蛮，雕题交趾，有不火食者矣；西方曰戎，被发衣皮，有不粒食者矣；北方曰狄，衣羽毛穴居，有不粒食者矣。中国、夷、蛮、戎、狄，皆有安居，和味，宜服，利用，备器。五方之民，言语不通，嗜欲不同，达其志，通其欲，东方曰寄，南方曰象，西方曰狄鞮，北方曰译。(《礼记·王制》)

《王制》作者的这些看法，表明多元一体的中国形成过程之中，多民族融合是一个主潮，儒家主张尊重不同地理环境下生长的不同性状的族群的生活习惯与民族性格。"修其教不易其俗,齐其政不异其宜"的方针在今天仍有现代意义。

《礼记·王制》中有关理念与制度安排中,体现了中国先民的原始人道主义,体现了中华民族以"仁爱"为核心的价值系统与人文精神。其中,有不少制度文明的成果值得我们重视。如有关应对灾荒、瘟疫,予以组织化救助的制度,有关对老弱病残、鳏寡孤独、贫困者等社会弱者的尊重与优待的制度,都是极有人性化的制度,且后世在理论与实践上都有发展,这都有类似今天的福利国家与福利社会的因素。有关颁职事及居处、土地、赋税、商业的制度与政策中对老百姓权利与福祉的一定程度的关注与保证,有关小民的受教育权与参与政治权的基本保障,有关对百姓施以道德与技能教育的制度,有关刑律制定与审判案件的慎重、程序化与私人领域的保护方面等,也都涉及今天所谓社会公平公正的问题。只要我们用历史主义的观点去省视,同样是在等级制度中,以我国先秦与同时代的古希腊、古印度、古埃及的政治文明相比照,则不难看出中国政治哲学理念与制度中的可贵之处,这些资源至今还有进一步作创造性转化的价值与意义,希望国人不要过于轻视了。

《礼运》作者认为,政治权利之根源在天、天命,即"政必本于天"。

> 故政者,君之所以藏身也。是故夫政必本于天,殽以降命。命降于社之谓殽地,降于祖庙之谓仁义,降于山川之谓兴作,降于五祀之谓制度:此圣人所以藏身之固也。(《礼记·礼运》)

这里讲国政本于天理,要效法天理来下达政令。政令要符合地德,也要符合人的道德。

《礼运》开篇有关"大同之世"的社会理想是中国人的理想。"大同"之世与"小康"之世不同,这一理想包含着最高的政治正义的追求:

> 大道之行也,天下为公,选贤与能,讲信修睦。故人不独亲其亲,不独子其子,使老有所终,壮有所用,幼有所长,矜寡孤独废疾者,皆有所养;男有分,女有归;货恶其弃于地也,不必藏于己;力恶其不出于身也,不必为己。是故谋闭而不兴,盗窃乱贼而不作,故户外而不闭,是谓大同。(《礼记·礼运》)

这是儒家所设想的远古时期"天下为公"的"大同"之世,也可以说是古代中国人的梦想:天下为人民所公有,选举贤能的人来治理社会,人与人之间讲求信用,和睦相处。人们不只爱自己的双亲,不只抚养自己的子女,而使所有老年人都得到赡养,壮年人有工作做,幼儿能得到抚育,年老丧夫或丧妻而孤独无靠的人及残疾人都能得到照顾与优待;男人都有自己的职分,女子都能适时婚嫁;爱惜财物、民力,但绝不据为己有。因此,阴谋诡计不能得逞,盗窃和乱臣不会产生,外出不用关门,这就是大同社会。这就是"天下一家、中国一人"的社会理想。

儒家主张满足人民的基本公正合理的要求,强调民生,制民恒产,主张惠民、富民、教民,缩小贫富差距,对社会弱者、老弱病残、鳏寡孤独和灾民予以保护。其推行的文官制度、教育制度,为平民、为农家子弟提供了受教育及参与政治的机会。其天下大同、天下为公的社会理想与社会正义观、公私义利观是历代儒生的期盼,也是他们批判现实的武器。这一思想的前提是:一是人民是政治的主体;二是人君之居位,必须得到人民之同意;三是保民、养民是人君的最大职务。这即是"王道""仁政"。

"礼义,人之大端"的人格修养论

《礼记》中有关人的教养与人格成长,特别是君子人格的养成智慧,体现了儒教文明的特色。儒家教育是多样、全面的,其内核是成德之教;其目的是培养君子,成圣成贤;其方法是用礼乐六艺浸润身心,以自我教育与调节性情心理为主;其功能在于改善政治与风俗;其特点是不脱离平凡生活,知行合一、内外合一的体验。在当代建设现代公民社会,培养平民化的自由人格的过程中,尤其需要调动儒家修养身心与涵养性情的文化资源。忠信是礼的基本精神,义理则是规矩仪式。

先王之立礼也,有本有文。忠信,礼之本也;义理,礼之文也。无本不立,无文不行。(《礼记·礼器》)

故礼义也者,人之大端也,所以讲信修睦,而固人之肌肤之会,筋骸之束也;所以养生送死,事鬼神之大端也;所以达天道、顺人情之大窦也。故唯圣人为知礼之不可以已也。故坏国、丧家、亡人,必先去其礼。(《礼记·礼运》)

《礼运》强调礼对于人的人格成长与治理国政的重要性。礼的功用首在治理人情。"故圣人修义之柄、礼之序,以治人情。故人情者,圣王之田也,修礼以耕之,陈义以种之,讲学以耨之,本仁以聚之，播乐以安之。"(《礼记·礼运》)这里强调礼为义之实，义为仁之节，仁是义之本，肯定"治国不以礼，犹无耜而耕也；为礼不本于义，犹耕而弗种也；为义而不讲之以学，犹种而弗耨也；讲之于学而不合之以仁，犹耨而弗获也；合之以仁而不安之以乐，犹获而弗食也；安之以乐而不达于顺，犹食而弗肥也"(《礼记·礼运》)。

《礼运》对于人的界定，如前所述，是把人放在天地之中的。尽管人是天地之最秀者，但人是具有终极信仰的人，人是在自然生态序列中的人。同时，人又是治理的主要对象（即"人情以为田，故人以为奥也"）。这里对人的界定，是以礼义、仁德为中心的，而人应当是道德的人。这里也强调了治国之本正是礼，而礼的规范中，重要的是道德仁义的精神。《王制》亦强调道德教化，指出司徒之官的使命是节民性与兴民德，推行六礼、七教、八政。

《王制》重视教化，强调"节民性"与"兴民德"，肯定人文教化，发挥退休官员、乡下贤达的作用，运用乡射礼、乡饮酒礼等，通过习礼对民众、青年进行持续不断的教化。

> 司徒修六礼以节民性，明七教以兴民德，齐八政以防淫，一道德以同俗，养耆老以致孝，恤孤独以逮不足，上贤以崇德，简不肖以绌恶。(《礼记·王制》)

司徒修习六礼（冠、婚、丧、祭、乡和相见礼），来节制民众的性情；讲明七教（父子、兄弟、夫妇、君臣、长幼、朋友、宾客等伦理）来提高人民的德行；整顿八政（饮食、衣服、技艺、器物品类、长度单位、容量单位、计数方法、物品规格等制度和规定）来防止淫邪、规范道德来统一社会风俗；赡养老人来诱导人民孝敬长上；抚恤孤独的人来诱导人们帮助贫乏的人；尊重贤能的人以崇尚道德，检举、摒除邪恶，实在是屡教不改的人，再摒弃到远方。由此可见，王制就是道德之治。

"礼"与"乐"有不同的侧重，"礼"主别异，"乐"主合同，"礼"主治身，"乐"主治心，礼自外作，乐由中出，两者相互为用。"乐者为同，礼者为异。同则相亲，异则相敬。乐胜则流，礼胜则离。合情饰貌者，礼乐之事也。礼义立，则贵贱等矣。乐文同，则上下和矣。好恶著，则贤不肖别矣。刑禁暴，爵举贤，则政均矣。仁以爱之，义以正之。如此，则民治行矣。"(《礼记·乐记》)"乐所以修内也，礼所以修外也。礼乐交错于中，发形于外，是故其成也怿，恭敬而温文。"(《礼记·文王世子》)"礼乐"的目的是使"四海之内合敬同爱矣"(《礼记·乐记》)。

在人与自然、人与社会、人与人的交往关系，以及人自身的身心关系方面，儒家有极其重要的资源，尤其是"推己及人""将心比心"的"恕道"，"推爱""推恩"的方式，值得珍视。"爱有差等"是具体理性、实践理性，恰可证成普爱。儒家强调主体性，特别是道德的主体性，但儒家人己、人物关系，是交互主体性的。成己、成人、成物等是仁心推扩的过程。这对今天的人际交往与文明对话有其积极意义。

中国哲学的突破，人的觉醒的特点在于，并不斩断人与宗教神灵、自然万物的联系，人是宗教神性意义的天的产儿，人又是自然生态中的成员。这是连续性、整体性的中国哲学的题中之义。人特别是道德的人。人的道德性尤表现为在对自然物取用上的反思性，反思贪欲、占有欲，使人更加肯定动植物自身的价值，成为宇宙大家庭中自觉维护生态伦理的成员。人的道德性表现在社会治理上，则更加尊重庶民大众的权益，予不利者以最大的关爱，并有更多制度的保障，促成社会的和谐。这里包含了教育公平之于政治公平的基础性，促使阶级阶层间的合理流动，保证一定意义上的社会公正。这些都是礼学的真义。

人是有终极信念的人，人是自然大家庭与社会大家庭的成员，这都可以归结于人是有礼义仁德的人。君子对上天、对自然天地必须有敬畏之心，对社会底层的人应当有恻隐之心。人需要在人与天、地、人、物的关系中不断反思、治理、调节自身，更好地定位自己，不至于如西方近代以降，人不断自我膨胀，妄自尊大。

礼是宗教、社会、政治、法律、伦理、道德之综合体，我们从以上四个维度对礼做出的诠释，尽可能使礼的一些要素创造性转化、创新性发展为现代社会与人的积极要素，为现代社会所用。

（原载《复旦学报（社会科学版）》2016年第1期。）

出土简帛与经学诠释的范式问题

经学死亡了吗？ 百年来的经学研究中有几种范式？ 古史辨派、唯物史观派与现当代新儒学三派的解读有什么特点与渊源？ 随着出土简帛等新材料的问世和在西方诠释学刺激下中国经典诠释方法的重新审视、发掘的讨论，经学研究有了什么样的新机缘？ 关于孔子与六经的关系，关于礼乐文明的解读，有重新认识的可能吗？ 与西方经典诠释相比，中国经典的诠释是封闭的吗？ 有什么特点？其核心精神何在？ 本文拟讨论这些问题。

百年来经学与经学史的研究范式

经学无疑是传统学术之最重要的门类。百多年来，传统学术，从分类到研究方法，都被强势的西方社会科学与人文学的标准、规范所限制和宰割。这些规范和标准，以单线进化论为背景，系从自然科学的理论与方法移植过来。此一话语霸权，套在中国传统学术上，这就是今天中国人文学术的尴尬。

中国经学自不能以西方宗教、伦理、哲学、历史、社会、政治、文学、艺术诸门类所限定或裂解。经学就是经学。经学有自身的范围与内容，亦有自己的历史。经学史有自身内在的发展逻辑。

当然,这一发展逻辑包括不断受到秦汉以降以至清末、"五四"等社会政治等外缘环境变化的刺激而做出的回应,也包括经学家们内在的派属关系、学术取向、师承门户的纠葛。

就经学研究而言,"五四"以降的沉寂是不幸的,但这种沉寂并不是坏事。通过近代的洗礼,笼罩在经学上的权威主义、神秘主义、教条主义得到清洗。

饶有兴味的是,经学(或经部)在近世之被冷落,反而比其他未被抛弃而可与西学相类比的学科幸运。比照文学,经学所受到的内在伤害并不大,此乃西学没有可以与中国经学类比的东西。西方解释学传统来源之一的基督教神学,特别是中世纪经院哲学,与中国经学之差别自不可以道里计,而六十年以来,神学在中国不可能特别传扬,因之也没有可能成为一个普遍性的规范。

经学死亡了吗? 范文澜"山穷水尽的经学"的断言可能在一定的层面上反映了部分事实,但在另一层面上,我们亦可以说"不绝如缕的经学",此亦反映着另一部分的事实。我以为,经学还有强大的生命力。

关于经学的流派,纪昀、江藩、阮元等主张汉学与宋学两派说,龚自珍主张汉学、宋学和清学三派说,康有为主张汉学(西汉今文学)、新学(包括古文学)、宋学三派说,叶德辉主张今文学、古文学、郑氏学、朱子学四派说,周予同主张汉学(包括今文学与古文学)、宋学、新史学三派说。周予同留有余地,说如果加上五四运动以后的,则有四派①。第四派大约包括古史辨和唯物史观派。至于

---

① 参见朱维铮编:《周予同经学史论著选集》(增订本),上海:上海人民出版社,1996年,第857—861页。

周先生本人，据他的学生朱维铮先生说，周先生属于"超经学"的研究，由否定经学转而研究经学史，清算"封建遗毒"，但认为经学在历史上并非仅有否定意义或反面教员的作用。周先生是一位真诚的学者，把经学与经学史作为客观对象来做实事求是的研究，虽是比较倾向于今文的，却始终坚持从历史本身说明历史，在研究上亦超越了汉、宋诸流派的门户之见①。

关于经学的分期，有刘师培主张的四期说：两汉、三国至隋唐、宋元明、清代；有纪昀主编的《四库全书总目提要》的六期说：两汉、魏晋至宋初、宋初至宋末、宋末至明初、明正德嘉靖至明末、清初；有江藩的十期说：三代、秦与汉初、西汉、东汉、晋、宋齐以降、唐、宋、元明之际、清；有皮锡瑞的十期说：孔子删定六经至孔子殁，乃"经学开辟时代"，孔子殁后至秦，为"经学流传时代"，西汉为"经学昌明时代"，东汉为"经学极盛时代"，魏晋为"经学中衰时代"，南北朝为"经学分立时代"，隋唐为"经学统一时代"，宋为"经学变古时代"，元明为"经学积衰时代"，清为"经学复盛时代"。周予同先生肯定皮锡瑞的十期说简明扼要，但认为只是现象的求同存异，而没有从根本上探究原因，亦批评了他的今文学立场。周先生提出二期三世说，二期指前期与后期传统社会，第三世指鸦片战争后"山穷水尽"的经学，其中包括：第一，外国资本主义侵入，社会性质改变以及议政派出现；第二，议政派发展为戊戌变法；第三，今文学"经师派"、古文派在学术史上的贡

---

① 参见朱维铮编：《周予同经学史论著选集》（增订本），"增订版前言"。

献；四、经学的终结①。

"五四"以前，康有为集经今文学之大成，发展了庄存与等常州学派至龚自珍、魏源的理路，把经学用于现实政治，章太炎则集经古文学之大成，上承顾亭林、戴段二王、俞樾的汉学传统和黄宗羲、章学诚等浙东史学派的传统。"五四"以来，经学研究基本上有三派：以顾颉刚为代表的"古史辨"派、以范文澜为代表的唯物史观派和以马一浮、牟宗三、徐复观等为代表的现当代新儒家。在一定意义上，这三派毋宁是经学内部自身的发展与调整。"古史辨"派是清代汉学的延伸，其源头则在唐宋时代的经学家和理学家。唯物史观派的经学研究也很重要，接受了唯物史观的学者们其实也源于"经学就是史学"的传统，经学本来就充满了古代的社会史资料。现当代新儒家的源头则是宋明理学。

"五四"以降的经学与经学史研究如何定位与评价？陈少明认为，此为"后经学时代"，在此一时代，经学已丧失经世功能，但在考据与义理两层次上，仍然是传统学术思想的两大遗存，并在西学的冲击、诱发下，演化出具有现代学科意义的史学与哲学。其中，古史辨运动与现代新儒家是两大重要的成就。陈少明认为，古史辨运动是传统经学向现代史学演变的关键环节，而现代新儒家是对宋明儒学的复归，但属于现代哲学的范畴。前者来自外部的冲击，后者则是从传统内部蜕变的结果（郭按，两者均是对外部冲击的回应，同时又是内部自身调整变化的结果）。陈少明的结论是，后经学时代

---

① 朱维铮编：《周予同经学史论著选集》（增订本），第864—873页。

是"理性时代",同经学决裂,是社会为摆脱危机寻找出路的合理反应,但它又导致历史文化价值的陷落,使得现代精神文化总处于一种漂泊无根状态①。陈少明的讨论很有意义,但关于汉学与宋学之二分,二者又开发出哲学与史学之学科二分的论断,尚值得商榷。

我在前面说过,五四以降的经学与经学史研究,除古史辨派和现当代新儒家外,还有重视社会史的唯物史观派,如范文澜、郭沫若、侯外庐、张岱年先生等。古史辨派不纯然是汉学,它与唯物史观派亦有交流互动。两种倾向合流的,如周予同、杨向奎、杨宽先生等。冯友兰先生也深受古史辨派和唯物史观派的影响。现代新儒家也受到古史辨派的深刻影响,当然此派主要在孟子学与宋明学术的研究上有重大贡献,特别在继承经学、孔孟传统上重新奠定了精神方向,肯定了中国文化的价值与中国人精神上的自立之道。在现代新儒家大的阵营中,马一浮、熊十力、梁漱溟、牟宗三、唐君毅直至杜维明、成中英、刘述先、蔡仁厚等都有以上特点。当然第二代、第三代更注意中西学术方法的会通。具有史学与思想史倾向的徐复观、钱穆均有经学研究的论著,均超越了汉学与宋学和今文经学与古文经学的界限②。

---

① 参见陈少明:《走向后经学时代》,陈少明:《汉宋学术与现代思想》,广州:广东人民出版社,1995年。

② 具有思想史而非哲学取向的徐复观的《中国人性论史》(先秦篇)、《两汉思想史》等均涉及经学问题,晚年他在胃癌病发之时,仍勉力写了《中国经学史的基础》一书。钱穆的经学著作有《刘向歆父子年谱》《两汉经学今古文平议》《中国学术通义》《四书释义》等。钱穆深受章学诚"六经皆史"和古史辨派的影响,为刘歆翻案,但又超越今古文或汉宋之争。他尤重四书学的研究和朱子的经学研究。他认为,经学的精神即中国人文的精神,最重要的是"天人合一""胜道合一"的观念。详见郭齐勇、汪学群:《钱穆评传》,南昌:百花洲文艺出版社,1995年,第三章。

20世纪80年代中期以来,在文化热中,经学中的易学的研究异军突起,风靡全国,其热潮至今不衰。这是经学复兴的最重要的标志。除了《周易》热(包括易学史与帛书《易》)之外,三礼之学、《书经》《诗经》《四书》学、公羊学等等的研究热潮不减,研究方法更加多样,且均不可以用"汉学""宋学"加以界定或分类。今天,在这一研究背景下,经学研究的范式:既不是汉学的,又不是宋学的,而是汉宋之综合;既不是"六经皆史",又不是"六经注我",也不是"我注六经",而是三者之综合。这是经学自身发展逻辑使然,也是经学与西学、经学与现代学术互动的结果。当代中国学者的经学研究将综合哲学的进路与史学的进路,跳出今古文、汉宋的樊篱,并融合中西新旧的方法。

特别值得注意的是,易学与整个经学的研究重新成为近20年来中国人文学术研究的热点和重镇。其所以如此,是因为六经与礼乐文明毕竟是中华文化的渊薮之所在,且作为轴心文明时代的具有世界意义的典范,为全世界人文学者所尊重和珍视!"五四"以降,六经与礼乐文明被蒙上了尘垢,甚至被完全视为糟粕而遭到践踏,这是我们民族的不幸,也是世界的不幸。今天,我们人文学者有责任发潜德之幽光,把这些重要的思想资源发扬出来,重新加以体认与解读,作创造性的转化,并尽可能使《五经》等诸经和《四书》的精义及其中的敬畏之心、做人之道与礼乐之仪普及到社会大众与青少年中去,使之在民间再植灵根,且参与现代化的精神文明的建构。

出土简帛对经学与经学史的挑战

近世以来，随着地下发掘的新材料日益丰富，古史研究的方法与成果更加多样。王国维先生依据甲骨文考察上古史，并提出地下材料与地上文献相互参证的"二重证据法"。目前，经学研究复兴和经学研究范式改良的契机，则是出土简帛研究的勃兴。

五十多年来，考古工作获得重大突破。其中，大量的先秦、秦汉之久已失传的佚籍的出土，令人叹为观止！20世纪50年代，河南信阳出土了有关墨家、儒家内容的楚简，甘肃武威出土了记载《仪礼》的汉简。70年代，古代文献的出土震惊世界，如山东临沂银雀山汉简中的丰富的兵家丛书，河北定县汉简中的《论语》《儒家者言》《文子》等，湖南长沙马王堆汉墓帛书《老子》《周易》《黄帝四经》《五行》《德圣》《刑德》等，安徽阜阳双古堆汉简中的《诗经》《易经》等。90年代，湖北江陵王家台秦简中的《归藏》等，湖北荆门郭店楚简中的《老子》《太一生水》《缁衣》《五行》《性自命出》《六德》《唐虞之道》《忠信之道》《尊德义》等一批早期道家、儒家文献以及上海博物馆购藏的流失到香港文物市场上的楚简（其中有《周易》《孔子诗论》《缁衣》《性自命出》《季康子问于孔子》《民之父母》《仲弓》《子羔》《从政》《君子为礼》等孔子与七十子佚书等一大批儒家文献，以及《恒先》《彭祖》等道家文献）。郭店楚简和上海博物馆购藏楚简中的许多内容涉及诗书礼乐、天道观与心性修养论。此外还出土了大量的记录卜筮祭祷等文辞的简牍和历代官私文书、秦汉法律文书等。

综合学术界的研究成果，学者们认为：六经之学、之教形成与传授的时间远比人们估计的要早得多。六经是先秦最基本的教材和普遍知识，"经"并不是一家之言，而是共有资源。战国早中期，孔子已被尊为圣人。儒学分布范围甚广，不限于中原，儒学经典是列国教育、政治的核心内容。最原始的儒、墨、道家的分歧与对立，并不像后世学者所说的那么严重。彼时南北文化的交流互动远比人们想象的要普遍而深入得多，楚文化中含有大量的中原文化，如齐邹鲁文化的内容。郭店《老子》受到邹齐学者影响，与稷下学宫有关，因而没有"绝圣""绝仁弃义"的主张。《子思子》早已失传，沈约认为小戴《礼记》中的《中庸》《缁衣》《表记》《坊记》四篇皆取自《子思子》，前人屡有辑录。现在在楚地发现的《鲁穆公问子思》、两种《缁衣》与两种《五行》，均与子思学派有关，恐非偶然。郭店楚简和上海博物馆购藏简中均有内容大致相同的《性自命出》。其中关于礼、乐与心性问题的讨论与公孙尼子或荀子的思想颇为相近。公孙尼子历来被认为是《礼记·乐记》的作者。《性自命出》是迄今为止最早最系统的心性论著作。而讨论子思"仁义礼智圣"关系的《五行》之经（郭店楚简）和经说（马王堆帛书）的道德形上学思想已初具规模，是孟子学说的先导。今本大小戴《礼记》虽编定于汉代，但其中的一些篇章则出于战国早期，与孔门七十子后学有关。出土文献中直接反映孔子的言行、思想的内容亦有不少。

对于经学和经学史研究来说，出土简帛中的新材料可以帮助我们取得哪些突破呢？

第一,孔子与六经,特别是与《易》的关系。

近世以来,持孔子与六经没有关系或关系很少的观点的学者,甚为普遍,此说几成定论。周予同先生曾说:"我认为,孔子与六经关系很少。""《易》与《春秋》跟孔子关系不大。"① 出土简帛却不断证实着孔子与六经关系密切,周先生如果活到今天,很可能会修改自己的看法。

郭店简《性自命出》谈到圣人与诗书礼乐的关系:"《诗》《书》《礼》《乐》,其始出皆生于人。《诗》,有为为之也。《书》,有为言之也。《礼》《乐》,有为举之也。圣人比其类而论会之,观其先后而逆训之,体其义而即度之,理其情而出入之,然后复以教。教,所以生德于中者也。"② 这是讲的孔子的诗书礼乐之教。关于这一点,传世文献首见于《庄子·天运》:"孔子谓老聃曰:丘治《诗》《书》《礼》《乐》《易》《春秋》六经,自以为久矣,孰知其故矣。"又见《庄子·天下》:"《诗》以道志,《书》以道事,《礼》以道行,《乐》以道和,《易》以道阴阳,《春秋》以道名分。"郭店简《六德》有:"观诸《诗》《书》则亦在矣,观诸《礼》《乐》则亦在矣,观诸《易》《春秋》则亦在矣。"郭店简《语丛一》有:"《易》所以会天道人道也。《诗》所以会古今之志也者。《春秋》所以会古今之事也。《礼》,交之行述也。《乐》,或生或教者也。……者也。"廖名春

---

① 朱维铮编:《周予同经学史论著选集》(增订本),第 876 页。
② 荆门市博物馆:《郭店楚墓竹简》,北京:文物出版社,1998 年,第 179 页。又请参阅郭齐勇:《郭店楚简身心观发微》,武汉大学中国文化研究院编:《郭店楚简国际学术研讨会论文集》,武汉:湖北人民出版社,2000 年,第 200 页;李天虹:《从〈性自命出〉谈孔子与诗书礼乐》,《中国哲学史》(季刊) 2000 年第 4 期。

改排为:"《诗》所以会古今之志也者。……者也……《易》所以会天道人道也。《春秋》所以会古今之事也。"①

关于孔子与《易》的关系,《史记·田敬仲完世家》与《孔子世家》指出:"孔子晚而喜《易》","韦编三绝"。近代以来,包括周予同先生在内的很多学者都怀疑史迁之说。马王堆帛书《易传》却为史迁提供了佐证。《要》篇指出:"夫子老而好《易》,居则在席,行则在囊。""孔子繇《易》,至于《损》《益》二卦,未尝不废书而叹……"其中还有子赣(贡)与夫子的辩论,子赣不理解晚年夫子易学观的转变,夫子则向他解释自己对祝巫卜筮的态度:"《易》,我后其祝卜矣,我观其德义耳也。幽赞而达乎数,明数而达乎德,又仁[守]者而义行之耳。赞而不达于数,则其为之巫;数而不达于德,则其为之史。史巫之筮,向之而未也,好之而非也。后世之士疑丘者,或以《易》乎? 吾求其德而已,吾与史巫同途而殊归者也。君子德行焉求福,故祭祀而寡也;仁义焉求吉,故卜筮而希也。祝巫卜筮其后乎?"②这里清楚地表明了孔子的理性。帛书《易传》的《二三子》《易之义》《要》《系辞》《缪和》《昭力》中大量的孔子的言论,基本上亦是今本《易传》的内容(《二三子》作"孔子曰",《易之义》作"夫子曰",《要》《系辞》《缪和》《昭力》作"子

---

① 荆门市博物馆:《郭店楚墓竹简》,第 188、194—195 页。又请参阅廖名春:《荆门郭店楚简与先秦儒学》,《中国哲学》第二十辑,沈阳:辽宁教育出版社,1999年,第 66 页。

② 本文所引帛书《易传》的内容,综合了廖名春、赵建伟的整理本。廖名春《帛书〈易传〉初探》附有释文,是书由台北文史哲出版社于 1998 年出版;赵建伟《出土简帛〈周易〉疏证》由台北万卷楼图书有限公司于 2000 年出版。

曰")。从帛书《易传》中，我们可以理解孔子对《周易》的创造性诠释。简帛中发现的子思、公孙尼等七十子后学的资料，亦与《易传》相会通。

今人李学勤先生说："孔子之于《周易》不仅是读者，而且是某种意义上的作者。他所撰作的，就是《易传》。""孔子晚年好《易》，《易传》或出其手，或为门弟子所记，成书约与《论语》同时。自子思以至荀子等人都曾引用，绝非晚出之书。当然，那时《易传》的面貌，不一定和今传本完全相同，这是古书通例，不足为异。研究孔子，不能撇开《周易》经传。"①这与近世以来学者们认为只能据《论语》来研究孔子的看法，大相径庭。李学勤又发挥杨伯峻《春秋左传注·前言》，论定孔子修或作《春秋》是难以否定的②。随着简帛研究的深入，孔子与六经的关系肯定会取得突破。

第二，《诗经》与《书经》。

关于"诗言志"，上海博物馆购藏战国竹书《孔子诗论》有："孔子曰：'诗无吝志，乐无吝情，文无吝言。'"本篇论诗，特别强调《诗》之情感抒发及其与初民之性的关系，主张报本反始，导情入礼："……情爱也。《关雎》之改，则其思益矣。《樛木》之时，则以其禄也。《汉广》之智，则知不可得也。《鹊巢》之归，则离者[□]也。《甘棠》之褒，美]召公也。《绿衣》之忧，思古人也。《燕燕》之

---

① 李学勤：《缀古集》，上海：上海古籍出版社，1998年，第14—15页。
② 同上书，第16—22页。

情,以其独也。孔子曰:吾以《葛覃》得氏初之诗,民性固然。见其美,必欲反,一本夫葛之见歌也,则《关雎》之改,《樛木》之时,《汉广》之智,《鹊巢》之归,《甘棠》之褒,《绿衣》之思,《燕燕》之情,曷曰:动而皆贤于其初者也?《关雎》以色喻于礼……好,反纳于礼,不亦能改乎? ……吾以《甘棠》得宗庙之敬,民性固然。甚贵其人,必敬其位;悦其人,必好其所为。恶其人者亦然。"① 《孔子诗论》涉及《诗经》篇名六十篇,我特别关注引自《文王之什》诸篇的诗及孔子评《诗》所涉的天命论思想。此外,《孔子诗论》与《论语》中保留的孔子关于《诗》的论述相映成趣。

郭店简《缁衣》以诗证说,引《诗》凡二十三条,与《礼记·缁衣》有一些差别。《五行》引《诗》证言论事,简本引《诗》凡七条,帛本引《诗》凡十七条。

简帛中发现了一些《书》的佚文。其中引《书》既见于今文经,又见于古文经,还有不见于今存今古文经《尚书》之佚《书》。郭店简《缁衣》还引了《祭公之顾命》,引文见于《逸周书·祭公》②。关于《逸周书》,湖南慈利1987年发掘的楚简中即有其中的《大武》篇。目前学术界因《尚书》佚文的出土,讨论到《古文尚书》的问题。《古文尚书》是东晋元帝时梅赜所献。朱熹是第

---

① 李零:《上博楚简三篇校读记》,台北:万卷楼图书有限公司,2002年,第21、25—26页。李零认为《子羔》篇应含三部分,一是《三王之作》(即现上博整理的《子羔》),一是《孔子诗论》,一是《鲁邦大旱》。

② 参见李学勤:《释郭店简祭公之顾命》,《文物》1998年第7期;廖名春:《郭店楚简引〈书〉论〈书〉考》,武汉大学中国文化研究院编:《郭店楚简国际学术研讨会论文集》,武汉:湖北人民出版社,2000年。

一个怀疑《伪古文尚书》的人,明代梅鷟《古文尚书考异》、清代阎若璩《古文尚书疏证》、惠栋《古文尚书考》等成果,使《古文尚书》之伪成为定谳。能不能据简帛中所引古文经及佚《书》而为《古文尚书》翻案呢? 恐怕不行。裘锡圭先生对于近年来把《伪古文尚书》当作真《尚书》来引用和据郭店简为《古文尚书》翻案的学者,作了中肯的批评,证据充分①。我们走出疑古时代,其实包含着尊重与吸取清代和近世疑古辨伪学者们的所有成果。这种"走出"是辩证的扬弃。但不管怎么说,简帛佚籍的发现,有助于《诗》《书》研究的深化。

第三,礼乐文明。

我们对于三礼和礼乐文明已相当陌生。《论语·子罕》第十章:"子见齐(zī)衰(cuī)者、冕衣裳者与瞽者,见之,虽少,必作;过之,必趋。"据杨伯峻《论语译注》:齐衰是用熟麻布做的丧服,其下边缝齐。斩衰(cuī)则是用粗而生的麻布做的丧服,其左右和下边都不缝齐。齐衰有三年、一年、五月、三月的区别。斩衰是最重的孝服,子对父、臣对君才斩衰三年。过去读此印象不深,郭店简《六德》出来后,又涉及这些过去的常识。郭店简《六德》:"内立[位]父、子、夫也,外立[位]君、臣、妇也。疏斩布、绖(dié)、杖,为父也,为君亦然;疏衰,齐,牡麻绖,为昆弟也,为妻亦然。袒免,为宗族也,为朋友亦然。为父绝君,不为君绝父;为昆弟绝

---

① 参见裘锡圭:《中国古典学重建中应该注意的问题》,日本东京大学郭店楚简研究会编:《郭店楚简之思想史的研究》第四卷,2000年6月。

妻,不为妻绝昆弟;为宗族瑟[杀]朋友,不为朋友瑟[杀]宗族。门内之治恩掩义,门外之治义斩恩。"① "杀"(shài)是降等、减损、减弱的意思。

据李学勤,上引这段话与《仪礼·丧服》对读,即可知"疏斩布、绖、杖"是指的斩衰,疏即粗,指上衰下裳都用最粗的麻布,只裁割不缉边。绖是苴麻做的孝带,在冠上的为首绖,在腰间的为腰绖。苴杖实是竹杖。"疏衰,齐,牡麻绖"是指齐衰,衰裳缉边。袒免,并非正服,袒是袒左臂,免是布做的冠,宽一寸。以上说的是丧服依据血缘亲疏的关系和社会等级秩序而有严格的区别。子为父或臣为君服斩衰,兄弟间或夫为妻服齐衰,为族人或朋友则袒免。据彭林,"为父绝君,不为君绝父",是指如果父丧与君丧同时发生,则服父之丧而不服君之丧。对于这句话有很多人望文生义,说明我们对古礼很不了解。"门内之治恩掩义,门外之治义斩恩。"据李零、彭林等学者,此与《小戴礼记·丧服四制》和《大戴礼记·本命》的"门内之治恩掩义,门外之治义断恩"相同,即门内以恩服为重,朝廷以义服为重,私恩与公义是有明确界限与区分的。

简帛中有大量的关于礼乐、礼教与乐教的内容。关于德—情—礼—乐—德的关系,《性自命出》讲"道[按,道在此即指礼]

---

① 荆门市博物馆:《郭店楚墓竹简》,第188页,并参见裘锡圭按语。又,此处及以下解释,参考了李学勤:《郭店楚简〈六德〉的文献学意义》,武汉大学中国文化研究院编:《郭店楚简国际学术研讨会论文集》,第19—20页;彭林:《六德柬释》,《清华简帛研究》第一辑,北京:清华大学思想文化研究所,2000年8月,第126—133页。

始于情，情生于性"，"乐，礼之深泽也"；《语丛》讲"礼生于情"；"礼因人情而为之"；"德生礼，礼生乐"；"乐，备德者之所乐也。得者乐，失者哀"；《尊德义》讲"由礼知乐，由乐知哀……有知礼而不知乐者，无知乐而不知礼者"；"德者，且莫大乎礼乐"。《性自命出》又说："闻笑声，则鲜如也斯喜。闻歌谣，则舀如也斯奋。听琴瑟之声，则悸如也斯叹，观《赉》《武》，则齐如也斯作。观《韶》《夏》，则勉如也斯敛……郑卫之乐，则非其声而从之也。凡古乐龙心，益乐龙指，皆教人者也。《赉》《武》乐取，《韶》《夏》乐情。"①此外还有很多内容，有助于我们重新发现礼乐文明。

第四，大小传统。

与经典研究相关的是数术方技的研究。流传于民间的例如近几十年大量出土的《日书》之类的东西等等，当然属小文化传统，但确乎是上述经学等精英文化的背景和基础。经学是集宗教、伦理、政治于一身的学问，它不是突兀产生的，其基础、源泉正是社会习俗、民间信仰。所以，与古代人的生活世界密切关联的阴阳五行、数术、方技之类，虽然难登大雅之堂，却与大雅之堂上的六经，与古代人的世界观、哲学形上学和科学技术，有着不解之缘。例如"五行"就是显例。我们将会看到，下一步人们研究的兴奋点正是数术与经学、数术与形上学的关系问题。通过这方面的深入研究，我们将会对中国的宗教，特别是儒学的宗教性，道家的生存体验等

---

① 俱见荆门市博物馆：《郭店楚墓竹简》。

等，有新的理解，从而对中国古代的宇宙观、思维方式有新的认识。

第五，经学史研究的重点与难点。

从经学史研究来看，如下课题将成为今后研究的重点：1.简书《归藏》、简书《周易》、帛书《易传》的特点及其与今本之比较；2.简帛中所见《尚书》佚文考释；3.竹书《诗经》与孔子诗论之意义与诗教之研究；4.简帛中所见三《礼》、乐论及礼教、乐教之研究；5.简帛所涉及孔子与七十子问题与汉简《论语》及上海博物馆购藏孔子与七十子佚书；6.简帛中透显的思孟学派及思孟五行学说研究；7.墨、道、兵家简所涉及的经学问题及儒、墨、道、兵诸家关系；8.《日书》与阴阳数术思想研究，简帛所见先秦、秦汉民间宗教思想；9.简帛所见先秦天道观、天人关系论、心性情才论与身心形神观等等。

关于出土文献与经学史研究，仍存在不少难点：第一，经学史的问题。六经佚文及相关文献的出土，使我们有更多材料研究六经及经学的问题，与此相关，可以进一步梳理孔子与七十子后学对经学的具体发展。当然，《诗经》、《书经》、《周易》经传、《仪礼》逸文的逐条处理、定位，《论语》版本的考订，六经及每一单经的传授世系，汉代经学及其前史，经学所涉及我国古代诠释学体系问题，十分复杂，颇有难度。出土文献诸篇、诸段落与《管子》、《荀子》、《吕氏春秋》、大小戴《礼记》、《淮南子》、《新书》、《说苑》、《新序》、《韩诗外传》、《孔子家语》中的一些相同或大体相同的文字及思想的比较，需要下工夫探究。第二，思孟学派及《中庸》前史的讨论和先秦心性论、性命天道关系问题，是又一个重点和难点。郭店简和上博藏简均有《缁衣》，马王堆帛书和郭店简均有《五行》，使思孟学派有了坚实的证据。当然，这里还涉及子张、子游、子夏、曾子、公孙尼子、告子、世硕等人的思想问题，他们关于心性情才的讨论丰富多样。天道、天命与人性，人性与人情，身、心、形、体、情、气与心气、心思、心志的关系，"心之思"的功能及治身、治心与礼乐的关系的讨论，孟荀人性论的前史等，仍是需要下苦工夫才能弄清的问题。简帛中反映的儒家道德形上学的建构及"德行""心术"问题，值得认真厘清。第三，出土简帛中大量《日书》、卜筮祭祷文献、文物与古代社会民间宗教观的讨论，亦很复杂。第四，在轴心文明时代，西方发生了"超越的突破"，而中国则发生了"哲学的突破"，并由此奠定了华夏文明发展之不同于西方的道路，即张光直教授所说的"中国—马雅连续体"的道路，于此可以理解中西之异。出土文献的研究有助于深化此说。

其中最值得重视的是有关经学的研究和孔门七十子后学的研究。重新估计六经和早期儒学的价值与意义的时代已经来临。诸子的资料，例如老、庄、文子的资料，兵家的资料，墨子的资料，在近五十年的出土简帛中亦占有显赫的地位，曾经并将继续成为热点。但是，我想强调的是，在未来的中国哲学史、思想史研究中，借助于郭店、王家台、阜阳的出土简帛和上海博物馆购藏楚竹书，经学的研究，早期儒家的研究，肯定会成为重中之重，并获得长足的进步。《归藏》（王家台）、《周易》（阜阳、马王堆、上博）的整理研究,将使古代三易的原貌及其流派更为清晰地呈现在我们面前。《尚书》《三礼》的研究也将得到较大发展。儒家思孟学派及子夏、子游等的研究,《中庸》《大学》《乐记》等前史的研究,都会使早期儒学史更为丰富。儒家心性论、身心观、性情论及与之密切联系的天命、天道观的细节将进一步显豁于世。这正是中国文化的命脉之所在。有人说,马王堆、阜阳的《易》是"道家易",这个论断尚待商讨。其实,我们没有必要以今人之门户为古代思想家或典籍争门划派。我们理当超越于门户,客观地做研究。从这些出土文献中似乎可以窥见,经学是先秦各地域文化共享的精神资源,是古文明的精华,是我国古代的瑰宝。但经学主要是靠儒家学者传承下来的。

出土简帛与中国经学的诠释传统

简帛的研究是没有国界的,海内外各国学者共同进入了这一领域,各种研究方法和手段,各种见识,都在相互交流碰撞着。海外汉学(或中国学)家的主要倾向和训练是汉学加西学的,实证与分析的,当然也有人文性之诠释学的,大陆与台港学者则兼采西方诠释学、分析哲学和中国汉学与宋学的路子。从学科门类来说,这一领域中正实现着文字学、考古学、简帛学、文献学、哲学史、思想史、文化史等学者的互动,即多学科的交叉。

以下,我略为谈谈简帛文献所透显的中国经学的诠释传统。

1. 经—传、经—说、经—解形式的开放性与创造性

与基督教不同，儒家经典的开放性不仅在于不断容许新的经典出现①，而且在于不断容许不同的解释并存。没有深入儒家经传体系的人，以为经—传、经—说、经—解的方式是封闭的、教条的。但事实上却恰恰相反，这种方式并没有限定一种解读，一种结论，也没有限定诠释者，反而是开放的、多样的。与经的主体一样，《传》《说》《解》的主体也是通过口说或撰著，并通过口耳相传或记录者把《传》《说》《解》保留下来。他们对于经，除援引经典以经解经或解释字、词、文句外，重要的还在于疏释名相，点醒或改变内在理路，发挥微言大义。

首先，看名相的疏释。郭店《五行》即《五行》之经有"慎独"这一概念，所在经文为："'[鸤鸠在桑，其子七兮。]淑人君子，其宜（仪）一兮（也）。'能为一然后能为君子，[君子]慎其独也。['婴婴（燕燕）于飞，差池其羽。之子于归，远送于野。]瞻望弗及，泣涕如雨。'能差池其羽然后能至哀，君子慎其独也。"②马王堆《五行》

---

① 美国学者韩德森（John B. Henderson）认为，与其他传统相比，儒家经典的一个特色在于保持开放状态，不断允许新的经典出现，如从五经发展到九经、十三经、二十一经，以及宋代学者尊四书轻五经和清代学者反其道而行之，足见儒家经典的定义从未如基督教一般固定、封闭，对新说不轻易视为异端加以诽谤。又，韩德森还指出，《旧约》中的上帝残暴不堪，逼得《圣经》注释者常要以"寓言"之说加以掩饰。相形之下，儒学经典以道德为主要考量，在世界各文化中可说独一无二。因此，除《诗经》外，儒家经师毋需费神处理经典内容失当的问题。详见李淑珍：《当代美国学界关于中国注疏传统的研究》，《中国文哲研究通讯》第九卷第三期，1999 年 9 月。

② 此处引文与以下解释参考了庞朴：《竹帛〈五行〉篇校注及研究》，台北：万卷楼图书有限公司，2000 年，第 39—42 页；魏启鹏：《简帛〈五行〉笺释》，台北：万卷楼图书有限公司，2000 年，第 85—88 页。

经说中相关的《说》，除略为解释经文所引的《诗·曹风·鸤鸠》《诗·邶风·燕燕》，启悟读者比兴外，重点释"慎其独"：

"慎其独也者，言舍夫五而慎其心之谓□。□〔独〕然后一，一也者，夫五夫为□心也，然后德〔得〕之一也，乃德已。德犹天也，天乃德已。"又曰："'是之谓独'，独也者，舍体也。"可见"慎其独"的"其"指"心"，"慎"是"顺"的意思。这里的申说，紧扣上下经文，将"慎其独"解释为顺其心、专其心、虚其心，即五行合一的工夫。五行（仁义礼智圣）和合为一，即是德，德属天道的层面。"独"又是"舍体"，"舍体"即是超越于耳目鼻口手足等感觉器官（心之役），回到心灵澄明的状态。"慎独"则是类似庄子"心斋""坐忘"和荀子"虚壹而静""大清明"的上达天德的修养工夫。帛书《五行》的解说，一方面用比兴、喻象手法，另一方面又用语言文字解释了这一概念。这应是"慎独"的原意，《中庸》《大学》中的"慎独"本来也是此意，宋人已不能理解，故把"慎"讲成"谨慎"，"独"讲成"人所不知而己所独知"。

其次，看内在理路的点醒或改变。帛书《易传》是与今传本《易传》比较接近的另一传本。今本《系辞》的大部分内容都散见于帛书《系辞》《要》《易之义》（又名《衷》）中。这些《传》的确提揭了《周易》的精神，同时又创造性地改变了《易经》。如前引《要》篇孔子所说"吾求其德而已，吾与史巫同途而殊归者也"，这是带有方向性的扭转，也是具有创造精神的《传》的典范。此外我们看《五行》的《说》对于其《经》的解读，适应时代的需要，冲淡了"圣智"这一主线，这显然是《说》的作者群的有意为之。

再次,看微言大义的发挥。《传》《说》《解》寓含有解释者的创见。换言之,经文言简意赅,给作《传》《说》《解》的众作者以极大的想象空间和发挥余地。

郭店简《忠信之道》,据周凤五先生研究,其实就是对《论语·卫灵公》"言忠信"章所作的《传》。"子曰:'言忠信,行笃敬,虽蛮貊之邦,行矣。'"《忠信之道》则发挥为:"忠之为道也,百工不楛,而人养皆足。信之为道也,群物皆成,而百善皆立。君子其施也忠,故蛮亲附也;其言尔信,故亶而可受也。忠,仁之实也。信,义之期也。是故之所以行乎蛮貊者,如此也。"

郭店简《穷达以时》则是对《论语·卫灵公》"在陈绝粮"章("子路愠见曰:'君子亦有穷乎?'子曰:'君子固穷,小人穷斯滥矣。'")所作的《传》,或者是对孔子厄于陈蔡的评论与发挥。《穷达以时》则遍举舜、皋陶、吕望、管仲、百里奚、孙叔敖等等圣贤人物生于忧患的事例,凸显了"遇""时""德"的观念,指出:"遇不遇,天也。""穷达以时,德行一也。""穷达以时,幽明不再。故君子惇于反己。"①这就是说,人能否实现自己的理想和抱负,施展自己的才干,被人主所挑选并重用,机遇当然是重要的,但更为重要的是自己的德养、智慧与才能,是修炼自己,反求诸己。

2. 以人为本位与以道德为中心的经典诠释

中国经典诠释的特点,不在于语言文字的铺陈、雕凿和知识系统的建构,而在于与圣贤对话,与圣贤相契,去感受、领悟经典,

---

① 荆门市博物馆:《郭店楚墓竹简》,第 163、145 页。

并力图实践,使之内在化。以人为本位,以道德为中心,是中国经典诠释的根本。这在简帛中也得到充分反映。

孔子、子思、孟子的话,在后世被奉为经典,不断有人作注疏、消化、发挥,然而他们对于先于他们的经典,即通过口耳相传的先圣先贤的话,未尝不是注释者、发挥者。中国经典就是这样代代发展,薪火相传的。

例如,帛书《二三子》先引《易经·乾卦》九四:"君子终日键键(乾乾),夕惕若厉,无咎。"继而引孔子的话(即孔子作的《传》):"孔子曰:此言君子务时,时至而动,□□□□□□屈力以成功,亦日中而不止,时年至而不淹。君子之务时,犹驰驱也,故曰君子终日键键(乾乾)。时尽而止之以置身,置身而静,故曰夕惕若厉,无咎。"[1]正如孟子所说,孔子是"圣之时者",亦如方东美所说,儒家是"时际人",这种经权统一、通权达变的能力与趋时更新、自强不息的精神恰恰是通过经典诠释代代相承,并内化为中华民族的性格的。

又如,帛书《缪和》中张射向孔子请教《谦卦》,以下引了孔子的四段话,其中第二段是:"子曰:天之道,崇高神明而好下,故万物归命焉;地之道,精博以尚而安卑,故万物得生焉;圣君之道,尊严睿知(智)而弗以骄人,谦然比德而好后,故□□《易》曰:谦,亨,君子有终。"孔子的《传》把天地精神与人的精神相互投

---

[1] 此处和以下所引帛书,见赵建伟:《出土简帛〈周易〉疏证》,台北:万卷楼图书有限公司,2000年,第214、293页。

射,批评了自我中心,提扬了虚怀若谷、宽厚谦逊的美德。

再看《五行》之《说》的创造诠释。按庞朴整理的《说21》:

《经》:"君子集大成。"

《传》:"成也者,犹造之也,犹具之也。大成也者,金声玉振之也。唯金声而玉振之者,然后己仁而以人仁,己义而以人义。大成至矣,神耳矣! 人以为弗可为□[也],□[无]由至焉耳,而不然。"

《经》:"能进之,为君子,弗能进,各止于其里。"

《传》:"能进端,能终[充]端,则为君子耳矣。弗能进,各各止于其里。不藏尤[欲]害人,仁之理也;不受吁嗟者,义之理也。弗能进也,则各止于其里耳矣。充其不藏尤[欲]害人之心,而仁覆四海;终[充]其不受吁嗟之心,而义襄天下。仁覆四海,义襄天下,而成[诚]由其中心行之,亦君子已!"①

以上子思后学对子思《五行》之经的诠释,显然是"以人为本、以德为先"的典范,而这一诠释又被孟子吸收并发扬光大。不仅其扩充四端之心的思想在这里可以找到源头,而且《尽心下》第31章关于仁、义的界定,连语言都与此十分接近:"孟子曰:人皆有所不忍,达之于其所忍,仁也。人皆有所不为,达之于其所为,义也。人能充无欲害人之心,而仁不可胜用也;人能充无穿逾之心,而义不可胜用也;人能充无受尔汝之实,无所往而不为义也。"这也从一个侧面印证了思孟学派的思想传衍。

---

① 庞朴:《竹帛〈五行〉篇校注及研究》,第73—74页。

以上所举虽是先秦儒家经—传、经—说体系的例子，然这一经典诠释的精义仍贯彻到后世。因本文篇幅过大，只有俟诸来日再谈。

总之，简帛文献的出土，给予我们以新的契机和新的动力，给予我们以新的材料和新的方法，促使我国古代文化史的研究超越升华，进入新的境界。产生于先秦时代的礼乐文明和六经诸子的传统，源远流长，是中华文化的瑰宝，也是中国文化对世界文化的最大贡献，至今仍有其现代意义和价值。我们民族的祖先创造的宝贵的思想资源，特别是经学资源，可以转化为滋养现代人心灵的源头活水！简帛及其研究不仅仅属于历史，而且属于现代，它可以促进传统精神资源的创造性诠释和转化，为现代化的精神文化提供营养。

（本文提交第十二届国际中国哲学大会，在会上发表。原载《福建论坛》2001年第5期，《中国社会科学文摘》2002年第2期摘载，中国人民大学复印报刊资料B5《中国哲学》2002年第1期全文转载。）

老、庄之道论及其异同

尽管《老子》文本在发展过程中受到庄子学派及后学的影响而有所变化,尽管关于《庄子》的作者及内外杂篇何者更代表庄子的讨论至今仍未止息,但本文从一般的意义上以《老子》文本(含通行、帛书、郭店简本)的内容作为老子或老子学派思想的表达,以《庄子》全书作为庄子及其学派的思想表达,故行文中老子即《老子》,庄子即《庄子》,也即庄周学派。这是为了比较方便地论说老庄哲学思想。

老子之道论

春秋时期的文献中,多次提到"天道""地道""人道",或"天之道""地之道""人之道"等概念。老子的贡献是把"道"抽绎出来,使之成为一个独立的哲学形上学的范畴①。

---

① 詹剑峰认为,老子"道"与"道论"的核心思想是:道即自然,自然即道;道自本自根,自生自成。詹剑峰以自然、自因、无待而然(绝对)、至大(无限)、一(唯一)、自由运行,以及老子之道一体而兼变常等义来概括"道"的特点与内涵。见詹剑峰:《老子其人其书及其道论》,武汉:华中师范大学出版社,2006年,第138—139、121页。唐君毅指出,老子之道有六义,又说道通贯法地、法天、法道、法自然四层,至于老子之所谓道为一形上实体或一虚理之问题,则不必执定而言;谓(转下页)

我认为，老子道论可以分为四个层面，或可以通过四条路径加以把握。第一层面是"体"论，亦即可以从本体论的进路，理解虚无之"道"乃万物所以为万物之形而上的根据；第二层面是"用"论，亦即可以从宇宙生成论或本体-宇宙论的进路，理解天地万物形成及社会政治文化展开的过程；第三层面是体验、把握"道"的方法论；第四层面是人生修养的工夫论与境界论。

第一，本体论。

老子之"道"是原始浑朴、混沌未分、深远精微、连绵不绝的状态。"道常无名""道隐无名""大象无形"。它无名、无知、无欲、无为。它无形、无象、无声、无体，乃"无状之状""无物之象"。有时候，人们用"无"来表示本体的"道"，这虽是后起意（特别是王弼以后的义涵），但的确表明了"道"与现象世界的差别，又表明了"道"以虚无为用，还表明了老子的表述方式是否定式的、负的方式，不是肯定式的、正的方式。

在老子看来，"道"是古往今来，独立地、不停息地、周而复始地按自己的样态运行、流转的。它是整体，又是大化流衍的过程及其律则。它是自然流行的，没有情感、欲望、意志，不是人格神。

（接上页）之为实体者，乃自此道所连贯之具体之天地万物而说，然自其法道与法自然而言，则人之体道，要在体道之超越于天地万物之上的种种意义，不宜说为实体。见唐君毅：《中国哲学原论·原道篇》（一），台北：学生书局，1986年，第340—341页。方东美从道体、道用、道相、道徼四层来讲道，认为就道体而言，道乃是无限的真实存在的实体。见方东美：《原始儒家道家哲学》，台北：黎明文化事业公司，1987年，第211、200—202页。吴汝钧比较柏拉图理型说与老子之道，论述老子"道"为形而上的实体，具有实际的存在性和创生万物的作用。参见吴汝钧：《老庄哲学的现代析论》，台北：文津出版社，1998年，第227—229页。

它是天地万物(即有名、有形、有限的现象世界)的本始、根源、门户、母体,是其根据、本体。现象世界发源于、依据于道又返归于道。老子的道体具有超越性、绝对性、普遍性、无限性、圆满性、空灵性。人们勉强地可以称它为"道""大""一""朴",或比喻为山谷、玄牝。它是空虚的、不盈满的,因此有无限的神妙莫测的功能、作用,其活动的时间、空间、能力、效用是无穷尽的。但它决不有意造作,决不强加于人(或物),而是听任万类万物各遂其性,各按本己的性状自然而然地生存变化。正因为"道"是空虚的,没有被既定的现实事物或种种制度文明、价值判断、条条框框所塞满、所限定,故而有无限的可能性,无限的作用及其活动的空间。

第二,宇宙生成论或本体-宇宙论(本体-社会论)。

老子说:"天下万物生于有,有生于无。"①"无名"包含着"有名"。道生成并包含着众有、万象、万物,又不是众有、万象、器物的机械相加。老子哲学并不排斥、否定、忽视"有"的层面及种、类、个体自身性的差异,相反,肯定殊相个体自然生存的价值,反对外在性的强力干预及对物之天性的破坏。

"道"的展开,走向并落实到现实。如"道生一,一生二,二生三,三生万物。万物负阴而抱阳,冲气以为和"②。老子不仅讲"道",而且讲"德"。德者,得也。"道生之,德畜之,物形之,势成之。是以万物莫不尊道而贵德。"③就是说,自然天道使万物出

---

① 《老子》第四十章,"天下万物",郭店简本和帛书乙本均作"天下之物"。
② 《老子》第四十二章。
③ 《老子》第五十一章。

生，自然天德使万物发育、繁衍，它们创造、养育了万物，使万物得以一定的形态、禀性而存在、成长，千姿百态，各有特性。所以，万物没有不尊崇"道"而珍贵"德"的。"道"之所以被尊崇，"德"之所以被重视，并没有谁来强迫命令，是自然而然，自己如此的。"道"使万物生长，"德"使万物繁育。它们使万物生成、发展、结果、成熟，对万物爱养、保护。它们生养了万物而不据为己有，推动了万物而不居功自恃，统领、管理万物而不对万物强加宰制、干预，这才是最深远的"德"。一般说来，"道"成就了万物之"德"，"德"代表了"道"，内在于千差万别的个别事物之中。

按这种思路，老子亦肯定文明建构、人伦生活，如说："始制有名"①；"朴散则为器，圣人用之则为官长。故大制不割。"②社会的伦理生活、文明制度，按自然条理生成并无害处，害怕的是，人为作用的强化，或执定于种种区分，将其固定化、僵化，则会破坏自然之道。老子肯定道德的内在性，反省文明史，批评礼乐和伦理道德的形式化，亦与此一致。

老子之"道"是生成万物的超越根据，它涵括了"无"与"有"之两界、两层。道家以"无"设定真实的本源世界。就道体而言，道是无限的真实存在实体；就道用而言，周溥万物，遍在一切之用。"道之全体大用，在'无'界中即用显体，在'有'界中即体显用。"③"有"界是相对的现象世界，"无"界是超越的精神世界，

---

① 《老子》第三十二章。
② 《老子》第二十八章。
③ 方东美：《原始儒家道家哲学》，第168~169页。

绝对的价值世界。相对的"有"与绝对的"无"相互贯通。这是就两界而言的。若就两层而言,"无"是心灵虚静的神妙之用,是"道"之作用层;"有"是生、为、长养万物之利,是道之现实层。庄子《天下》赞扬关尹、老聃"建之以常无有"。"建之以常无有"是真正的哲学智慧。老子这种既无又有、既相对又绝对、即妙用即存有之双向圆成的玄道,启发了后世魏晋玄学、宋明道学(理学)之即体即用、即无即有的模型。但道家之道的现实方式是负的方法、否定的方式,是"不""反""复",即通过虚无保证存有,通过不有、不恃、不宰、不争、贵柔、守雌、不为,来长养万物,那么这种"有"其实也是虚有。老子形上学的重心是"无",是"道冲","用之或不盈,渊兮似万物之宗",是不生之生、不有之有、不长之长、不用之用、不宰之宰、不恃之恃、不为而为。

"道"的功用,"道"的创造性,源于道之体的虚无、空灵、不盈,也就是不被既成、既定、常识、合理、现实、规范的东西所塞满、窒息,因而能在"有无相生"①,即"无"与"有"、"道"与"德"在相对相关、相反相成的过程中创生新的东西。请注意这里的"有无相生"的"无",与前面作为"道"的代词的"无"是不同的,有层次上的区别。"道"是"有"与"无"的统一,是超乎相对待的"有"与"无"之上的绝待。作为"道"的代词的"无",是万物的本体、最高的原理。"有"与"无"是"道"的双重性,是从作用上显示出来的。

---

① 《老子》第二章。

第三,体验、把握"道"的智慧与方法。

老子讲境界形态上的"无",或者讲"有",大体上是从作用上讲的①。在宇宙、现象世界生成的过程中,"有之以为利,无之以为用"②,即"有"提供了客观便利的条件基础,但"有"一定要在"无"的创造性活动作用、力量及活动作用的空间(场阈)或空灵境界中,才能创造出新的有用之物,开辟出新的天地。正是在这一背景下,老子讲"道常无为而无不为"③。实有之用是有限之用,虚无之用是无限之用。无用之用乃为大用。

以上说的是老子以虚无为用。另一方面,老子又以反向为用。老子认为,"道"的变化、功用有一定的规律:"反者,道之动;弱者,道之用。"④意思是,向相反的方向变化发展,是"道"的运动;柔弱,是"道"的作用。举凡自然、社会、人生,各种事物现象,无不向相反的方向运行。老子认识到事物发展的极限,主张提前预测设计,避免事物向相反的方向发展,防患于未然,因而提出了"不争""贵柔""守雌""安于卑下"的原则。

老子认为,获得知识靠积累,要用加法或乘法,一步步肯定;而体验或把握"道"则要用减法或除法,一步步否定。在他和他的

---

① 牟宗三认为,道家的形上学是境界形态的形上学,道要通过"无"来了解,以"无"来作本体,这个"无"是从我们主观心境上讲的;又说,道家着重作用层一面,讲无讲有,是从作用上讲的。参见牟宗三:《中国哲学十九讲》,上海:上海古籍出版社,1997年,第124—128页。
② 《老子》第十一章。
③ 《老子》第三十七章。
④ 《老子》第四十章。

后学看来，真正的哲学智慧，必须从否定入手，一步步减损掉对外在之物占有的欲望及对功名利禄的追逐与攀缘，一层层除去表面的偏见、执著、错误，穿透到玄奥的深层去。"为学日益，为道日损，损之又损，以至于无为。无为而无不为。"①减损知、欲、有为，才能照见大道。"损"，是修养的工夫，是一个过程。我们面对一现象，要视之为表相；得到一真理，要视之为相对真理；再进而层层追寻真理的内在意蕴。宇宙、人生的真谛与奥秘，是剥落了层层偏见之后才能一步步见到的，最后豁然贯通在我们人的内在的精神生命中。"无为而无不为"，即不特意去做某些事情，依事物的自然性，顺其自然地去做②。

第四，人生修养的工夫论与境界论。

老子并不绝对地排斥圣、智、仁、义、学问、知识，但显而易见的是，他十分警惕知、欲、巧、利、圣、智、仁、义对于人之与生俱来的真正的智慧、领悟力、德性的损伤与破坏，他害怕小聪明、小知识、小智慧、小利益的计较以及外在的伦理规范影响了人之天性的养育，戕害了婴儿赤子般的、看似懵懂无知实则有大知识、大智慧、大聪明、大孝慈、大道德的东西。道家以否定的方式（不是从实有的层面上否定），消解知识、名教、文明建制、礼乐仁义、圣智巧利、他人共在等所造成的文明异化和个体自我的旁落。老子批评了儒家的仁、义、忠、孝、礼、智、信等德目，但并不是取消一切德

---

① 《老子》第四十八章。
② 参见方东美：《原始儒家道家哲学》，第191页。

目。老子追求的是真正的道德、仁义、忠信、孝慈。所以从根本上来说，他恰恰是主张性善、仁爱、忠孝、信义的。他相信自然之性为善，返璞归真、真情实感，是最大的善。从这个意义上来说，老子也是人性本善论者，他对人性抱有很高的希望。

"涤除玄鉴"即洗去内心的尘垢。"致虚"是洗汰知虑，保持心灵空间。"守静"即保持娴静的、心平气和的状态，排除物欲引起的思虑之纷扰，实实在在地、专心地保持宁静。致虚、守静是随时排斥外在之物的追逐，利欲争斗等引起心思的波动。"观复"，即善于体验万物都要回复到古朴的老根，回复到生命的起点、归乡与故园的规律。"观"就是整体的直观、洞悉，身心合一地去体验、体察、观照。"复"就是返回到根，返回到"道"。体悟到"道"的流行及伴随"道"之流行的"物"的运行的这一常则的，才能叫"明"（大智慧）。体悟了"道"的秉性常则，就有博大宽容的心态，可以包容一切，如此才能做到廓然大公，治理天下，与天合德。与"道"符合才能长久，终身无虞。通过"致虚""守静"到极致的修养工夫，人们达到与"道"合一的境界。故，致虚、守静、观复等，是修养工夫，亦是人生境界。

老子论证滞留物用、执著有为对于心体的遮蔽，论证摄心归寂、内自反观、炯然明觉、澄然虚静的意义，着重强调了人生向道德和超越境界的升华。按照老子的道德理想、道德境界、人生智慧和人格修养论，他推崇的美德：见素抱朴、少私寡欲、贵柔守雌、慈俭谦退、知足不争、致虚守静、清静无为、返璞归真。老子以此为至圣与大仁。这是老子对人生的感悟，特别是对春秋末年贵族阶级奢侈生活的批判。老子通过冷静观照，提示了淡泊宁静的生活旨趣，看到逞强、斗富、居功自恃、私自用智等负面。

总之，《老子》中的"道"既是形上本体，又是自然、社会、人生的法则。它是整体性的，在本质上既不可界定也不可言说，不能以任何对象来限定，也不能将其特性有限地表达出来的。所以，"道"又叫做"无""无名""朴""一""大"。它是不受局限的、无终止的、一切事物的源泉与原始浑朴的总体。但"道"绝不是一个抽象的共相，而是一个流转与变迁的过程。它周行而不殆，周流万物，即在循环往复、不停返回本根处的运行中，实现出有形有象的器物世界，即"有名"的现实世界。"道"是"有名"与"无名"、流变与不变、整体与过程的统一。在一定的意义上，老子之"道"是有与无、神虚与形实的整合。"有"指的是有形、有限的东西，指的是现实性、相对性、多样性；而"无"则是指的无形、无限的东西，指的是理想性、绝对性、统一性、超越性。"有"是多，"无"是一；"有"是实有，"无"是空灵；"有"是变，"无"是常。"道"具有否定性与潜在性，因而创造并维持了每一肯定与实在的事物。在这一过程中，潜在与现实、否定与肯定、空无与实有、一与多，沿着不同方向发展变化①。《老子》启发我们促成潜在向现实、否定向肯定、空无向实有、一向多的方向转化，在这里，特别要注意"相反相成""物极必反"的律动。"道"是阴阳、刚柔等两相对待的精神或物质的微粒、能量、动势、事物、原理的相对相关、动态统合。

---

① 参见成中英《中国哲学的特性》一文，见李翔海等编：《成中英文集》第1卷，武汉：湖北人民出版社，2006年，第9—10页。

庄子之道论

我们仍然可以从本体论、宇宙生成论、体悟本体"道"的方法论、精神修养之工夫与境界的路数去理解庄子的"道"①。

第一,庄子的"道"是宇宙的本原,又具有超越性。

"夫道有情有信,无为无形;可传而不可受,可得而不可见;自本自根,未有天地,自古以固存;神鬼神帝,生天生地;在太极之先而不为高,在六极之下而不为深,先天地生而不为久,长于上古而不为老。"②这表明了"道"是无作为、无形象而又真实客观的,是独立的、不依赖外物、自己为自己的根据的,是具有逻辑先在性与超越性的,是有神妙莫测的、创生出天地万物之功能与作用的本体。这个"道"不在时空之内,超越于空间,无所谓"高"与"深",也超越于时间,无所谓"久"与"老"。

"有先天地生者,物邪?物物者非物,物出不得先物也,犹其有物也。犹其有物也,无已。"③"道"先于物并生成各物,是使万物成为各自个体的那个"物物者",即"本根"。它不是"物",即"非

---

① 关于《庄子》的"道",参见张默生原著、张翰勋校补:《庄子新释》,济南:齐鲁书社,1993 年,第 36—40 页;陈鼓应:《老庄新论》,上海:上海古籍出版社,1992 年,第 185—208 页;刘笑敢:《庄子哲学及其演变》,北京:中国社会科学出版社,1988 年,第 102—122 页;崔大华:《庄学研究》,北京:人民出版社,1992 年,第 118—128 页。

② 《庄子·大宗师》。

③ 《庄子·知北游》。

物",即"道"。由于"道"之生物,万物得以不断生存。

这个"道"是"未始有始"和"未始有无"的:"有始也者,有未始有始也者,有未始有夫未始有始也者。有有也者,有无也者,有未始有无也者,有未始有夫未始有无也者。俄而有无矣,而未知有无之果孰有孰无也。"①宇宙无所谓开始,亦无所谓结束,这是因为"道无终始"。

在《渔父》篇,作者借孔子之口说:"且道者,万物之所由也,庶物失之者死,得之者生,为事逆之则败,顺之则成。故道之所在,圣人尊之。"道是万物的根本,是各物的根据。"夫昭昭生于冥冥,有伦生于无形,精神生于道,形本生于精,而万物以形相生……天不得不高,地不得不广,日月不得不行,万物不得不昌。此其道与!"②明显的东西产生于幽暗的东西,有形迹的产生于无形迹的,精神来自道,形质来自精气,万物以不同形体相接相生。天没有道不高,地没有道不广,日月没有道不能运行,万物没有道不能繁荣昌盛,所有的东西都依于道,由道来决定。

第二,庄子的"道"具有普遍性,内在于每一物中。

"夫道,覆载万物者也,洋洋乎大哉! 君子不可以不刳心焉。无为为之之谓天,无为言之之谓德,爱人利物之谓仁,不同同之之谓大,行不崖异之谓宽,有万不同之谓富。"③刳心即去掉自私用智之心。崖,即岸,界限之意。这里讲不自立异,物我无间,是谓宽

---

① 《庄子·齐物论》。
② 《庄子·知北游》。
③ 《庄子·天地》。

容。整句表示道的广大包容及任其自然。包容万物、以无为的方式行事、没有偏私的君子,具有道的品格,庶几可以近道。

"夫道,于大不终,于小不遗,故万物备。广广乎其无不容也,渊渊乎其不可测也。"①"道"大无不包,细无不入,贯穿万物,囊括天地,周遍包含,巨细不遗,既宽博又深远。道无所不在。道甚至存在于低下的、不洁的物品之中:"东郭子问于庄子曰:'所谓道恶乎在?'庄子曰:'无所不在。'东郭子曰:'期而后可。'庄子曰:'在蝼蚁。'曰:'何其下邪?'曰:'在稊稗。'曰:'何其愈下邪?'曰:'在瓦甓。'曰:'何其愈甚邪?'曰:'在屎溺。'"②道无所不在。这里颇有点泛道论了。陈鼓应指出,"庄子的'道'并非挂空的概念,而是普遍地内化于一切物"③。万物都具备"道","道"内在于一切物之中。没有道,物不成其为物。

第三,庄子的"道"是一个整体,其特性为"通"。

"夫道未始有封,言未始有常,为是而有畛也。"④"道"是浑成一体的,没有任何的割裂,没有封界、畛域。"道"是圆融的、包罗万有的、无所不藏的,可以谓为"天府"。同时,"物固有所然,物固有所可。无物不然,无物不可。故为是举莛与楹,厉与西施,恢恑憰怪,道通为一。其分也,成也;其成也,毁也。凡物无成与毁,复通为一"⑤。这是说,世间的事物,都有其存在的原因、合理性与

---

① 《庄子·天道》。
② 《庄子·知北游》。
③ 陈鼓应:《老庄新论》,第188页。
④⑤ 《庄子·齐物论》。

价值，每一个体的禀性与命运千差万别，但无论有什么差别，或成或毁，这边成那边毁，在道的层面上，却并无亏欠，万物都是可以相互适应、沟通并在价值上齐一的。也就是说，楚虽小而椴虽巨，厉虽丑而西施虽美，只要不人为干预，因任自然，因物付物，任万物自用，可各尽其用，各遂其性，都有意义与价值。凡事在不用中常寓有其用，所日用的即是世俗所行得通的，而世俗所通行的必是相安相得的。"道"是一个整体，通贯万物。庄子所谓"一""通""大通"，都是"道"。万物在"道"的层面上"返于大通""同于大通"。

第四，庄子的"道"是"自本自根"的。

除前引《大宗师》所说"自本自根，未有天地，自古以固存"外，《知北游》亦有大段论说："今彼神明至精，与彼百化。物已死生方圆，莫知其根也，扁然而万物自古以固存。六合为巨，未离其内；秋毫为小，待之成体。天下莫不沉浮，终身不故；阴阳四时运行，各得其序。惛然若亡而存，油然不形而神，万物畜而不知。此之谓本根，可以观于天矣。"此处讲造化神妙莫测，使万物变化无穷。万物或死或生或方或圆，都不知其本根。天下万物没有不变化的。阴阳四时的运行又有其秩序。这些变化也好，变化之中的秩序也好，源于模糊的、似亡而存的"道"。"道"的妙用不见形迹，万物依赖它蓄养而不自知。"道"，是天地万物所以生成的总原理，故自本自根。"道"不依赖于任何事物，自己成立，创生万有；天下万物依凭着道而得以变化发展。天地之大，秋毫之小，及其浮沉变化，都离不开"道"的作用。"道"参与天地万物的千变万化，道在其中为根本依据。可见,"道"自己是自己的原因,又是生成宇宙的原因。从万有依赖着"道"而生成变化,可知"道"是宇宙的"本根"。

第五,破除成心,跳出藩篱,超越彼此是非,把握"道枢"。

道体自然,道本无为,不可以用语言来表达与限定,但可以用人的生命来体证。人们往往执定、拘守于"一偏之见",彼此纷争,妨碍了关于完整的"道"与天地之理的领悟。因此,必须破除"成心",反对师心自用。人们很容易观察与分析现象界的差别相,庄子意在打破由此而产生的执著,认识到事物的迁流变化;主张换一个角度(或参照系,或视域)再去省视事物,会看到不同的面相;直至"以道观之",有些差别则完全可以忽略不计。庄子提出"明"(或"以明""莫若以明")的认知方法,以此明彼,以彼明此,跳出各自的藩篱,洞察彼此,理解对方,消解己见,以客观平常之心洞察彼此之事实,进而理解现象或概念之彼此的联系,破除对一切相对待的概念的执著。庄子又提出了更为根本的体认绝对真理的方法,即把握"道枢""天钧"的方法。这是更深一层次的"明"。圣人站在更高的层面,首先保留、"因任"自然的分际或人为的界限,其次是超越是与非、可与不可等的对待,洞悉彼此与是非的复杂联系,进而体悟天地自然的大道正是统合是非彼此的枢纽。最高真相、客观真理是所谓"道枢"或"天钧"(亦称"天倪"),它是承认、包含了各种事物、现象的认知以及层次、系列不同的相对真理的。圣人与道同体,存异又超越于异,使各种知识、各种相对真理及其系统各安其位,并行不悖。物与我、是与非、可与不可、潜在与现实、现实与理想、肯定与否定、形下与形上两不相妨碍,是谓"两行"。

第六,通过"心斋""坐忘""齐物"等工夫,达到"无待""与道同体""寥天一"的精神自由的境界。

"坐忘"即通过暂时与俗情世界绝缘,忘却知识、智力、礼乐、仁义,甚至我们的形躯,要点是超脱于认知心,即利害计较、主客对立、分别妄执,因为这些东西妨碍了自由心灵。斋是敬之至。斋则心虚,虚则渊深明鉴。"心斋"就是洗汰掉附着在内心里的经验、成见、认知、情感、欲望与价值判断,自虚其心,虚静养和,恢复灵台明觉的工夫。这就是无心、无为、无用的意思。"吾丧我",是精神之我有时可以超脱于物质、形躯之我,即消解由物质生命带来的负累。"丧我"与"心斋""坐忘"意思相近。"齐物"的意思即是"物齐"或"'物论'齐",即把形色性质不同之物、不同之论,把不平等、不公正、不自由、不和谐的现实世界种种的差别相视之为无差别的"齐一"。这就要求我们以不齐为齐一,即提升自己的精神境界,在接受、面对真实生活的同时,调整身心,超越俗世,解脱烦恼。人们不必执定于有条件、有限制的地籁、人籁之声,而要倾听那自然和谐、无声之声、众声之源的"天籁",以消解彼此的隔膜、是非和有限的生命与有限的时空、价值、概念、知识、见地、情感、烦恼、畏惧乃至生死的系缚,从有限进入无限之域。这就是精神的"逍遥游",游即无待,游即游心,即心灵自由。

庄子之真人、至人、神人、圣人,都是道的化身,与道同体,因而都具有超越、逍遥、放达、解脱的秉性,实际上是一种精神上的自由、无穷、无限的境界。这深刻地表达了人类崇高的理想追求与向往。这种自然无为、逍遥天放之境,看似玄秘莫测,但实际上并不是脱离实际生活的。每一时代的类的人、群体的人,尤其是个体的人,虽生活在俗世、现实之中,然总要追求一种超脱俗世和现实的理想胜境,即空灵净洁的世界。任何现实的人都有理想,都有真、善、美的追求,而庄子的理想境界,就是至真、至善、至美的合一之境。

老、庄道论之联系与区别

老庄道论无疑有很多相同或相联系之处,如说庄子道论源于老子而又加以发展,或说老庄之"道"的义涵有不少相同之处,学术界对此并无歧见。张默生说:"《老子》著者是最先发挥'道'之意义的,且说得亦极周遍;至庄子更将活泼泼的道体揭出,较《老子》著者尤为精进。"①王叔岷认为,关于"道""常""反""明""和"等问题,"庄子所言虽较老子更深入精细,亦更广泛,但总渊源于老子。此司马迁所谓'要其本归于老子之言'。庄子思想之所以超越老子,在其较老子更空灵超脱也"②。关于老子之道,王叔岷归纳了七义:道为天地万物之主宰、道永恒存在、道不可名状、道运行不已、道为实有、道法自然、道为德之本等;又说:"庄子言

---

① 张默生原著、张翰勋校补:《庄子新释》,第36页。
② 王叔岷:《先秦道法思想讲稿》,台北:中国文哲研究所,1992年,第77页。

'道无不在。'(《知北游篇》,庄子谓道在蝼蚁、稊稗、瓦甓、屎溺)此老子所未涉及者。据此,老、庄所谓道,盖有八义矣。"①

学术界有关老庄道论之不同、差异或区别的研究,已有不少成果。例如:徐复观指出:"庄子主要的思想,将老子的客观的道,内在化而为人生的境界,于是把客观性的精、神,也内在化而为心灵活动的性格。""庄子较老子,形上意味较轻。"②陈鼓应认为:老子、庄子共同论定"道"是实存的,是天地万物的根源,庄子虽继承了老子,但"老子的'道'和庄子的'道',在内涵上有着很大的不同。概略地说,老子的'道',本体论与宇宙论的意味较重,而庄子则将它转化而为心灵的境界。其次,老子特别强调'道'的'反'的规律,以及'道'的无为、不争、柔弱、处后、谦下等特性,庄子则全然扬弃这些概念,而求精神境界的超升"③。叶海烟说:"庄子哲学和老子哲学之间确实存在着重大的差异,例如二人对'道'便有不同的看法:老子强调'道'的超越性与创生万物的玄妙作用,而庄子则肯定了道遍在于万物,并已然具德于天地之中的实存性……庄子对老子超迈之处,应首推其逍遥之游,一个游字似乎可道尽庄周本怀……庄子思想的博与杂显然远远超过老子。"④邱

---

① 王叔岷:《先秦道法思想讲稿》,第39页。
② 徐复观:《中国人性论史(先秦篇)》,第八版,台北:台湾"商务印书馆",1987年,第387、390页。
③ 陈鼓应:《老庄新论》,第185页;又见陈鼓应、白奚:《老子评传》,南京:南京大学出版社,2001年,第276页。《老子评传》强调了老子在社会政治上的柔性策略及其应用,为庄子所无。
④ 叶海烟:《老庄哲学新论》,台北:文津出版社,1997年,第13页。

棨鉶说:"老子着重道的化生作用及其现象学,而庄子则进而探究'天道'之理境与绝对实在境。"①

我们认为,老庄道论之联系或同质性,有以下五个方面:

第一,老庄"道"范畴的基本含义相同或相近。如前引《庄子·大宗师》"有情有信"章,即源于《老子》第二十一章:"窈兮冥兮,其中有精;其精甚真,其中有信。"情、精,乃通假字。老子、庄子"道"范畴所具有的本体义、实存义、普遍性义、绝对性义、超越时空义、整体性义、根据在自身的自本自根义及无限性义等基本含义是大体一致或相近的。陈鼓应认为,"道"的整体性是庄子最先提出的,"这个观念为老子哲学所无"②。但实际上老子的"道""常道""天之道""圣人之道"即是圜道,是整体③。

第二,老庄"道论"之基本架构是相同或相近的。这就是本文说的本体论、宇宙生成论或本体-宇宙论的理论间架。庄子深受老子的本体论、宇宙生成论的影响。

第三,老庄的体认"道"的方法,或其思维方法论是相同或相近的,都是生命体验的,特别是其中反向的或负的方法。

第四,作为老庄道论之重要部分的人生修养之工夫与境界论是相同或相近的。

与诸子百家中其他各学派和古希腊哲学相比,老庄的道论无疑

---

① 邱棨鉶:《庄子哲学体系论》,台北:文津出版社,1999年,第10页。
② 陈鼓应:《老庄新论》,上海:上海古籍出版社,1992年,第186页。
③ 参见詹剑峰:《老子其人其书及其道论》,武汉:华中师范大学出版社,2006年,第121—122页。

是大同而小异。老庄都承认道是宇宙、社会、人与万事万物共同、普遍的总原理。道是万物所由生成、展现的根据，是体，是体用如一、自因自动的；道包含有主宰义与流行义，而现实流行与主导、主体是不二的，道是过程，不是超越于万物之上如如不动的实体，道遍在于一切事物及其运动之中。就道与言的张力来说，道需要不同的言说（包括肢体语言）而表出，但任何有限的名言、概念与言说都无法穷尽无限的道，道的方式方法是否定、遮拨的，虚无为用的。道又是人生境界，体道则需要修炼。道论是生命体证的哲学，每一现实的人都可以通过有限的生命修炼与人生实践去体认、证悟、接近作为宇宙整体的、无限、绝待的"道"。老庄道论都是诗的哲学，透显出东方智慧的魅力。故道家的"道"及道论与柏拉图的共相观，与亚里士多德的逻各斯、神及实体学说都不同。

我们认为，老庄道论之区别与差异，有以下五个方面：

第一，老庄道论之本体论、宇宙论、境界论的含义或理论间架在大体相同的基础上，亦有不同的偏重。老子在宇宙生成论或本体-宇宙论（本体-社会论）上有偏重，有助于社会政治、人生、形下层面的撑开；庄子道论也含有其宇宙论、社会政治论，但不发达，其偏重在精神修养的工夫论与境界论，尤其是自由精神与绝对自由的心灵境界的追求方面。

第二，相比较而言，老子道论更富有原创性，更为简约，更有包容、暗示性，涵盖面更大。我们虽不可说庄子只是老子的注脚，但也不可过于夸大庄子的发明。

第三，在精神境界上，庄子更为圆熟。"老聃、关尹，仍注意于道的精粗体用,还是有分别的迹象;而庄周则不期于精粗体用的分别,浑然与造物同体。"①

第四,在表达方式上,庄子更加活泼,巧妙运用三言,以各种人物、故事喻道,洋溢无方,无所黏滞,"为了说明一个论点,往往连举好多寓言故事,极意形容,反复比喻,能够'自说自扫',使人不觉有拖泥带水之感"②。

第五,在思想范式上,庄子关于道无所不在,"道"内在于一切物之中的思想,对于后世学者吸收佛学,发展出宋明理学,具有重大意义。这实际上是宋明理学"理一分殊"的滥觞。

就道家宗师及内部各学派而言,老庄之道论确有如上之差异。老子之道的开放性,面向自然、社会、人生等一切领域,庄子之道当然也是无穷、开放的,但现实撑开方面反不及老子。庄子学派与现实的关系在"即而又离"的方式中更倾向于"离",即保持距离。虽然老庄的修养论与境界论大致相同,但庄子道论偏重于理想人格与理想境界的追求,其自由无限心与绝对超越义更为高明。庄子言说的"三言"方式也优越于老子,更成为禅宗言说方式的先导。老庄道论向社会政治层面的展开,基本是正面、积极的,但在末流的运用中,老子政治学的流弊则成为君人南面之术,甚至部分地成为法家的一个源头。这当然不能要老子及其道论来负责。然而,庄子学说却成为专制政体下知识分子的人生智慧,成为清流的心灵寄

---

① 张默生原著、张翰勋校补:《庄子新释》,第20页。
② 王明:《道家和道教思想研究》,北京:中国社会科学出版社,1984年,第39页。

托,这也是人们往往高度肯定庄子的一个原因。

(原载《华中师范大学学报》(人文社会科学版)2008年第6期,《新华文摘》2009年第4期转载,中国人民大学复印报刊资料B5《中国哲学》2009年第3期全文转载。)

马祖禅的哲学意蕴

马祖道一(约709—788)是南岳怀让的弟子,曹溪惠能的第三代传人之一。惠能南宗至马祖道一、石头希迁而大盛。马祖、石头都是南禅史上的中心开启式人物。惠能的生命智慧,禅宗的独特精神,迨他们而弘扬光大。马祖主要在洪州(今南昌)传禅[1],弟子云集(《祖堂集》说他有88位善知识者,《景德传灯录》说他的入室弟子有139人)。洪州宗或江西禅系的佼佼者,有马祖门下三大士百丈怀海、南泉普愿、西堂智藏及大珠慧海、石巩慧藏、麻谷宝彻、盐官齐安、五泄灵默、大梅法常、归宗智常、盘山宝积、庞蕴居士等。马祖殁后,江西禅师遍及天下。影响巨大的有南泉的弟子赵州从谂,百丈弟子黄檗希运,嗣法于百丈的沩山灵祐与其弟子仰山慧寂开创的沩仰宗,嗣法于黄檗的临济义玄开创的临济宗。沩仰、临济二宗与原于青原行思、石头希迁系统的曹洞、云门、法眼三宗,是晚唐至五代时期著名的分灯并弘的五家禅,风靡于全国,在历史上有着久远的影响并远播海外。

---

[1] 据杜继文、魏道儒云:"道一一生的活动,以洪州为中心,南抵大庾岭北,东南越过武夷山脉至福建、浙江境,时间大约自天宝三年(744)到贞元四年(788)的四十余年中。"杜继文、魏道儒:《中国禅宗通史》,南京:江苏古籍出版社,1993年,第229—239页。

熊十力先生平生最服膺马祖禅,在《新唯识论》《十力语要》等著作中,多次引用马祖与百丈怀海、大珠慧海、大梅法常的若干公案,并加以发挥①。熊氏高度评价了马祖当机善诱的禅法和当下自识本心的禅观。笔者受到熊先生的影响才注意到马祖禅的奥意。本文只是在前贤和时贤的启悟下,略述马祖禅的意蕴。不当之处,敬祈方家指教。

即心是佛——个体性的凸显

"自心是佛"本是六祖惠能禅学的内核。惠能把外在权威纳入自心之中,张大人的自性,促进人的觉醒。马祖珍视人的主体性与个体性,肯定人的内在自我的价值和能力:

> 汝今各信自心是佛,此心即是佛心。是故达摩大师从南天竺国来,传上乘一心之法,令汝开悟。又数引《楞伽》经文,以印众生心地,恐汝颠倒,不自信此一心之法,各各有之。故《楞伽经》云:"佛语心为宗,无门为法门。"又云:"夫求法者应无所求。"心外无别佛,佛外无别心。②

这里继承了达摩以来明心见性的思想,而更加肯定自心清净,自修自作,自行佛行,自成佛道。"心"与"佛"的统一是禅宗真髓。这

---

① 比较集中的在《新唯识论》语体文本的功能上章和明心上章。熊十力:《新唯识论》语体文本,《熊十力全集》第三卷,武汉:湖北教育出版社,2001年,第177—178、378—385、390—393页。

② (南唐)静、筠二禅师编撰:《祖堂集》卷十四,北京:全国图书馆文献缩微复制中心,1993年,第267页。

就破除了对外在权威、偶像、经卷、知识、名言、持戒、修证、仪轨的执著,统一"世界""佛"与"我",肯定向内体验的重要性,自悟内在宝藏,自性自度,不假外求。

大珠慧海法师初次参拜马祖,欲求佛法。马祖说:"我这里一物也无,求甚么佛法? 自家宝藏不顾,抛家散走作么!"慧海问:"阿那个是慧海宝藏?"马祖说:"即今问我者,是汝宝藏。一切具足,更无欠少,使用自在,何假外求?"大珠慧海从此开悟,"自识本心"①。马祖重视自身价值,肯定自家宝藏的圆满具足,反对"抛却自家无尽藏",打破"佛"与"我"之间的时空阻隔,把世界与我融为一体,当下体验佛的境界。这是受孟子、庄子之学的影响所致。与孟子"万物皆备于我""反身而诚"的意旨一样,孟子与马祖所说我具备了一切,不是指外在的事物、功名,而是说道德的根据在自己,元无少欠,一切具备。在道德精神的层面上,探求的对象存在于我本身之内。与庄子"天地与我并生,而万物与我为一""独与天地精神往来"的境界一样,马祖要化解物形,得到精神的超脱放达,而这种精神自由,是以对最高本体的冥悟契会为前提的。

"即心是佛"的命题,强调内转、内修,在自心上做工夫,凸显了道德的主体性与个体性,以更好地成就人格。马祖因材施教,对向外求佛的人讲"即心是佛",对执著自心的人讲"非心非佛"。公案:"问:'和尚为什么说即心即佛?'师(按即马祖)曰:'为止小儿啼。'曰:'啼止时如何?'师曰:'非心非佛。'曰:'除此二种人

---

① (宋)普济著,苏渊雷点校:《五灯会元》卷三,北京:中华书局,1984年,第154页。

来,如何指示?'师曰:'向伊道:不是物。'曰:'忽遇其中人来时如何?'师曰:'且教伊体会大道。'"①向外觅求者就好像得不到自己喜欢的东西而啼哭的孩子一样。这要用"即心是佛"加以启导。没有从深层次理解"即心是佛",执著其表层意义,盲目张扬自性者,犹如暂时贪恋自己喜欢的东西的孩子一样,因此要以"非心非佛"化解其执。进而,马祖告诉人们,物不是物,是道的体现。这是为了避免对于"非心非佛"的执著。真正有悟性的人,任运而行,应机接物,触目即道。

大梅法常受马祖道一"即心是佛"启发,大彻大悟。此后法常把握住这一宗旨,无论马祖再说"非心非佛",他只管"即心是佛"。马祖赞扬说:"梅子熟也。"②足见"非心非佛"云云只是帮助人们理解"即心是佛"的。法常对此有极深的体验,不再受各种言教遮蔽,不限于种种偏执。道德完善、生命体验,总是个体的事。马祖不仅重视内在性的开发,把"佛"与"我"统一起来,而且把修道贯穿到个人具体的生活之中。

平常心是道——生活化的推进

马祖开示众人:"道不用修,但莫污染。何为污染?但有生死心,造作趣向皆是污染。若欲直会其道,平常心是道。谓平常心无

---

① (宋)赜藏主编集:《古尊宿语录》卷一,北京:中华书局,1994年,第5页。
② (宋)普济著,苏渊雷点校:《五灯会元》卷三,第146页。

造作,无是非,无取舍,无断常,无凡无圣。经云:非凡夫行,非圣贤行,是菩萨行。只如今行住坐卧,应机接物,尽是道。"①"平常心是道",即中国传统"极高明而道中庸"思想的蜕变。不刻意追求外在超越的理念,而是将其纳入日用常行之中。这是对自心做工夫的"即心是佛"之论的发展与补充。前引公案,马祖对真正有所悟的人不讲佛、心、物,只教他任运而行,应机接物,正是此意。

马祖提出"随处任真"的命题②。"随处任真",是人心深处佛性的自然呈现,是人在穿衣吃饭、担水运柴、待人接物、日常生活之中明了禅理,提升意境。这就把禅推进到世俗生活之中! 如果说"即心是佛"使成佛的理念向内转到自心的话;那么,"平常心是道"则使成佛的道路由记诵佛经、坐禅修行转向世俗日常生命活动。马祖门人南泉回答赵州"如何是道"的提问,重申马祖"平常心是道"的命题。赵州问:"还可趣向也无?"南泉说:"拟向即乖。"赵州曰:"不拟争知是道?"南泉曰:"道不属知,不属不知。知是妄觉,不知是无记。若真达不疑之道,犹如太虚,廓然荡豁,岂可强是非耶?"赵州于言下悟理③。这就是说,佛道、佛理不是虚拟、设置的教条,不是知识理性或一般的是是非非,而是寓于日常生活中的,每个人都可以体验、觉悟到的人生智慧。道不离开真实生活,不离开个体人生存的具体场境。禅的智慧贯彻到平淡、凡俗的生活中,融成一体,使生活具有了不平淡、不凡俗的价值,使人

---

① (宋)道原:《景德传灯录》卷二十八。
② (南唐)静、筠二禅师编撰:《祖堂集》卷十四,第270页。
③ (宋)普济著,苏渊雷点校:《五灯会元》卷四,第198—199页。

们断掉妄念,摆脱烦恼,体验凡俗中的崇高、愉悦、安适。禅的智慧寓神圣于凡俗,化凡俗为神圣,不执定于过去,消解物欲追逐等苦缘,当下得到生活的充实和生命的自由。

大珠慧海回答源律师"如何用功"之问,说:"饥来吃饭,困来即眠。"曰:"一切人总如是,同师用功否?"师曰:"不同。"曰:"何故不同?"师曰:"他吃饭时不肯吃饭,百种须索;睡时不肯睡,千般计较。所以不同也。"①一般人因俗世生活的牵累,功名利禄的追逐,人际关系的照应,总有百种思虑,千般计较,常常被折磨得寝食不安。禅的智慧,让人们空掉外在的攀援与追逐,解脱妄念、烦恼的系缚,安于自然平易的生活,在平常之中悟得生命之真。平常是生命的本真,平常心是空悟的智慧。否弃平常,视不常为常,被各种幻想妄念左右,就会失掉自家宝藏。今天我们有很多人把"正常"与"非常"颠倒,孜孜以求现实功利,最终丧失了自我。另一方面,大珠慧海所说"饥来吃饭,困来即眠",是一种平常心的境界,却不是简单的事,不是排斥,毋宁说反而涵盖了不平常的修持,如此才能真正达到此境。

禅的智慧,在随顺生活的真实中,否定分别计较之心,超越庸常,解脱牵累。马祖的贡献,即着力于使禅生活化,在随时着衣吃饭中长养圣胎,不雕凿于心计,放下过去的罪恶感或荣誉感,解除精神负担,随处任真,触境皆如。为此,他推动了禅法的革新。

---

① (宋)普济著,苏渊雷点校:《五灯会元》卷三,第157页。

机锋棒喝——启悟方式的革命

杜继文、魏道儒《中国禅宗通史》据权德舆于贞元七年后所写《唐故洪州开元寺石门道一禅师塔铭并序》和南唐泉州昭庆寺静、筠法师合撰之《祖堂集》,指出马祖道一的核心思想是"佛不远人,即心而证""法无所着,触境皆如"和"随处任真"三点。至于启悟方式,只是消解关于言语经论的泥执。进入宋代,所传道一的禅法才有了很大变化,如《景德传灯录》即是。至《古尊宿语录》,则更为放大,使"道一成了一个激烈反对'修道'的人","似乎用打、喝等方式悟人,即创始于道一,这距离史实愈远了"[①]。

马祖在接机方式上是否开后世机锋棒喝之先河,研究者见仁见智。洪修平《中国禅学思想史纲》认为,机锋棒喝的禅法是马祖所开创;顾伟康《禅宗:文化交融与历史选择》则认为,此接机方式的革新乃洪州宗之特色[②]。我想,就马祖禅或洪州宗之整体而言,机锋棒喝无疑是其影响深远的禅法革命。马祖本人已开其端,其弟子与再传、三传弟子越来越显,薪火相传,愈益放大。这种禅法是凸显个体性、生活化的禅观的必然要求与落实。

《祖堂集》记载,汾州和尚为座主时,讲四十二经论。他向马祖

---

① 杜继文、魏道儒:《中国禅宗通史》,第234页。
② 洪修平:《中国禅学思想史纲》,南京:南京大学出版社,1994年,第179页;顾伟康:《禅宗:文化交融与历史选择》,上海:知识出版社,1990年,第60—61页。

请教:"宗门中意旨如何?""师(指马祖)乃顾示云:'左右人多,且去。'汾州出门,脚才跨阃阈,师召座主。汾州回头应喏。师云:'是什么?'汾州当时便省,遂礼拜……"①马祖通过突然呼唤汾州之名,并问"是什么",使汾州当下省悟。自认为对四十二本经论懂得很多的汾州座主,至此才悟真意,说:"今天若不遇和尚,泊合空过一生。"以下,《祖堂集》记载,马祖问百丈怀海以何法示人。"百丈竖起拂子对师云:'只这个,当别更有?'"以上公案中,马祖以呼喊姓名和突然发问的方式,百丈以竖起拂子的动作接引对方,呼唤出他的自性,促使他洞见真相,自悟内在精神。类似的例子,在马祖禅中数不胜数。据《传灯录》记载,李翱向西堂打听马大师的言教,西堂智藏用直呼其名的方法回答李氏,李氏应诺,西堂赞叹说:"鼓角动也。"李翱对佛学有一定基础,对马祖"即心即佛""非心非佛"的教法,也有自己的看法。西堂点醒的只是:马祖的言教,乃是直指自性②。

关于马祖以野鸭启导百丈的公案③,人所尽知,兹不复述。这里,马祖用手扭百丈的鼻子,是特殊的手法,又用普通的"是什么""又道飞过去"等问话,启发百丈觉悟自性,不被外境所夺(跟着野鸭飞走)。百丈以"适来哭,如今笑",不正面回答师兄弟们的问题,意在不执著于外境。最后,百丈又以"卷却席"的动作和答非所问来回应马祖,马祖即知他已悟道。

---

① (南唐)静、筠二禅师编撰:《祖堂集》卷十四,第271—272页。
② 参见吴怡:《公案禅语》,台北:东大图书公司,1984年,第58—59页。
③ 见(宋)赜藏主编集:《古尊宿语录》卷一,第6—7页。

圭峰宗密认为,作用见性正是洪州宗的特色:"起心动念,弹指謦咳,扬眉瞬目,所作所为,皆是佛性全体之用,更无第二主宰。如面作多般饮食,一一皆面。佛性亦尔,全体贪嗔痴,造善恶,受苦乐,故一一皆性。"①可见马祖禅善于从见闻觉知,从动作、语言,身心活动,生命现象中,通过机锋棒喝、扬眉瞬目等等方式把不可言传的内心体验传达给受教者,启悟他人自识本心,见性成佛。这再次表明了佛禅修证的个性化。

自识本心——儒、禅引为同调

熊十力指出,禅宗之根本在"自识本心,直彻真源(自注:真源,谓宇宙本体。识得自心与万物同体,真源岂待外求?)"②。在他看来,这也是儒学之根本。他发挥大珠慧海初参马祖的公案,指出"自家宝藏"即是本心,此是万化之源,万物之本。所谓"抛家散走",是指专恃量智或知识向外追求探索。熊氏认为,本体不可当作外在的物事来推度,迷者以为实有佛法可求,实则佛者觉也,只此心是。若离自心,便无佛可得,亦无法可得。关于"使用自在",熊氏说,这个宝藏是吾人所以生之理,亦即是天地万物所以成形之理,因吾人与天地万物同一本源,不可分割。由此应知,此大宝藏具有无穷神化,无边妙用。就吾人日常生活言之,此大宝藏随触即

---

① 宗密:《圆觉经大疏抄》,《大正藏续篇》卷十四,第279页。
② 熊十力:《新唯识论》语体文本第八章,《熊十力全集》第三卷,第378页。

应,无感不通。熊氏以"本心"与"习心"之辨来解读这一公案。一般人任习心趣境,将佛法当作物事来追逐,而不自识何者为自家宝藏或本来的心,自己不认识自己。他指出:"吾人与天地万物同体的大宝藏,本崇高无上……此崇高无上的,正是平平常常的。若悟得这个,才是我的真实生命。易言之,这个才是真的自己,岂不平平常常? 又复当知,若认识了真的自己,便无物我,无对待,乃至无取舍等等。于此何容起一毫执著想,何容作一毫追求想哉……马祖鉴其妄习未除,于是呵其外逐,令反悟自家宝藏,又示以无物可求。而慧海乃一旦廓然空其胸中伏莽,始跃然兴问,谁是自家宝藏? 马祖则直令其反悟当下之心,即此时兴问之心,光明纯净,如赤日当空,不容纤毫翳障,此非自家宝藏而何? 若时时在在,恒保任得如此时之心,便是药山所谓皮肤脱落尽,唯有一真实也。"①慧海被马祖提撕,习心偶歇,而本心之明,乍尔呈现。但恐妄习潜存,仍然障蔽本心之明。因此,保任之而勿放失是十分重要的。这正是孟子"求放心"之本意。

熊十力平生最服膺马祖扭百丈鼻孔一公案,认为其揭示独体及护持工夫,至为亲切。马祖在怀海接近成熟之际,见野鸭飞过,因乘机故诘,诱而进之。怀海滞于习心逐境,未能解悟。马祖再诘,而怀海犹不悟,于是马祖扭其鼻孔,令其自识独体。马祖当机善诱,意义深远。关于"作用见性",熊氏界定为:"夫性者,吾人与

---

① 熊十力:《新唯识论》语体文本第八章,《熊十力全集》第三卷,第379—380页。

天地万物所同具之本体。但以其为吾人所以生之理而言，则谓之性。以其主乎吾身而言，亦谓之心。作用者，即凡见闻觉知等等，通名作用。"①但熊氏强调，严格说来，"作用"是本心本体的流行，是本体的力用，依根门而发现，表现为见闻觉知的。如果根门假心力以自逞，挟习俱行，由此而发为见闻觉知，这是根与习用事，不是本体流行，不成为作用。据通常说法，慧海这时内发的见闻觉知，就叫做心。不过，此所谓心，是以作用名心，而不即是本体。熊氏把引生见闻的人、事物或语言称为外缘，而将见闻说成是内发的，认为见闻不只是感摄，而是具有明确的本心。"马祖答慧海，只令他反躬体认，当下虚明纯净，不杂一毫倒妄的见闻觉知。就在这里认识他固有性体，即所谓自家宝藏，可谓易简真切之极。盖见闻觉知，固是当下发生的作用，而此作用不是没有内在的根源，可以凭空发现的。须知，此作用即是性体之流行，故于作用而见性也。马祖扭怀海鼻孔一案，则可与答慧海者反以相明。怀海于野鸭子飞过时，而起野鸭子的见。这个见，正是逐物生解。此解只是根与习用事，而不是本体之流行，即不成为作用，故于此不可见性。"②

熊氏严格本心与习心的区别。就"作用见性"而言，他把心的力用、流行于根门，不为根所障、习所锢者，叫做"作用"。习也有净染之分。锢敝其心之习为染习，常乘权而起。熊氏作出这

---

① 熊十力：《新唯识论》语体文本第八章，《熊十力全集》第三卷，第385页。
② 同上书，第391页。

些分疏，当然是为了避免流于狂禅。但熊氏肯定马祖行住坐卧、应机接物之道，与我国儒道诸家之道，只是一道。他更认为孟子求其放心、保任无失、深造自得、发掘资源、左右逢源之说与马祖自识本心、即心是佛、河沙妙用、不出法界之说，可以相互发明。

自识本心，才是解脱的本原，但本心容易与习心（向外追逐，计较分别之心）相混淆，习心或无明，成为发明本心的障蔽。明心见性，就是要空掉或超越这些障蔽。马祖禅沿着慧能的智慧方向，借助《孟子》《庄子》等本土资源，返回自身，寻找吾人与天地万物一体之生命本源，肯定自家宝藏自足圆满，元无少欠，让真心真性（佛心佛性）真实地呈现出来。其要旨是创造条件，在凡俗的日用常行之中，凸现生命的意义与价值。这一点，禅宗与儒家是相通的。马祖禅把佛还原到人的具体生命中，又把人的凡俗生活安顿在佛的境界之中，使有限制的个体透过与佛同体的内在生命的发掘，体悟到心性的空灵与自由，从而超越限制，通向永恒。

总之，马祖禅强调个体人自身即佛，随时体道，以更简易直截的方式当下得到解脱。他彰显了个体内在的价值，开发自身的资源。他的无修无证、无念无著之禅机，更彰显了"人"的地位、"个体性"的地位，其灵活启发的方式，更具有创造性。马祖及其禅观、禅法在中国思想史上具有重要地位，成为宋明心性之学的重要资源，亦为当代新儒家所珍视。其举动施为、语默啼笑中，充满高峰体悟的创意。其不假外求的方式，截断众流的爆发力，借助语言又超越语言限制的佛慧，在今天的思维术、语言哲学和诠释学上都有极高价值。

（原载《两岸当代禅学论文集》（上），台湾南华大学宗教文化研究中心，2000年5月；又载《禅学研究》第4辑，南京：江苏古籍出版社，2000年。）

10

朱熹与王夫之的心性情才论之比较

王夫之(1619—1692)如朱熹(1130—1200)一样，十分重视《四书》的创造性解读，亦通过训释《四书》发挥自己关于"心性情才"的看法。本文试图对二者的性情论略作比较，重点围绕着"四端"是否为"情"而展开。

朱子的"四端皆情"论

朱子认为，"四端"是情，"七情"也是情，均是性之所发。他认为性是根，情是芽，性是未发，情是已发。有这性便发出这情，因此情而见得此性。朱熹《孟子集注》："恻隐、羞恶、辞让、是非，情也。仁、义、礼、智，性也。心，统性情者也。端，绪也。因其情之发，而性之本然可得而见，犹有物在中而绪见于外也。"（卷三）陈淳(1159—1223)《北溪字义》："情与性相对。情者，性之动也。在心里面未发动底是性，事物触着便发动出来是情。寂然不动是性，感而遂通是情。这动底只是就性中发出来，不是别物，其大目则为喜、怒、哀、惧、爱、恶、欲七者。《中庸》只言喜怒哀乐四个，孟子又指恻隐、羞恶、辞逊、是非四端而言，大抵都是情。性中有仁，动出为恻隐；性中有义，动出为羞恶；性中有礼智，动出为辞逊、是非。端是端绪,里面有这物,其端绪便发出从外来。若内无仁义礼智,则其发也,安得有此四端? 大概心是个物,贮此性,发出底便是情。"(卷上)朱子主张,仁、义、礼、智等蕴藏在心里的德性,发出恻隐、羞恶、辞让、是非等情绪、情感。

陈淳的《字义》是相当忠实于朱子思想,特别是《集注》之精神的。由此我们不难看出,朱子至少把"情"分为两部分:一是"七情",一是"四端"。陈来说,朱子之"情"可以三分:"一是指作为性理直接发见的四端,二是泛指七情,三是更包括某些具体思维在其内。"①陈说是有根据的。我们这里主要讨论前两种"情",尤其是四端之情。朱子说:"四端皆是自人心发出。恻隐本是说爱,爱则是说仁。如见孺子将入井而救之,此心只是爱这孺子。恻隐元在这心里面,被外面事触起。羞恶、辞逊、是非亦然。格物便是从此四者推将去,要见里面是甚底物事。"(《朱子语类》卷五三)

从以上引文不难发现,第一,朱子把仁、义、礼、智作为天所赋予的,人之所以为人的内在本性、本质或道理,而恻隐、羞恶、辞让、是非等四端,恰好是上述性、理必然要展示和表现出来的东西,也是人之性、理的外在化、客观化或实现过程,及其过程之中情感、情绪的伴随。第二,仁、义、礼、智属今人所请道德理性,四端属今人所谓道德情感,二者相辅相成,相伴而行,皆统属之于"一心"。

所谓"心统性情"是什么意思呢? 按朱熹对张载(1020—1077)

---

① 陈来:《朱熹哲学研究》,北京:中国社会科学出版社,1988年,第149页。

"心统性情"的理解和发挥,就是指"心"主宰、统摄、包含、具有性情。一方面,朱子对心、性、情三者作了区分,尤其指出心与性情的差异;另一方面,他又肯定三者的统合、一致:"然心统性情,只就浑沦一物之中,指其已发、未发而为言尔;非是性是一个地头,心是一个地头,情又是一个地头,如此悬隔也。""心,主宰之谓也。动静皆主宰,非是静时无所用,及至动时方有主宰也。言主宰,则混然体统自在其中。心统摄性情,非笼统与性情为一物,而不分别也。"(《朱子语类》卷五)三者既浑沦一体,又有区别。朱子强调,心涵盖了性情,心之未动为性,已动则为情。性即是理,情是发用处,心就是管摄性情的。心主乎性而行乎情。心赅备通贯,主宰运用。"心统性情"的"心"是"心之体",是道德本心,不是指人的思虑营为的自然之心,但又离不开自然之心。这种道德本心未发动、未表现出来时,不过是人心所先验地具有的一应当如此做的道德律则、命令,这就是"性"或"理"。这种道德本心"随人心思虑营为、喜怒哀乐之活动而起用时(已发),它使思虑营为、喜怒哀乐在在皆合乎天理,在在皆是爱人利物而不是害人残物。这时,它表现自己为恻隐、是非、辞让、羞恶等道德之情"①。本心中的道德理性与道德情感是不离不杂的。道德理性是道德行为的根据,没有道德理性(性、理),道德情感(情)就无从发生。反之,没有道德情感,道德理性就没有挂搭处;没有道德情感的能动性冲力,道德理性也就无从抒发、实践出来,也就不可能有什么道德行为。

---

① 金春峰:《朱熹哲学思想》,台北:东大图书公司,1998年,第87页。

因此，从程颐（1033—1107）的"仁性爱情"出发，朱子认为："爱是恻隐，恻隐是情，其理则谓之仁。""仁是爱之理，爱是仁之用。未发时，只唤做仁，仁却无形影；既发后，方唤做爱，爱却有形影。未发而言仁，可以包义礼智；既发而言恻隐，可以包恭敬、辞逊、是非。四端者，端如萌芽相似，恻隐方是从仁里面发出来底端。"（《朱子语类》卷二十）"旧看五峰说，只将心对性说，一个情字都无下落。"（《朱子语类》卷五）"李翱复性则是云灭情以复性，则非。情如何可灭？ 此乃释氏之说，陷于其中不自知。"（《朱子语类》卷五九）

朱子批评李翱（772—841）的"灭情以复性"论，批评胡宏（1105—1155，一作1102—1161）"只将心对性说"，凸显情，处理心、性、情的关系，说到底，要在不把性、理混同于和降低为情、气的前提下，解决性、理的实践性问题，尤其是解决道德实践的动力问题，因此，他必须借助于情、气来激活性、理，使性、理变死为活。

朱子认为性是体，是形而上者，情是用，是形而下者，又将孟子四端之说分析为三层：恻隐是情，仁是性，恻隐之心是仁之端，不即是仁。正如刘述先先生所说："朱子则将超越的性理与实然的情气分解为二。"①但另一方面，我们又必须看到，朱子仍不忘记超越、应然的性、理，与内在、实然的情、气的贯通。因此，他才强调

---

① 刘述先：《朱子哲学思想的发展与完成》（增订三版），台北：学生书局，1995年，第220页。

"情不是反于性，乃性之发处"(《朱子语类》卷五九)。仁是性，恻隐是情，恻隐是仁发出的端芽，程子将其譬如为谷种，谷之生生发展的道理是性，发为萌芽是情。朱子说："性对情言，心对性情言。合如此是性，动处是情，主宰是心。大抵心与性，似一而二，似一而二，此处最当体认。""有这样，便发出这情；因这情，便见得这性。因今日有这情，便见得本来有这性。""性不可言。所以言性善者，只看他恻隐、辞逊四端之善则可以见其性之善，如见水流之清，则知源头必清矣。四端，情也，性则理也。发者，情也，其本则性也，如见影知形之意。"(《朱子语类》卷五)

足见朱子虽然有分析、分解的知识理性，将心、性、情三分，或者把性与情按理与气、形上与形下、体与用、未发与已发的层次架构加以二分，但实际上在分析之后仍然统合而言之。既然性是心之理，情是性之动，心是性情之主，那么，我以为，朱子之"心"就不仅仅是一"经验实然之心"①。如果说孟子不讲心性之分界，从超越的层面(或立场)讲心性情的直接统一的话，那么，朱子并不仅仅是从经验实然的层面(或立场)讲心性情的分别与统一的。朱子的"心"是一身之主宰，兼摄体用，兼摄超越形上之性、理与实然形下之情、气。此所谓"一心"，具众理者乃其体，应万事者乃其用，寂然不动者乃其体，感而遂通者乃其用。体即所谓性，以其静者言；用即所请情，以其动者言。朱子之"一心"实际上涵盖形上、形下两层，即此"心"既是超越层面的本然之心，又是经验层面的

---

① 刘述先：《朱子哲学思想的发展与完成》，第197页。

实然之心,是二者之统合。"心"本身一体两面,既存有又活动。实然形下的"心"具有活动作用的能力,由此体现超越形上之"心",但又不是禅宗的"作用见性"。在朱子的"心"论中,特重"志"的导向。"志"为"心之所之",使"心"全幅地趋向一个目的,决然必欲得之,故而人必须立志。

王夫之的"四端非情"论

现在我们再来看王船山的批评意见。总的说来,船山在"四端七情"的问题上,认定四端是性,七情是情,四端"可以心言而不可谓之情";以性为道心,情为人心,批评朱子"恻隐是情""四端皆情"的主张,反对将恻隐之心属之于爱,认为恻隐即是仁,非谓恻隐之可以为仁。

王夫之认为,孟子不曾将情、才与性等量齐观,"言性以行于情、才之中,而非情、才之即性也"。"孟子言'恻隐之心,仁也'云云,明是说性,不是说情。仁义礼智,性之四德也。虽其发也近于情以见端,然性是彻始彻终与生俱有者,不成到情上便没有性!性感于物而动,则缘于情而为四端;虽缘于情,其实止是性。""恻隐即仁,岂恻隐之可以为仁乎?(自注:有扩充,无造作。)若云恻隐可以为仁,则是恻隐内而仁外矣……故以知恻隐、羞恶、恭敬、是非之心,性也,而非情也。夫情,则喜、怒、哀、乐、爱、恶、欲是已。"(《读四书大全说》卷十)船山认为,恻隐等四端之心即是仁义礼智之性体。

王夫之严格区分"四端""七情",严格区别恻隐、羞恶、恭敬、是非之心与喜、怒、哀、乐的界限,指出前者是"道心",后者是"人心":"学者切忌将恻隐之心属之于爱,则与告子将爱弟子之心与食色同为性一例,在儿女情上言仁……恻隐是仁,爱只是爱,情自情,性自性也。""情元是变合之几,性只是一阴一阳之实。情之始有者,则甘食悦色;到后来蕃变流转,则有喜怒哀乐爱恶欲之种种者。性自行于情之中,而非性之生情,亦非性之感物而动则化而为情也。""情便是人心,性便是道心。道心微而不易见,人之不以人心为吾俱生之本者鲜矣。故普天下人只识得个情,不识得性,却于情上用工夫,则愈为之而愈妄。性有自质,情无自质……无自质则无恒体……无质无恒,则亦可云无性矣。甚矣,其逐妄而益狂也!"(《读四书大全说》卷十)足见王夫之对"情"防范甚严,害怕情的泛滥。他把性与情的区别,视为道心与人心的区别。在关于"情"的界定上,他与朱子有较大的分歧。

孟子曰:"乃若其情,则可以为善矣,乃所谓善也。"(《孟子·告子上》)朱注:"情者,性之动也。人之情,本但可以为善而不可以为恶,则性之本善可知矣。"(《孟子集注》卷十一)王夫之直接批评朱子:"《集注》谓'情不可以为恶',只缘误以恻隐等心为情,故一直说煞了。若知恻隐等心乃性之见端于情者而非情,则夫喜怒哀乐者,其可以'不可为恶'之名许之哉!""朱子未析得'情'字分明,故添上'不可以为恶'五字,而与孟子之旨差异。"(《读四书大全说》卷十)按,朱子认为,性如水,情如水之流。情既发,则有善有不善。性即理,自无不善,一旦要作为,则关涉气与情,则有善与不善。朱子认为，天所命于人的理，人生来具有的理，人所受以为性，其主要方面是仁、义、礼、智四者，本只善而无恶。在先验、应然的层面，人性为善。但人有气禀不同，在经验、实然的层面有善有恶。至若四端之情，本于仁义礼智发出来，性善则情亦善，性善则才亦善。

在这里，朱子一方面按孟子的思路，讲本然之性善，由此发出的情亦善，才亦无不善。这是从天命之性讲的。另一方面，朱子又从气质之性上讲，情既发出，则有善有不善；才本是善，但为气所染，故有善有不善。朱子认为，孟子说情、才，是从本然之性上讲的，不如张载、二程讲得完备。张、程从气禀上解释人在经验事实层面上的善恶，气清则才善，气浊则才恶。从气质的层面来说，情、才有善、不善之分。孟子是从大本处理会，二程则兼性与气说，方尽此论。

王夫之批评程子的气禀说，认为"情"既由"性"生，则与"性"有离有合，差别甚大。"情之于性"，犹子之于父、竹之于笋。"喜、怒、哀、乐之与性，一合一离者是也。故恻隐、羞恶、辞让、是非，但可以心言而不可谓之情，以其未发时之所存者，只是一个物事也。性，道心也；情，人心也。恻隐、羞恶、辞让、是非，道心也；喜、怒、哀、乐，人心也。"(《读四书大全说》卷八)未发时的怵惕恻隐与爱亲敬长之心，固然是性；乍见孺子时怵惕恻隐之动于心，也即是性。"发而始有、未发则无者谓之情，乃心之动几与物相往来者，虽统于心而与性无与。即其统于心者，亦承性之流而相通相成，然终如笋之于竹，父之于子，判然为两个物事矣。""大抵不善之所自来，于情始有而性则无。孟子言'情可以为善'者，言情之中者可善，其过、不及者亦未尝不可善，以性固行于情之中也。情以性为干，则亦无不善；离性而自为情，则可以为不善矣。恻隐、羞恶、辞让、是非之心，固未尝不入于喜、怒、哀、乐之中而相为用，而要非一也。"（《读四书大全说》卷八）朱子认为未发是性，已发是情，而王夫之则认为，已发的道德情感也是性，不能把性与情相混淆。四端之心与喜怒哀乐相互作用，但两者毕竟不是一回事。船山警惕着离性之情，坚持四端为性而非情。

朱、王"性情论"之分歧

至此我们不难看出船山与程、朱在性情论上的分歧。对于人在事实经验层面的不善，程、朱是从气禀上解释的，而船山仍然是从情对于性的偏离来立论的。情不偏于性，以性为中心，性行于情之中，则无不善；离开性而自为情，则可以为不善。王船山认为，朱子所谓"情之中节"为善，"不中节"便有不善的提法也是有问题的，因为"中""节"是"性"的功能，非"情"自身有此种功能。"今以怵惕恻隐为情，则又误以性为情，知发皆中节之'和'而不知未发之'中'也。（自注：言'中节'则有节而中之，非一物事矣。性者节也，中之者情也，情中性也。）曰由性善故情善，此一本万殊之理也，顺也。若曰以情之善知性之善，则情固有或不善者，亦将以知性之不善与？ 此孟子所以于恻隐、羞恶、辞让、是非之见端于心者言性，而不于喜、怒、哀、乐之中节者徵性也。有中节者，则有不中节者。若恻隐之心，人皆有之，固全乎善而无有不善矣。""盖以性知天者，性即理也，天一理也，本无不可合而知也。若以情知性，则性纯乎天也，情纯乎人也，时位异而撰不合矣，又恶可合而知之哉？故以怵惕恻隐之心为情者，自《集注》未审之说。观《朱子语录》所以答或问者，则固知其不然矣。"(《读四书大全说》卷八）今查《朱子语类》，朱子仍主张"四端"为情，与《集注》一致。

　　如上所述，朱、王二人对"情"的界定不同，尤对"四端"，朱以为是"情"，王以为是"性"。王船山认为，朱子犯了"以性为情""以情知性"的错误，而性、情分属天、人，这种混淆很可能导致"情"的僭越，"情"对"性"的侵蚀。他认为，如尽其情，则喜怒哀乐爱恶欲炽然充塞，其害甚巨。在这一方面，王船山比朱熹还更加保守。与王船山对"情"之防范相反，朱子之"性情论"，给"情"以相当之地位。因为朱子认识到："情既灭了，性便是个死底性，于我更何用？"(《北溪字义》卷上）朱子借助于"四端"等道德情感作为道德实践的动力。

　　王夫之非常清楚情、才的能动作用，也清楚朱子在对"情"的控御上有独到的工夫论。王夫之与朱子一样，也十分重视"志"和"立志"。但他坚持认为，"情"是无质、无恒、无节的，由情无法知性知天，所以根本上应强调"尽性"。他说："告子之流既不足以见吾心固有之性，而但见夫情之乘权以役用夫才，亿为此身之主，遂以性之名加之于情。释《孟子》者又不察于性之与情有质无质、有恒无恒、有节无节之异，乃以言性善者言情善。夫情苟善，而人之有不善者又何从而生？乃以归之于物欲，则亦老氏'五色令人目盲，五音令人耳聋'之绪谈。抑以归之于气，则诬一阴一阳之道以为不善之具，是将贱二殊，厌五实，其不流于释氏'海沤''阳焰'之说者几何哉？"愚于此尽破先儒之说，不贱气以孤性，而使性托于虚；不宠情以配性，而使性失其节。窃自意可不倍于圣贤，虽或加以好异之罪，不敢辞也。"(《读四书大全说》卷十) 船山主张德性与德气的互动，由于气的参与，道德理性不至于流于虚空，但他不同意情与性的配制，深恐情的波澜导致道德理性的旁落。

船山认为，人之不善，不能归之于物欲，不能归之于阴阳二气五行，不善仍是人的"情"之罪。当然，船山对"情"也有两分法："不善虽情之罪，而为善则非情不为功。盖道心惟微，须藉此以流行充畅也。(自注：如行仁时，必以喜心助之。) 情虽不生于性，而亦两间自有之几，发于不容已者。唯其然，则亦但将可以为善奖之，而不须以可为不善责之。故曰'乃所请善也'，言其可以谓情善者此也。(自注：《集注》释此句未明，盖谓情也。)""功罪一归之情，则见性后亦须在情上用功。《大学》'诚意'章言好恶，正是此理。既存养以尽性，亦必省察以治情，使之为功而免于罪。《集注》云'性虽本善，而不可无省察矫揉之功'，此一语恰合。省察者，省察其情也，岂省察性而省察才也哉！""若不会此，则情既可以为不善，何不去情以塞其不善之原，而异端之说由此生矣。乃不知人苟无情，则不能为恶，亦且不能为善。便只管堆塌去，如何尽得才，更如何尽得性！"(《读四书大全说》卷十)

船山并非排情，他批评释、老"去情"的主张，充分肯定

"情"在为善、尽才、尽性中的功劳。"道心"、道德理性,要靠"情"流行充畅,"情"是道德理性的动力。他同意宋儒倡导的修养工夫,即以省察治清,防止"情"的泛滥,避免流于不善。在这两方面,船山与朱子其实都是一致的。船山之所以批评朱子,乃是认为孟子"乃若其情,则可以为善,乃所谓善也"(船山有时断为"情则可以为善,乃所谓善也"),是专就"尽性"而言的,朱注"四端即情"的主张,混淆了性与情的界限,走的是一条"以性为情""以情知性"的路子,否定了"性"是彻始彻终地伴随、调节、指导"情"的。因为"性"有自质、恒体、节度,"性"自然行于"情"中,不是"性"生出"情",而是"性"感物而化为"情"。然而"情"则无质无恒无节,蕃变流转,逐妄而益狂。这样,把"恻隐"等"四端"释为"情",就十分危险。船山说,孟子性善情善论,是专就尽性而言,他自己所谓"不善者情之罪",只是专就不善者而言的。孟子"道其常",而他本人则"尽其变"。他认为"情之本体",如杞柳、湍水,居于为功为罪之间,无固善固恶,靠人的修养而引导、决定。根本上,他是以"尽性"为本,主张"奉性穷理""奉性尽心"的路线,"尽性"的工夫就是"存养""省察"。船山并不把情绪、情感划分为道德情感与非道德情感,情就是情,性就是性。

程颢(1032—1085)、程颐都以恻隐、四端为"情"。朱子认为:"四端是理之发,七情是气之发。"问:"看得来如喜怒爱恶欲,却似近仁义。"曰:"固有相似处。"(《朱子语类》卷五十三)由此看来,程、朱都认为,四端与七情均是情,但为两种有区分的情。一为理之发,一为气之发。朝鲜李朝的性理学者有所谓"四七之辨",李退溪(1502—1571)以四端为纯善,而七情则善恶未定,把情分为本然之情与气质之情。李栗谷(1536—1584)则认为,四端之情与七情之情并无不同,均是气发,气发则理乘之①。看来船山与他们都有不同,他否定四端为"情",把道德理性的未发、已发都执定为"性",由性情之分别来区分四端与七情。他认为,性行于情之中,恻隐、羞恶之心(性)常常入于喜怒哀乐(情)之中,并以后者为用。不离性之情为善,离性之情则为不善。

朱、王"情才论"的比较

在朱子看来,情、才与人性的本体有着密切的联系,性与情、才亦是不离不杂的。朱子、船山在讨论《孟子·告子上》的"若夫为不善,非才之罪也"这句话及相关段落时,均有不少发挥。朱子认为,才与情一样,也是性中所出,因而无不善,但为气所染,故有善不善。

"问:'情与才何别?'曰:'情只是所发之路陌,才是会恁地去做底。且如恻隐,有恳切者,有不恳切者,是则才之有不同。'又问:'如此,则才与心之用相类?'曰:'才是心之力,是有气力去做底。心是管摄主宰者,此心之所以为大也。心譬水也;性,水之理也。性所以立乎水之静,情所以行乎水之动,欲则水之流而至于滥

---

① 参见杨祖汉:《儒家的心学传统》,台北:文津出版社,1992年,第三章。

也。才者,水之气力所以能流者,然其流有急有缓,则是才之不同。伊川谓'性禀于天,才禀于气',是也。只有性是一定。情与心与才,便合着气了。心本未尝不同,随人生得来便别了。""性者,心之理;情者,心之动。才便是那情之会恁地者。情与才绝相近。但情是遇物而发,路陌曲折恁地去底;才是那会如此底。要之,千头万绪,皆是从心上来。"(《朱子语类》卷五)

朱子批评了"才出于气,德出于性"的说法,重申"才"也是"性"中出的,德也是有是气而后有是德。有才能的人出来做事业,也是他性中有了,便出来做得。但温厚笃实便是德,刚明果敢便是才。他认为,人的才能与才气之所禀的多寡有关。他又认为,能为善而本善者是才。他不同意"能为善便是才"的说法,因为按这种说法,则"能为恶亦是才"(《朱子语类》卷五)。在这里,朱子不承认偏离道德理性的能力是所谓"才"。那么,是不是"才"就没有善恶呢? 朱子对这个问题有两层的分析,其大意是,就天命之性而言,"才"无不善,就气质之性而言,"才"有善有恶。

"问:'孟子言情才皆美,如何?'曰:'情本自善,其发也未有染污,何尝不善。才只是资质,亦无不善。譬物之白者,未染时只是白也。'""孟子言才,不以为不善。盖其意谓善,性也,只发出来者是才。若夫就气质上言,才如何无善恶?""问:'孟子论才专言善,何也?'曰:'才本是善,但为气所染,故有善、不善,亦是人不能尽其才。人皆有许多才,圣人却做许多事,我不能做得些子出。故孟子谓:'或相倍蓰而无算者,不能尽其才者也。'"(《朱子语类》卷五十九)

朱子认为，孟子言才，正如言性，是本然的，不如程子分理气来说才。孟子专指出于"性"之"才"，程子兼指其禀于气者言之。才之初无不善，但人之气禀有善恶，故其才也有善恶。"孟子自其同者言之，故以为出于性；程子自其异者言之，故以为禀于气。大抵孟子多是专以性言，故以为性善，才亦无不善。到周子、程子、张子，方始说到气上。要之，须兼是二者言之方备。"（《朱子语类》卷五十九）

程子以气之清浊论才之清浊。朱子指出，性、气虽同出于天，但性是形而上者，气是形而下者，故性无不善，而才有善有不善。情、才同出于性，同属于心。情才显性，即在道德实践的过程中，情才都具有能动性，使道德本性展示出来。但情是动，才是力，情是感动、发抒，才是才质、才能、能力、气力。"才"能使"事业"成就出来。

就"心"之具性而统性，显性而统情才而言，就情、才本于性、出于性、显示性而言，就以上下两层说明情才之善与不善而言，船山与朱子并没有什么分歧。王夫之说："唯性生情，情以显性，故人心原以资道心之用。道心之中有人心，非人心之中有道心也。则喜、怒、哀、乐固人心，而其未发者，则虽有四情之根，而实为道心也。"（《读四书大全说》卷二）

"才之所可尽者，尽之于性也。能尽其才者，情之正也；不能尽其才者，受命于情而之于荡也。惟情可以尽才，故耳之所听，目之所视，口之所言，体之所动，情苟正而皆可使复于礼。亦惟情能屈其才而不使尽，则耳目之官本无不聪、不明、耽淫声、嗜美色之

咎，而情移于彼，则才以舍所应效而奔命焉。"（《读四书大全说》卷十）

"盖恻隐、羞恶、恭敬、是非之心，其体微而其力亦微，故必乘之于喜怒哀乐以导其所发，然后能鼓舞其才以成大用。喜怒哀乐之情虽无自质，而其几甚速亦甚盛。故非性授以节，则才本形而下之器，蠢不敌灵，静不胜动，且听命于情以为作为辍，为攻为取，而大爽乎其受型于性之良能。"（《读四书大全说》卷十）

"情以御才，才以给情。情才同原于性，性原于道，道则一而已矣。一者，保合和同而秩然相节者也。始于道，成于性，动于情，变于才。才以就功，功以致效，功效散著于多而协于一，则又终合于道而以始，是故始于一，中于万，终于一。"（《周易外传》卷四）

按，船山指出，心包含了情、才，性行于情、才之中。心感于物而动，喜怒哀乐乘机而起，是谓"情"；情起以后，耳目心思效其能，以成乎事者，谓之"才"。人的气质之应物、显性的能力是"才"。"由情才显性，而见气之载理。气之载理为心，理为性，故情才皆原于性，皆统于心，皆出于气也。"① 就"性与才"的关系而言：受命于天，静而无为的本体是"性"，成之于人，动而有为的功用是"才"。就"性情才"的关系而言："才"靠"情"启动，"情"靠"性"调节；有"才"方能显性于情；"情正"可以尽才，因而尽性；"情不正"则屈才，因而不能尽性。"情"是"才"与"性"之间

---

① 唐君毅：《中国哲学原论（原教篇）》，《唐君毅全集》卷十七，台北：学生书局，1990年，第570页。

的中间环节。"情以御才",似乎是指人的智力才干(今人或谓"智商")受到情感世界(今人或谓"情商")的调控。"才以给情",似乎是指智力才干对情感生活的辅助,帮助情感乃至人的本性的实现与目标的达成。"才以就功",则是"尽才"所取得的"尽性"的功劳、效果。这个公式似乎是:

船山以张载"即气以言心性"的思路,指出人之不善,原因不在"气质"或"气质之性",而在流乎情、交乎才者之不正。这一点与程、朱的思想稍有不同。他认为,"舍气适足以孤性",因而重视表现于生命之气的情、才。但如上所述,船山在"性情论"上,有时显得比朱子更保守,例如在"四端之心"的非"情"说上,恪守"性"的纯洁性,不容掺假,认定"情"是不善的根源,批评朱子"以性为情""以情知性"。他不主张"贱气以孤性",又肯定喜怒哀乐等"人心"对于仁义礼智等"道心"的辅助作用,但强调见性之后,才能再使用情,绝不能"宠情以配性"。由王船山对李贽(1527—1602)的批判和咒骂,亦可以看出他对"情"之泛滥的深恶痛绝。船山关于正情、尽才而尽性的看法,则与朱子并无大的不同。但在"心、性、情、才"的论说上,船山偏重于以道德理性之"性"为轴心,从"性""气"二本论出发说明问题,而朱子则偏重以"心""性""情"之一体三分来说明问题。要完整地理解朱子与船山心性论的异同,还必须涉及"气禀说"与"性习论",在这些方面,二者分歧较大。船山批评程、朱的"气禀说",强调"习与性成","性日生日成",以另一种工夫论,对治"宠情"的偏失。

朱、王的"气禀说"与"性习论"

关于人性物性的不同,人之道德善恶、智慧高下的区别,程朱以"气禀"之说来加以解释。就人而言,朱子说:"人所禀之气,虽皆是天地之正气,但滚来滚去,便有昏明厚薄之异。盖气是有形之物。才是有形之物,便自有美有恶也。"(《朱子语类》卷四)人所禀之气有昏明清浊的差别,"故上知生知之资,是气清明纯粹,而无一毫昏浊,所以生知安行,不待学而能,如尧舜是也。其次则亚于生知,必学而后知,必行而后至。又其次者,资禀既偏,又有所蔽,须是痛加工夫,'人一己百,人十己千',然后方能及亚于生知者。及进而不已,则成功一也"。"有是理而后有是气,有是气则必有是理。但禀气之清者,为圣为贤,如宝珠在清冷水中;禀气之浊者,为愚为不肖,如珠在浊水中。所谓'明明德'者,是就浊水中揩拭此珠也。"(《朱子语类》卷四)

"气质之性"是合理与气而说的。朱子认为,一说到性,就落于气,就不是本原的"性"了,即不是理想的、本体的"理"了。"天命之性"或"本然之性"指我们今天所说的理想的人,或人的理想状态;"气质之性"指我们今天所说的现实的人,或人的现实状态。人有此形体,有知觉感应,有现实功利的要求。现实中人既因"天命之性"有道德的要求,又因本身即感性物质的存在而有现实的种种需要和欲求,这是混杂在一起的。从本体理境来说,人之理想的、本体的状态并无不同。但人在现实上的善恶、智愚的区别,在一定意义上是由于人之"气禀"的不同造成的。朱子指出,气禀的多样性、复杂性,尚不是"清浊"二字可以概括的,例如有清而不醇者,有醇而不清者等等。他又说:"'死生有命'之'命'是带气言之,气便有禀得多少厚薄之不同。'天命谓性'之'命',是纯乎理言之。然天之所命,毕竟皆不离乎气。但《中庸》此句,乃是以理言之。孟子谓'性也,有命焉',此'性'是兼气禀食色言之。'命也,有性焉',此'命'是带气言之。性善又是超出气说。"(《朱子语类》卷四)朱子把圣、贤、愚、不肖、贵贱、贫富、死生、寿夭等归结为禀气之不同,不免有"命中注定"的意思,因而遭到王夫之的批评(详下)。

关于"继善成性",朱子说:"才说性时,便有些气质在里。若无气质,则这性亦无安顿处。所以继之者只说得善,到成之者便是性。"(《朱子语类》卷四)关于"性相近也,习相远也",朱子说:"此所谓性,兼气质而言者也。气质之性,固有美恶之不同矣。然以其初而言,则皆不甚相远也。但习于善则善,习于恶则恶,于是始相远耳。"关于"唯上知与下愚不移",朱子说:"人之气质相近之中,又有美恶一定,而非习之所能移者。"(《论语集注》卷九)朱子认为,"性相近",是从气质之性上说,通言善恶智愚之相近。但"上智、下愚"是指人之中相隔悬绝者说的。如尧、舜与桀、纣,是不可移者。但程、朱都肯定"无不可移"。朱子所谓"气质相近之中,又有一定而不可易者",容易造成误会,门生亦提出怀疑。朱子解释说:"盖习与性成而至于相远,则固有不移之理。然人性本善,虽至恶之人,一日而能从善,则为一日之善人,夫岂有终不可移之理! 当从伊川之说,所谓'虽强戾如商辛之人,亦有可移之理'是也。"(《朱子语类》卷四十七)这就留有一定的余地,表明朱子并不是把人之气质之性执定为初生之顷的。

王船山对程朱的"气禀"说,特别是对朱子的"有生之初,气禀一定而不可易者"之论提出异议。他在《读四书大全说》中指出:"先儒言有气禀之性。性凝于人,可以气禀言;命行于天,不可以气禀言也。如稻之在亩,忽然被风所射,便不成实,岂禾之气禀有以致之乎? 气有相召之机,气实召实,气虚召虚;禀有相受之量,禀大受大,禀小受小。此如稻之或早、或迟,得粟或多、或少,与疢原不相为类。风不时而粟虚于穗,气不淑而病中于身,此天之所被,人莫之致而自至,故谓之命,其与气禀何与哉! 谓有生之初,便栽定伯牛必有此疾,必有此不可起之疾,唯相命之说为然,要归于妄而已矣。""天无一日而息其命,人无一日而不承命于天,故曰'凝命',曰'受命'。若在有生之初,则亦知识未开,人事未起,谁为凝之,而又何大德之必受哉?""只此阴变阳合,推荡两间,自然于易简之中有许多险阻。化在天,受在人。其德,则及尔出王游衍而为性;其福,则化亨生杀而始终为命。(自注:德属理,福属气。)此有生以后之命,功垺生初,而有生以后之所造为尤倍也。""天命无心而不息,岂知此为人生之初,而尽施以一生之具;此为人生之后,遂已其事而听之乎? 又岂初生之顷,有可迓命之

资;而有生之后,一同于死而不能受耶? 一归之于初生,而术数之小道由此兴矣。"(《读四书大全说》卷五)

船山借《论语·雍也》"伯牛有疾"章,诠释了如此一大篇文章,直接批评了"气禀"说、"命定"论的错误,指出人或物在自身的发展中,遇到诸多客观因素的制约,也有一些发展的契机。其中,有偶然的灾异的降临,是人无法预料、抗拒或规避的,这可以称为"命",但这于人、物之初所禀之气毫无关系。天地之气变化日新,人受天地之气的影响,与天地之气相感通,不仅仅在初生之时,亦在已生之后。人的德性、知识、福命也在不断变化之中,绝不是固定不变的。

在《尚书引义·太甲二》中,王夫之说:"习与性成者,习成而性与成也。使性而无弗义,则不受不义;不受不义,则习成而性终不成。使性而有不义,则善与不善,性皆实有之;有善与不善而皆性,气禀之有,不可谓天命之无。气者天,气禀者禀于天也。故言性者,户异其说。今言习与性成,可以得所折中矣。"

"夫性者生理也,日生则日成也。则夫天命者,岂但初生之顷命之哉! 但初生之顷命之,是持一物而予之于一日,俾牢持终身以不失。天且有心以劳劳于给与人,而人之受之,一受其成形而无可损益矣。"

"夫天之生物,其化不息。初生之顷,非无所命也。何以知其有所命? 无所命,则仁、义、礼、智无其根也。幼而少,少而壮,壮而老,亦非无所命也。何以知其有所命? 不更有所命,则年逝而性亦日忘也。"

"形化者化醇也,气化者化生也。二气之运,五行之实,始以为胎孕,后以为长养,取精用物,一受于天产地产之精英,元以异也。形日以养,气日以滋,理日以成;方生而受之,一日生而一日受之。受之者有所自授,岂非天哉? 故天日命于人,而人日受命于天。故曰性者生也,日生而日成之也。"

"生之初,人未有权也,不能自取而自用也。惟天所授,则皆其纯粹以精者矣。天用其化以与人,则固谓之命矣。生之后,人既有权也,能自取而自用也。自取自用,则因乎习之所贯,为其情之所歆,于是而纯疵莫择矣。"

"周子曰:'诚无为。'无为者诚也,诚者无不善也,故孟子以谓性善也。诚者无为也,无为而足以成,成于几也。几,善恶也,故孔子以谓可移也。"

"有在人之几,有在天之几。成之者性,天之几也。初生之造,生后之积,俱有之也。取精用物而性与成焉,人之几也。初生所无,少壮日增也。苟明乎此,则父母未生以前,今日是已;太极未分以前,目前是已。悬一性于初生之顷,为一成不易之形,揣之曰:'无善无不善'也,'有善有不善'也,'可以为善可以为不善'也,呜呼! 岂不妄与!"(以上均见《尚书引义》卷三)

王夫之批评告子、世硕等人的人性论,坚持孟子的性善论,但他是从"气"与"习"的角度加以论证的。也就是说,他把一个终极性的、形而上的、先验的、理想的人性问题,坐实在气化日生、天命流行的宇宙论背景上和现实性的、形而下的社会人生之中,从而对程朱的"气禀说"提出挑战。既然气禀是禀于天的,那么人的气质之性也就不断地接受变化着的天的指令，从而不断地积累、习行，趋而之善，改恶从善。从这个意义上说，人不断地接天地氤氲之气，人性不断地在后天习行实践中生成长养，因而突破了初生时的状态，日生而日成。气质之性本来就与天命之性相即不离，"变化气质"也就促成了人性的理想性的不断实现。

王夫之的"习与性成""性日生日成"论并未脱离宋明学术的主潮，只是他以一种"尊生""明有""主动""率性"的立场来讲存心养性①，其目的是道德理性的与日俱进，直到至善的境界。所以他说："天命之谓性，命日受则性日生矣。目日生视，耳日生听，心日生思，形受以为器，气受以为充，理受以为德。取之多、用之宏而壮；取之纯、用之粹而善；取之驳、用之杂而恶；不知其所自生而生。是以君子自强不息，日乾夕惕，而择之、守之，以养性也。于是有生以后，日生之性益善而无有恶焉。"（《尚书引义》卷三）王夫之使程朱的人性论带有了生机活泼的气象，而更忠实于儒家自强不息的理念与刚健有为的精神。

在解释孟子的"集义"时，王夫之说："义，日生者也。日生，则一事之义，止了一事之用；必须积集，而后所行之无非义。气亦日生者也，一段气止担当得一事，无以继之则又馁。集义以养之，则义日充，而气因以无衰王之间隙，然后成其浩然者以无往而不浩然也。"（《读四书大全说》卷八）足见气的参与，善的积累，后天的实

---

① 参见熊十力：《十力语要》卷一，《熊十力全集》第四卷，武汉：湖北教育出版社，2001年，第140页。

践,对于人性养育具有莫大的意义。

船山批评程子把人性分作两截说,把人之有恶,举而归之于气禀:"孟子说性,是天性。程子说性,是己性,故气禀亦得谓之性。乃抑云'性出于天,才出于气',则又谓气禀为才,而不谓之性矣。天惟其大,是以一阴一阳皆道,而无不善。气禀唯小,是以有偏。天之命人,与形俱始。人之有气禀,则是将此气禀凝著者性在内。孟子所言,与形始者也。程子所言,气禀之所凝也。《易》云'成之者性',语极通贯包括,而其几则甚微。孟子重看'成之者'一'之'字,将以属天,然却没煞'继之者善'一层,则未免偏言其所括,而几有未析也。(自注:孟子英气包举,不肯如此细碎分剖。)程子重看一'成'字,谓到成处方是性,则于《易》言'成之者'即道成之,即善成之,其始终一贯处,未得融浃。"(《读四书大全说》卷八)王夫之在这里也批评了孟子没有重视"继之者善"一层。

比较孟子与程子,船山认为,程子把气禀属之人,主张人一受成形而莫能或易,而孟子以气禀归之天,主张"莫非命也",由此也可以诠释为"终身而莫非命也,莫非性也",时时处处成性,时时处处继善。船山指出:"后天之性,亦何得有不善?'习与性成'之谓也。先天之性天成之,后天之性习成之也。乃习之所以能成乎不善者,物也。夫物亦何不善之有哉?(自注:如人不淫,美色不能令之淫。)取物而后受其蔽,此程子之所以归咎于气禀也。虽然,气禀亦何不善之有哉?(自注:如公刘好货,太王好色,亦是气禀之偏。)"(《读四书大全说》卷八)

王夫之认为,"物""习"均有正面价值与负面价值。人的后天行为，如果得其正位，则"物不害习""习不害性"，"物""习"反而可以促成"性"的养育；如果不得正位，则"物以移习于恶而习以成性于不善"。不善不能归咎于气禀，不能归咎于我之形色，也不能归咎于外物之形色，而应归咎于我之形色与物之形色往来相遇的"时""地""几"之不当。也就是说，船山重视主客、物我交往的时间、空间、契机之"当"否、"正"否。这就从心性论走向了社会学，考虑到正当性的问题。他的结论是："故唯圣人为能知几。知几则审位，审位则内有以尽吾形、吾色之才，而外有以正物形、物色之命，因天地自然之化，无不可以得吾心顺受之正。如是而后知天命之性无不善，吾形色之性无不善，即吾取夫物而相习以成后天之性者亦无不善矣，故曰'性善'也。呜呼，微矣！"（《读四书大全说》卷八）

在"气化日新"的论域里，船山把"性善论"扩而充之为形上形下两层：第一，天命之性（天所成就的先天之性，或天所赋予人的道德理性）无不善，这是孟子学的道德形上学的原始意义；第二，形色之性（或气质之性，即习行所成就的后天之性，或人的实践理性）无不善，这是在程朱的人性论、工夫论基础上的一个歧出或飞跃。但由性善言情、才善，是从形上纵贯到形下，由超越层到经验层；相反，由情、才善，进而由气善，由形色善而反过来讲性善，这在理论上尚值得探讨。人的现实性，或经验事实上的人有善有恶，是孔孟都承认的。孟子也提供了"尽心知性知天""存心养性事天""志壹则动气，气壹则动志""存夜气""善养吾浩然之气""践形"的思路。程朱为区别告子至韩愈的人性论，并合理地说明人之性善和在现实上的不善，采用"性善"与"气禀"，或"天命之性"与"气质之性"的两层说法，但这些说法，特别是气禀之说，难以圆融而易流于宿命论。船山的"形色之性无不善"之论亦有理论漏洞，但平心而论，其所张扬的是儒家"日新之谓盛德""生生之谓易"的变化日新的精神，在人性论之变革、实践上具有积极意义。王夫之肯定知几、审位、践形，强调人性养成的动态性、历史性、实践性，在道德养成与实践的理论上更具有开放性与可行性。在"性习论"上，他以犀利的、灵光四射的笔触，刷新了儒家的实践伦理学，打开了返虚为实的外王学径路。

（本文因篇幅太大，曾分成两文发表：主体部分原题《朱熹与王夫之的性情论之比较》，原载《文史哲》2001年第3期，中国人民大学复印报刊资料B5《中国哲学》2001年第9期全文转载；最后一节原题《朱熹与王夫之在气禀说与性习论上的分歧》，原载《朱子研究》2001年第1期。）

附 录

熊、冯、金、贺合论

一

熊十力(1885—1968)、冯友兰(1895—1990)、金岳霖(1895—1984)、贺麟(1902—1992)哲学是"后五四时期"(20世纪30—40年代)中国非马克思主义哲学的最高成就。

熊、冯、金、贺哲学出现的文化背景是19世纪末至20世纪初,特别是"五四"时期,在激烈的文化冲突中产生的以现代批评传统和以传统批评现代的双向互流的文化思想运动。正是在这样的文化背景下,通过对中外文化精髓的深层反省,他们摆脱了情绪化的对峙,开始了真正意义上的"新的综合",即在吸收融化、超越扬弃中外文化遗产的基础上,重建民族文化精神。

熊、冯、金、贺哲学出现的时代背景是百多年来深重的民族危机,尤其是贞下起元、民族复兴的抗日战争时期。正是在这样的时代背景下,在艰难困苦、颠沛流离之际,他们满怀深挚而悲愤的忧患意识和中华民族必定复兴的坚定信念,发愤创制了各具特色的民族化的哲学体系,在吸纳古今中、西、印思想资源的基础上,挺立了民族文化的主体性,为传统哲学的现代化做出了难能可贵的探索。

熊、冯、金、贺共同的、终极的关怀是重建中国哲学，尤其是它的形而上学。他们面临的、必须作出回应的主要有三大问题：

第一，如何从哲学层次上论证中国社会与中国文化的现代化。这是外王学的问题。他们批评了"中体西用""全盘西化""本位文化"诸论，并予以理论上的提升。

第二，在欧风美雨冲刷之后，如何重新寻找我们民族失落了的精神家园，重新确立传统知识分子对于宇宙、人生的根本意义的终极信念。这是内圣学的问题。回答这个问题，不仅对于我们民族具有特殊的意义，而且对于整个人类和世界文化也具有普遍的价值。中国文化价值系统的崩坏、意义结构的解体和自我意识的丧失，集中表现在传统哲学的、宗教的或准宗教的形上世界观的迷失。"五四运动"对传统文化的冲击，留下了一大片精神或心理空间，转手稗贩来的肤浅芜杂的西学，无法从根本上救治人们无所依归、无所适从的精神或心理危机，即信念、价值、存在与形上的迷惘。在对中、西、印文化精神反思的基础上，批判继承中国人过去赖以安身立命的终极根据，并且在新时代的背景下予以创造性的转化，发掘其现代意义，论证"人是什么"和"人之所以为人之道"，不仅能寻找一条生路来挽救中国文化的危机，而且能寻找一条生路来挽救现代人的"存在的惶惑"，尤其是对于西方世界出现的工具理性的膨胀、人文价值的丧失、道德意识的危机、生命本性的困惑，能够起到补偏救弊的作用。特殊的中国文化之精神价值对于现代世界和现代人类仍具有普遍的意义。

第三，能否重新使中国哲学挺立于世界现代文化之林，使之与当代世界各种思潮对话，取决于中国哲学家能否现代化地建构我们固有的文化精神、哲学智慧。这是中国哲学自身建设的问题。这种建构、阐释或表达，必须摆脱注经或解经传统，但又不能完全抛弃传统哲学有益的概念、范畴；必须部分地摆脱原有的语言和方法，使用新的语言表达和方法论架构，具有冷峻的理性思辨和严整的体系，但又不能阉割传统哲学的骨髓和风貌、活的精神和丰富的情感；必须从深层次上把握中、西、印哲学之本质特点，而又不能没有哲学家个人的创见、卓识，不能没有自己独立完整的哲学思想系统和独特的风格。

以上三方面，就是熊、冯、金、贺哲学所以为作、所以能作和所以这么作的共性前提。而他们所以为作、所以能作、所以这么作的个性前提，乃与他们各自的性格、气质、人生体验、生活经历、学养、知识结构、学术路向、风格、境界及各人所处的不同的文化环境和文化共同体有关。

二

熊十力哲学的中心范畴是"本心""仁体"，范畴体系围绕"体与用"而展开。他的"本体"，不是僵死、机械、外在、无根的"自然本体"，不是与人的活动脱节的、虚构的"精神本体"，而是现实、能动、刚健、有活力的人类"生命本体"。此体即是本体即是主体即是现象即是功能。熊氏的"体用不二"将宇宙人生打成一片，合天地万物于一体，强调了人之生命与宇宙大生命的有机、动态的整合，进而认定生生不息，翕辟开阖的宇宙本原即是吾人之真性，即人之所以为人之真宰。

熊氏借鉴王船山哲学，"尊生以箴寂灭，明有以反空无，主动以起颓废，率性以一情欲"，通过"举体成用""称体起用""立体开用""由用显体"的论证，突出了生命本体的实有性、能动性、流衍性，使之成为一切文化活动、一切文化成果、一切文化价值的真实的根源。熊氏以这种方式探讨了人的本体论的地位和关于最高存在的思想，以人文主义的自觉，维护了"人道之尊"，高扬了人的主体性和创造性，肯定了现世的、刚健进取的人生态度。这就把中国传统本体论与西方前现代哲学本体论所强调的"存在"之静止的自立性和"存在"高居于超越界，与表象世界截然二分的思想模式的差异凸显出来。

熊氏哲学在外王学上继承谭嗣同、章太炎的理路，结合自己亲身参加辛亥革命的实践体验，借助心学和佛学，彰显个性、能动性和自由，主张舍故趋新、不守故常，努力从传统思想资源里寻找"科学、民主、革命、社会主义"的根芽。

熊氏形上学的路数，大体上是孟子-陆王的路数，同时综合了佛学的变化观、周易哲学的生生不已之论，把客体面的大化流行，建基于主体面的日新其德。他的哲学洋溢着勃勃生机。他虽然也间接地受到柏格森、倭伊铿哲学的影响，但严厉批判西方生命哲学把本能、欲望、冲动等与形骸俱始的习气看成是生命力的本质。熊氏挺立人的道德主体，强调自我本然的道德心性（良知）的自我觉醒和自家体贴的个人生命体验,将文化生命或精神生命实存地投射或推扩到天地万物中去。在一定意义上,我们甚至可以说,熊氏哲学是生命体验型的道德形上学。

三

与熊十力一样,冯友兰亦以人文的自觉,批评了唯科学主义的误导。冯氏尤其能对维也纳学派"拒斥形上学"的运动作出辨析,指出,中国传统哲学的形上学,是好的、真正的形上学,它看起来不切实用,然而它却能提高人的境界,指导人生,给人以安身立命、乐天知命之根据,使人受用无穷。这是无用之用,是乃大用。经过现代哲学的洗礼,传统形上学完全可以发扬光大。

冯友兰哲学的中心范畴是"理""气""道体""大全",范畴体系围绕"理与气"而展开。他的形上学的路数,大体上是《易》《庸》-程朱的路数。他的特点是以柏拉图、新实在论哲学,以西方的逻辑分析方法来重建程朱理学,凸显了逻辑先在的理世界的主宰性。虽然同是重建道德的形上学,却与熊氏恰恰构成对立的两极。

如果说,熊氏哲学主要讨论的是"本体与主体""主观与客观"的关系的话;那么,冯氏哲学主要讨论的则是"共相与殊相""一般与个别"的关系。熊氏主张"一本",冯氏主张"二分"。熊氏强调的是本体(仁、心)的主体性、自由、个性;冯氏强调的是本体(理世界)的客体性、必然、共性。冯氏的这种倾向,与他访学欧美,体验到的从传统到现代变革的世界大势和人类文明的发展大道有关。冯氏哲学表现出理性的峻峭冷静。

在外王学层面上，这两种哲学其实殊途同归。它们是从不同的角度为中国社会的现代化（即冯氏所说的"中国到自由之路"）作论证。冯氏似乎有意回避近代以来高扬主观能动性以弥补动力不足的老路，而另辟新途，从强调人类社会与人类文化发展的共同规律的角度，论证中国的出路在于由家庭为本位的社会转变为以社会为本位的社会。实现这一转变的关键是产业革命、工业化、生产力的发展。这样来"别共殊"，使我们在学习外国的问题上持科学的态度，避免教条主义地全盘照搬。因为我们学习的是各民族文化在现代化过程中带有普遍性的东西，如商品生产、科学精神与科学方法、民主制度等等，而不是学习对方特殊的个性层面的内容与形式。共相是必须学的，也是可能学的；殊相是不可能学的，也是不必学的。按这样一个逻辑推导，民族性、个性是当存而不当去者。梁漱溟《中国文化要义》批评冯友兰《新事论》过于强调了"中西之分"大都是"古今之异"，认为"中西之分"确实还有一个"中外之别"的问题，即民族文化的个性、特殊性的问题①。冯氏一生反思的是"旧邦新命"，一方面保持旧邦的同一性和个性；另一方面促进现代化（新命）的实现。他时而强调这一面，时而强调那一面。在冯、梁反思的基础上，科学地、辩证地认识共相与殊相问题，可以使我们更好地体认和处理民族化与现代化的关系。

在内圣学层面上，熊十力重视人之所以为人以及人对生命境界

---

① 见梁漱溟：《中国文化要义》，成都：路明书店，1949年，第29—39页。

的独特体验，冯友兰（包括金岳霖）重视的则是人之所以为人以及人的修养的普遍性问题。因此，冯氏没有选择当下呈现良知的路数，而选择了比较平实的、低层次的、格物穷理的路数，通过道德知识的途径和修养工夫，达到本体境界。这个路子具有较大的普遍性和适用性。

冯友兰认为，本体是共相，是有层次的、人之所共由的做人之理、之道。熊十力则强调"本体非共相"，意即本性即性即心即理、亦主亦客、即存在即活动，而不是客观、静态、只存在不活动的。他批评"金、冯二人把本体当做他思维中所追求的一种境界来想。所以，于'无极而太极'，胡讲一顿"①。"本体不可作共相观，作共相观，便是心上所现似的一种相，此相便已物化，而不是真体显露。所以说，本体是无可措思的。"②按照熊氏的解释，本体不是理智或知识的对象，不是抽象的一般，不可用理智相求，而只能契悟、冥会、亲证、实践。

按冯氏的路数，道德秩序和宇宙秩序具有客观性。宇宙、人伦，万物各类，都有分别遵循的原理（道），也有整体的原理（道）。事物若要保持完善的状态，它的运行必须在恰当的地位、限度和时间中进行，人的欲望和情感都满足和表现到恰当的限度。然而并不是所有的人都能遵循这些道和理，因此，必

---

① 熊十力：《复居浩然论本体》（1938年3月19日），《熊十力全集》第八卷，武汉：湖北教育出版社，2001年，第409页。
② 熊十力：《新唯识论》语体文本，《熊十力全集》第三卷，武汉：湖北教育出版社，2001年，第94页。

须通过道德知识和道德教育的作用,使人们觉悟,在日常人伦中穷理尽性,最终达到崇高的精神境界。

在一定意义上,我们不妨说,冯友兰哲学是主知主义的道德形上学。形上与形下、理与气、心与性理暂时分离,然后统一起来。理气不离不杂,先分疏,后整合。这种分析型的道德形上模式,强调道德修养、道德境界提升的层次、模型、标准、规范,显得有理性、有秩序。这就为我们提供了进一步分析事实判断与价值判断、实然问题与应然问题的契机。冯氏讲理气形上学,其良苦用心乃在于改造传统笼统、浑沌、以价值取代事实的思维模式,具有现实意义。

相比较而言,陆王-熊氏之生命体验的道德形上学,对于人们道德行为之内的根据的善良意志等等人性之正面要素,过于地理想化了,强调的是一种自主自律的道德,欣赏当下即是、顿然超悟地把握本体,将人提升到真实本然的高层面;程朱-冯氏之主知主义的道德形上学,在重视人性之正面的同时,似乎对于人性之负面有所警醒,在重视自主自律的道德的同时,又正视道德他律,希冀通过现实自然的低层面,有秩序地上升到道德理想的境界。前者即工夫即本体,后者通过工夫达到本体。前者是逆觉之道,后者是顺取之道。两者并行而不相悖,并育而不相害。

实际上,两者的界限并非那么严格。冯友兰哲学最有生命力的地方并不是枯燥的、略嫌呆板的理、气、道体、大全的推衍,而是他的人生哲学;不是他的正的(分析)方法,而是他的负的（体认）方法。所以，他的哲学也不能完全归于主知主义的道德形上学。

广义地说，冯友兰其人其书，整个地是一部人生哲学；狭义地说，他的人生哲学包括早年的《人生哲学》、中年的《新原道》《新原人》、晚年的《中国哲学史新编》关于原始儒、道、玄学、禅宗和宋明道学之境界的体悟。

冯友兰早年指出："哲学之目的，既在确定理想人生，以为吾人在宇宙间应取之模型及标准，则对于宇宙间一切事物以及人生一切问题，当然皆须作甚深的研究。严格地说，吾人若不知宇宙及人在其中之地位究竟'是'如何，吾人实不能断定究竟'应该'如何。所以凡哲学系统至少必有其宇宙论及人生论。"[①]这还是"正的方法"。在《新理学》之后，冯氏始重视被道家和禅宗推至其极的"负的方法"。在《新知言》中，他指出："哲学是对于人生底，有系统底，反思底思想。""形上学是哲学中底最重要底一部分。因为它代表人对于人生底最后底觉解。这种觉解，是人有最高底境界所必需底。"[②]按冯氏的解释：反思的思想是以人生为对象的，在人生中思想人生的思想，是反思的思想。反思到极致，当然必须超越逻辑、超越经验。但是哲学家必须有系统地表达人类精神的反思，又必须使用逻辑分析方法。正的方法与负的方法并不矛盾，倒是相辅相成的。

---

① 冯友兰：《三松堂全集》第1卷，郑州：河南人民出版社，1985年，第353页。
② 冯友兰：《三松堂全集》第5卷，郑州：河南人民出版社，1986年，第165、167页。

冯友兰强调:"按照中国哲学的传统,它的任务不是增加关于实际的积极的知识,而是提高人的精神境界。""每个人各有自己的人生境界,与其他任何个人的都不完全相同。若是不管这些个人的差异,我们可以把各种不同的人生境界划分为四个概括的等级。从最低的说起,它们是:自然境界,功利境界,道德境界,天地境界。""照中国哲学的传统,哲学的任务是帮助人达到道德境界和天地境界,特别是达到天地境界。天地境界又可以叫做哲学境界,因为只有通过哲学,获得对宇宙的某些了解,才能达到天地境界。但是道德境界,也是哲学的产物。道德行为,并不单纯是遵循道德律的行为;有道德的人也不单纯是养成某些道德习惯的人。他行动和生活,都必须觉解其中的道德原理,哲学的任务正是给予他这种觉解。"①

冯氏的四层境界说,表明人生是一成就道德并超越道德的历史过程,终极目的是成贤(道德境界)成圣(天地境界)。

天地境界,其实是超道德的境界,"同天"的境界。中国哲学的目的,在于提高心灵的境界,达到超乎现世的境界,获得高于道德价值的价值。至此,我们可知,冯氏哲学由主知主义的道德形上学,走向了超道德的形上学。熊氏哲学是由生命体验的道德形上学直接到达超越境界的。二者在内圣学上也是殊途同归,归就归在合内外、一天人、天地万物一体的境界。中国哲学既内在又超越、极高明而道中庸、既入世又出世、既伦理世界又超越世界的

---

① 冯友兰:《中国哲学简史》,北京:北京大学出版社,1985年,第389、391页。

特点，于熊之"仁的本体论"和冯之"理的本体论"又得到有力的证明。

四

金岳霖本体论的中心范畴是"道"，道即是式（理、形式）与能（气、质料）。金氏范畴体系围绕"式与能"而展开，探讨的主要是共相与殊相、必然与偶然、可能与现实的问题。他融会道家老庄思想、程朱理学和西方亚里士多德、新实在论的思想，创造性地建构了新的哲学体系。金、冯二氏在创制本体论时相互影响。

和熊十力哲学一样，金岳霖在《论道》中也肯定了现实世界是一个川流不息的运动变化的无穷历程，肯定了现实世界中万事万物的生灭变动。熊氏哲学试图研究世界运动变化的动力，金氏哲学则着重研究世界错综复杂的联系和运动变化的规律。"道"就是总历程、总规律。"道"与"理"作为共相，总是存在于每一具体事物之中。任何具体事物，都含有共相与殊相的矛盾。

和冯友兰哲学一样，金氏哲学也讨论共相与殊相的关系，但冯氏《新理学》把世界划分为"理世界"与"器世界"，割裂了共相与殊相，金氏则提出"共相底关联潜寓于个体界"[1]，力图以"个体性"把共相与殊相统一起来。冯氏当年没有认识到"具体共相"，金氏体系里，"具体共相"则被保留了一个相应的地位。

---

[1] 金岳霖:《论道》，北京：商务印书馆，1987年，第90页。

金岳霖以大量篇幅论述世界之"变"中的可能与现实、必然与偶然的关系,以此对中国走向现代化的问题作了深刻的预示和理性的提升。他论证,"道"就是"式—能"的逻辑演变的过程,是能与可能到现实的不断推演的过程。"居式由能,莫不为道"①,"能"出入"式"的过程,就是具体事物的生灭过程。"能"之入于可能,即事理之生;"能"之出于可能,即事物之死。殊相的生灭、具体事物的变动具有偶然性,这种生灭叫做"势";这种生灭变动所依据的固然的"理",是共相的关联,具有必然性。金氏改造传统成语"理有固然,势所必至"为"理有固然,势无必至"②,这就清晰地、深刻地揭示了现实世界的发展规律。我觉得,这是金高于熊、冯的地方。对此,我们不妨作出这种诠释,即无论是外王学上的中国现代化过程,还是内圣学上的道德修养、道德境界的提升,都必须考虑复杂的殊相的生灭和复杂的共相的关联,及其复杂的相互关系,不可能那样理想化。理有固然,势无必至,的确是至尊至上的变的原则。这恐怕对我们考虑现实改革和精神文明建设都有启迪作用。他实际上批评了并试图改造传统儒家历史哲学和道德哲学的理势关系之论。

金岳霖哲学当然也表达了理想。他把现实世界的无穷变化过程描绘成"无极而太极"的过程。在这一过程中,情求尽性,用求得体,殊相生灭的"势"力求逐渐达到具有典型性和完美性的"理"。

---

① 金岳霖:《论道》,第40页。
② 同上书,第201页。

不完美不合理的事物都将被淘汰，完美的合理的事物都将会实现。"太极为至，就其为至而言之，太极至真，至善，至美，至如。"①这是一种最高的境界、超越的境界，即金氏最欣赏的庄子之"天地与我并生，万物与我为一"的境界。在一定意义上，我们不妨说金氏形上学是超越的形上学。在终极的境界上，熊、冯、金哲学显示了一致性。

金氏以逻辑分析方法和本然陈述代替过去哲学家的玄学。金氏元学的优点是概念精确、逻辑严谨、理论缜密，缺点是减却了诗意、韵味、隐喻、多义等等如他在那篇著名的《中国哲学》一文中所肯定的中国哲学的长处和优点。这倒可以启发我们考虑新的哲学体系如何在精神、气质、风貌、形式上结合中西哲学的长处的问题。

金氏以"道"为本，把儒道墨兼而有之的"道"作为中国文化区的中坚思想和中国思想中最崇高的概念、中国人思想与情感两方面的最基本的原动力。在金氏心目中，此"道"是成仁赴义、安身立命之道，是一形而上者、实存之本体和最终的目标。真正的人，"忧道不忧贫""铁肩担道义"，以行道为安，达道为得。这一"道"并不脱离现实，并不脱离现象，就在现实和现象之中。这又与熊、冯思想一致起来。

金岳霖说，研究元学和研究知识论必须采取不同的态度。"研究知识论我可以站在知识论底对象范围之外，我可以暂时忘记我是

---

① 金岳霖：《论道》，第212页。

人，凡问题之直接牵扯到人者，我可以用冷静的态度去研究它，片面地忘记我是人，适所以冷静我底态度。研究元学则不然，我虽可以忘记我是人，而我不能忘记'天地与我并生，而万物与我为一'，我不仅在研究底对象上求理智的了解，而且在研究底结果上求情感的满足。……知识论底裁判者是理智，而元学底裁判者是整个的人。"①金氏反对以科学问题代替哲学问题，反对将科学的概念、思想、方法引申到哲学范围，反对将哲学视为具体科学之综合。可见金岳霖的本体论研究，仍然持人文主义的立场。与熊、冯一样，金也十分关注至善问题和真善美统一的问题，这也是人生的终极关怀之一。与熊、冯不同，金虽然给予道德问题以一定的地位，也表达了理想，但似乎并没有局限于道德的理想主义。在这一方面，他表现得很有理性、很冷静。

金岳霖的《知识论》是技术性很高的专业哲学，他的《逻辑学》则对改变国民的思维方式起了积极的作用。

五

贺麟哲学，论者一般谓为"新心学"。其实不确，准确地说，贺氏哲学是中学西学、心学理学两面之调解的"理想唯心论"，是道德的理想主义和理性主义统一的形上学。

贺麟认为，作为宇宙人生之真理、万事万物之准则和真善美永

---

① 金岳霖：《论道》，第17页。

恒价值的"道",即是本体,而精神则是主体。"若从体用的观点来说,精神是以道为体而以自然和文化为用的意识活动。根据这个说法,则精神在文化哲学中,便取得主要、主动、主宰的地位。自然也不过是精神活动或实现的材料。所谓文化就是经过人类精神陶铸过的自然。所谓理或道也不过是蕴藏在人类内心深处的法则。"①

贺麟认为,民族复兴,本质上应该是民族文化的复兴。因为中国百年来的危机,根本上是一个文化的危机、文化上的失调。中国文化上的国耻,早在鸦片战争以前就出现了。根本原因是儒家思想的腐败、消沉、僵化、无生气、失掉孔孟真精神和应付新文化需要的无能。"五四时代的新文化运动,可以说是促进儒家思想新发展的一个大转机",其"最大贡献在破坏和扫除儒家的僵化部分的躯壳的形式末节,及束缚个性的传统腐化部分","西洋文化之输入,无疑地亦将大大地促进儒家思想之新开展"②。

贺麟认为,问题的关键在于中国人是否能够真正彻底、原原本本地了解、把握、吸收、转化、利用、陶熔西洋文化以形成新的儒家思想、新的民族文化。他反对将儒学或民族文化褊狭化、浅薄化、孤隘化。贺氏主张吸收西洋艺术、基督教精华和正宗哲学(苏格拉底、柏拉图、亚里士多德、康德、黑格尔),使儒学艺术化、宗教化、哲学化,使儒学更加发挥其指导人生、提高精神生活和道德价

---

① 贺麟:《文化与人生》,上海:商务印书馆,1947年,第32—33页。
② 同上书,第2—3页。

值的特殊功用。他建议在哲学上建立"仁的宇宙观"和"仁的本体论"及"诚的宇宙观"和"诚的本体论",这实际上是儒家道德形上学的两种路数,熊、冯即这两种路数的最新代表,贺则主张综合之。

贺麟清醒地看到,中国哲学非不玄妙而形而上,但却疏于沟通有无、主客的逻辑桥梁,缺少一个从本体打入现象界的逻辑主体。"逻辑的心"即逻辑主体,是贺氏哲学的中心范畴。"逻辑的心""乃一理想的超经验的精神原则,但为经验行为、知识以及评价之主体。此心乃经验的统摄者、行为的主宰者、知识的组织者、价值的评价者。自然与人生之可以理解,之所以有意义、条理与价值,皆出于此"①。他希望用西方哲学表现得较为充分的逻辑理念法度、普遍规律知识系统之"心",加强中国哲学表现得较为充分的道德行为和价值评价之"心"。这一"理念之心"是认识和评价的主体,万事万物的本性精华。万物之色相、意义、条理、价值之所以有客观性,即由于此认识的或评价的主体有其客观的必然的普遍的认识范畴或评价准则。万物的意义、价值由主体所赋予。由此出发的唯心论,是即心即理、亦心学亦理学的精神哲学。

贺氏的理路,是融合陆王、程朱,而以康德批判哲学、黑格尔精神哲学加以提扬和重释。可以说,当代港台新儒家实际上是循此路径而发展的。贺氏认为,他的唯心论不离开生活、文化或文化科

---

① 贺麟:《近代唯心论简释》,见贺麟:《哲学与哲学史论文集》,北京:商务印书馆,1990年,第131页。

学而空谈抽象的心,即既注重神游冥想乎价值的宝藏,又求精神的高洁与生活之切实受用,不落于戏论的诡辩、支离的分析、骛外的功利、蹈空的玄谈。因此,他这种唯心论,"就知识之起源与限度言,为唯心论;就认识之对象与自我发展的本则言,为唯性论;就行为之指针与归宿言,为理想主义"①。这种唯心论,在政治方面注重研究决定整个民族命运的命脉与精神,在道德论上持尽性主义或自我实现主义,在人生论上持理想主义。

贺麟哲学讨论了心物问题与知行问题。在心物问题上由心物平行说发展到心体物用论,把自然之物和文化之物都看成精神的表现。在知行问题上,他强调了知行之间的动态整合,并据行为心理学、意识现象学和近代哲学的身心学说重新诠释宋儒和孙中心的知行关系学说。

在本体方法学上,他综合了熊、冯、金的方法论,主要是在胡塞尔现象学的启发下,提出直觉理智两端互补的学说。他认为,本位方法或哲学方法是由"前理智的直觉"到"理智的分析"到"后理智的直觉",由"感性直观"到"知性直观"到"理性直观"。"直觉方法一方面是先理智的,一方面又是后理智的。先用直觉方法洞见其全,深入其微,然后以理智分析此全体,以阐明此隐微,此先理智之直觉也。先从事局部的研究,琐屑的剖析,积久而渐能凭直觉的助力,以窥其全体,洞见其内蕴之意义,此后理智之直觉也。直觉与理智各有其用而不相背。无一用直觉方法的哲学家而不兼采

---

① 贺麟:《近代唯心论简释》,见贺麟:《哲学与哲学史论文集》,第134页。

形式逻辑及矛盾思辨的;同时,亦无一理智的哲学家而不兼用直觉方法及矛盾思辨的。""据此足见直觉与理智乃代表同一思想历程之不同的阶段或不同的方面,并无根本的冲突,而且近代哲学以及现代哲学的趋势,乃在于直觉方法与理智方法之综贯。"①

贺麟以狄尔泰、柏格森、斯宾诺莎的直观法为参照,比照朱熹的直观法,认为朱子实在他们之上。他对于中西哲学的生命层面、价值层面的体悟能力很强,他强调天才的直观与谨严的系统的统一,生活体验与逻辑法则的统一,整体的、当下的、瞬时的直接把握与理性方法的统一。虽不免有新黑格尔主义的痕迹,但仍包含着部分的真理。直觉不仅是思维方法,同时是一种生活态度,是精神修养达到的最高境界;直觉也不仅是道德的敏感,而且同时又是超道德的、艺术的、宗教的、哲学的洞见和神契。贺氏在强调充实、发展人生和逻辑、体验、玄思方法之统一上,与熊、冯、金殊途而同归。

六

综上所述,熊十力、冯友兰、金岳霖、贺麟通过不同的理路,使用不同的中心范畴与范畴体系和不同的方法学重建了传统形上学。他们的不同路向,既渊源于传统哲学的不同学派,又反映了中西学术思想传统的区别和现代西学的不同走向,从而在传统形上学

---

① 贺麟:《宋儒的思想方法》,见贺麟:《哲学与哲学史论文集》,第181、183页。

的现代建构及其世界化方面提供了不同的模式。他们的共识是：以人本反对物本和神本；吸纳西学，发掘并发展作为民族文化精髓的形上睿智或本体论的洞见。

形上学或曰本体论、存有学，是关于最高存在或终极存在问题的探讨，是关于人与世界之关系，人对自身及其存在于其中的世界的一种整体的觉识、觉解。中华民族历史上不同学派的哲人有着不同的形上智慧，其中也有相同的看法。这样那样的一些根本看法，无形中成为中国人，特别是中国知识分子的精神主宰或精神支柱，制约着他们的行为方式和思维方式。熊、冯、金、贺从中概括出中国文化区的中坚思想，尽管分别命名为"体""理""道""仁""诚""心"等等，但大体上捕捉到中国人关于世界和自身之觉解的共同本质，把握了人之所以为人、中国人之所以为中国人之"本"，即人生最根本的信念、信仰、依托、根据和动力。"本立而道生"，"先立乎其大者"。他们一致认为，无论人们从事什么活动，政治的、经济的、科学的、文化的，如此等等，都必须有作为终极存在物的本体的支撑，失去了这一终极托付，就会像断了线的风筝，或如王阳明《咏良知诗》所说的："抛却自家无尽藏，沿门托钵效贫儿。"一个国家、一个民族抛弃了它，就会变成文化的殖民地；一个人抛弃了它，就会变成没有道德人格、没有主心骨的逐臭之蝇，就会异化成"非人"。熊、冯、金、贺哲学的中心和重心，盖在于此。

20世纪，现代人的处境是荒谬的、支离破碎的。20世纪的西方哲学，无论是现象学、存在主义、符号学，还是哲学人类学、解释学和西方马克思主义等等，从根本上来说，是为了解决现代人精神的惶惑、形上的迷失、人生的危机和人与神、人与自然、人与人、人与自我情感、自我意识的疏离。熊、冯、金、贺哲学发皇了传统本体论关于人在天、地、人、物、我之中的地位和人生的义务、责任、价值和终极意义的学说，并加以重新解释，把传统儒、释、道的世界观、宇宙观、人生观、价值观的有益成分加以重新建构，并介绍到国外，这是具有世界意义的贡献，是中国哲学走向世界的可贵尝试。他们的哲学并不比并世的外国哲学逊色。

熊、冯、金、贺哲学各有自身的局限，有自身内在的冲突与紧张。其实就在熊氏之"体用"、冯氏之"理气"、金氏之"式能"、贺氏之"知行"等等主要范畴的论述上，我们不难发现其中的内在矛盾、疏漏或不够通达之处。但他们毕竟是20世纪中国最有才气、最有贡献的哲学家。对他们和他们的哲学必须予以正确的评价。

如何定位？研究熊、冯、金、贺哲学与它们前后左右哲学的关系，是正确定位的前提。以愚之见，熊、冯、金、贺哲学实在是若干重要中间环节，不仅是传统哲学与现代哲学的中间环节，中国哲学与西方哲学的中间环节，中国大陆哲学与港台地区、海外华人哲学的中间环节，而且是我们今天青年一辈哲学工作者反思传统、回应现代、呼唤明天的中间环节。我们只能通过他们，而不能绕过他们。他们的地位就在这里。

（原载《哲学研究》1991年第2期，《新华文摘》1991年第5期转载，又发表于台湾《哲学与文化》1991年第7期。）

牟宗三的形上学体系及其意义

牟先生对古希腊柏拉图、亚里士多德等直至莱布尼兹、罗素、怀特海、维特根斯坦、海德格尔等哲学家均有深度的理解，尤其对康德、黑格尔哲学下了很大的工夫。我们甚至可以说，他几乎是以毕生的精力会通中西哲学，特别是透过康德来重建儒学。牟先生以康德哲学作为中西互释与会通的桥梁或比较的参考系，是非常明智的。这不仅仅是他个人的哲学爱好使然，更重要的是康德哲学与儒学具有可通约性，而且现代哲学即包含了对康德的启蒙理性的检讨与反向论述。"牟氏康德"颇为人诟病，然平心静气地去体会，其中蕴含了不少天才的洞见。下面我们来讨论道德自律、智的直觉、现象与物自身、圆善等观念或思想架构，这是牟先生有取于康德，用来阐发儒学，并进而批评康德的基本思想内容。

借取西方哲学智慧，创构传统中国哲学的现代形态

我们先来看自律道德的问题。康德的"自律"原则的提出，在西方伦理学史上产生了重大影响。在《道德底形上学之基础》中，康德指出，"自律原则是唯一的道德原则"，"道德底原则必然是一项

定言令式"①。在《实践理性批判中》,康德指出:"意志自律是一切道德律和与之相符合的义务的唯一原则;反之,任意的一切他律不仅根本不建立任何责任,而且反倒与责任的原则和意志的德性相对立……道德律仅仅表达了纯粹实践理性的自律,亦即自由的自律,而这种自律本身是一切准则的形式条件,只有在这条件之下一切准则才能与最高的实践法则相一致。"②所谓意志自律,是指意志自己给自己以法则。自由意志和服从道德规律的意志,完全是一个东西。在康德那里,通过"定言令式",把他在《纯粹理性批判》中逻辑可能性的"自由"概念与"自律"联系了起来,从而在实践的意义上赋予了"自由"概念以客观实在性。

牟宗三先生在《心体与性体》第一册《综论》的第三章专门讨论康德的自律道德与道德的形上学,并与儒家哲学相比较。牟先生在《圆善论》中,继续以"自律"学说诠释孟子的"仁义内在"说。

他以"自律"这个道德的最高原则,即道德主体的自我立法,来诠释孔子"仁"说、先秦儒家"践仁尽性"之教、孟子"仁义内在",乃至宋明理学家的一些流派的道德哲学。我们当然可以不用"道德理性""道德主体""自律"这样一些概念来谈儒家哲学。但我们很清楚,牟先生考虑的是中西哲学的互通性、对话性。在现当代中国,哲学界的师生与研究者主要接受的是西方哲学训练的背景

---

① 康德著,李明辉译:《道德底形上学之基础》,台北:联经出版事业公司,1990年,第67页。

② 康德著,邓晓芒译,杨祖陶校:《实践理性批判》,北京:人民出版社,2003年,第43—44页。

下,使用这些范畴、名相也未尝不可,关键是要有相应性。

牟先生特别强调孔子的"仁"不是个经验的概念,仁说"是依其具体清澈精诚恻怛的襟怀,在具体生活上,作具体浑沦的指点与启发的。我们不能说在这具体浑沦中不藏有仁道之为道德理性、之为道德的普遍法则之意,因而亦不能说这混融隐含于其中的普遍法则不是先验的,不是对任何'理性的存在'(rational being)皆有效的。不过孔子没有经过超越分解的方式去抽象地反显它,而只是在具体清澈精诚恻怛的真实生命中去表现它,因而仁之为普遍的法则不是抽象地悬起来的普遍法则,而是混融于精诚恻怛之真实生命中而为具体的普遍……"①

牟先生认为,孟子的仁义内在于超越的(非经验的、非心理学的)道德心,是先天固有的,非由外铄我的,这是先天的道德理性,而且是必须具体呈现出来的。在康德,自由意志经由其自律性所先验提供的普遍法则,是道德行为的准绳。然而在儒家传统,性体所展现的道德法则,其先验性与普遍性,是随着天命之性而当然定然如此的。孔子说:"有杀身以成仁,无求生以害仁。"孟子说:"所欲有甚于生,所恶有甚于死";"君子所性,虽大行不加焉,虽穷居不损焉,分定故也";"礼义之悦我心,犹刍豢之悦我口";"由仁义行,非行仁义也"。这当然是无上命令、意志自律。这些都表示道德人格的尊严。在实现自然生命以上,种种外在的利害关系之外,有

---

① 牟宗三:《心体与性体》(一),见牟宗三:《牟宗三先生全集》(5),台北:联经出版事业公司,2003年,第121—122页。

一超越的道德理性的标准,表达了"人的道德行为、道德人格只有毫无杂念毫无歧出地直立于这超越的标准上始能是纯粹的,始能是真正地站立起。这超越的标准,如展为道德法则,其命于人而为人所必须依之以行,不是先验的、普遍的,是什么?"①确如牟先生所说,儒家的道德哲学,是从严整而彻底的道德意识(义)出发,是直下立根于道德理性之当身,不能有任何歧出与旁贷的。

在有关康德自律学说与儒家仁义学说的比较中,牟先生特别注重辨析道德情感的问题。康德将道德感与私人幸福原则都视为经验原则,后天原则,是有待于外,依据纯主观的人性特殊构造的,认为依此而建立的道德法则没有普遍性与必然性,亦不是严格意义上的道德法则。康德并不是完全排斥道德感,只是不以同情心的感情等建立道德律(因为道德律是建立于实践理性的),而是将其视为推动德性实践的原动力②。

牟宗三先生特别指出,儒家所说的道德感不是落在实然层面上,而是上提至超越层面而转为具体的而又是普遍的道德之情与道德之心,这是宋明儒家继先秦儒家大讲性体与心体并使二者合一的原因。他指出,恻隐、羞恶、辞让、是非等,是心,是情,也是理。这个理固是超越的、普遍的、先天的,但不只是抽象的普遍的,而且即在具体的心与情中展现,所以是具体的普遍。王阳明的"良知"既是认识本心的诀窍,也是本心直接与具体生活发生指导、主

---

① 牟宗三:《心体与性体》(一),见牟宗三:《牟宗三先生全集》(5),第124页。
② 邝芷人:《康德伦理学原理》,台北:文津出版社,1992年,第185—186页。

宰关系的指南针,是"良知之天理"。

牟先生在《圆善论》中指出,孟子的主要目的在表现道德意义的仁与义皆是内发,皆是道德理性的事,即使含有情在内,此情也是以理言,不以感性之情言。他指出,孟子"性善"之"性",其为本有或固有亦不是以"生而有"来规定,乃是就人之为人之实而纯义理地或超越地来规定。"性善之性字既如此,故落实了就是仁义礼智之心,这是超越的、普遍的道德意义之心,以此意义之心说性,故性是纯义理之性,决不是'生之谓性'之自然之质之实然层上的性,故此性之善是定然的善。"①

牟先生批评康德把"意志自由"视为一假定、"设准",至于它本身如何可能,它的"绝对必然性如何可能,这不是人类理性所能解答的,也不是我们的理性知识所能及的,因而意志的自律只成了空说,只是理当如此,至于事实上是否真实如此,则不是我们所能知的。这样的意志是否是一真实,是一'呈现',康德根本不能答复这问题。但道德是真实,道德生活也是真实,不是虚构的空理论"②。

牟先生说:"照儒家的义理说,这样的意志自始就必须被肯定是真实,是呈现。……他们是把这样的意志视为我们的性体心体之一德、一作用。这性体心体是必须被肯定为定然地真实的,是就成德成圣而言人人俱有的。人固以道德而决定其价值,但反之,道德亦

---

① 牟宗三:《圆善论》,见牟宗三:《牟宗三先生全集》(22),台北:联经出版事业公司,2003年,第22—23页。
② 牟宗三:《心体与性体(一)》,第137—138页。

必须就人之能成德而向成圣之理想人格趋，始能得其决定性之真实……人在其道德的实践以完成其德性人格底发展上是必然要肯定这性体心体之为定然地真实的，而且即在其实践的过程中步步证实其为真实为呈现。"[1]在他看来，正宗儒家（小程、朱子学派不在其内）肯定这性体心体为定然的真实的，肯定康德所讲的自由自律的意志即为此性体心体之一德，所以其所透显所自律的道德法则自然有普遍性与必然性，自然斩断一切外在的牵连而为定然的、无条件的。这才能显出意志的自律，即儒家性体心体的主宰性。这道德性的性体心体不只是显为定然命令的纯形式义，只显为道德法则之普遍性与必然性，而且还要在具体生活上通过实践的体现工夫，作具体而真实的表现。

按牟先生的理解与诠释，康德由道德法则的普遍性与必然性逼至意志的自律，由意志的自律进而肯定"意志之自由"，以自由为说明自律的钥匙，然而吾人于自由却不能证明其实在性，只能视之为主观的假定或设准。虽然这一假定有实践的必然性，但不能视之为一客观的肯定。康德区别作为实践理性的意志和感受性的良心。在康德那里，良心不是道德的客观基础，只是感受道德法则、感受义务的影响的主观条件。牟先生认为，康德虽然说到实践理性的动力，但"动力亦虚"。儒家从孟子到宋明心学家则不然，说自律即从"心"说，意志即是心之本质的作用。心之自律即是心之自由。心有活动义，心之明觉活动即自证其实际上、客观上是自由的。这相

---

[1] 牟宗三：《心体与性体（一）》，见牟宗三：《牟宗三先生全集》（5），第141—142页。

当于把康德所说的"良心"提上来而与理性融于一①。牟先生认为,道德的根本的动力,即在此超越的义理之心之自己。

牟先生指出:孟子"仁义内在"说的基本意涵即是道德主体之"自律";康德把理性的自律意志(自由意志)看成是个必然的预设、设准,而无"智的直觉"以朗现之;孟子学中,意志自律即是本心,则其为朗现不是预设,乃是必然②。

李明辉先生进一步论证了牟先生的论说,比较全面地诠释了孟子与康德的自律伦理学。李先生区分了康德的"自律"概念与依此概念所建立的伦理学系统。李先生指出,任何人只要具有纯粹而真切的道德洞识,便会接受在其"自律"概念中所包括的一切内涵。但康德伦理学不止包括这些内涵,它还包括一套独特的系统。"康德伦理学预设理性与情感二分的架构,其道德主体(严格意义的'意志')只是实践理性,一切情感(包括道德情感)均被归诸感性,而排除于道德主体性之外。"③

李先生指出,孟子虽未使用"善的意志""定言令式"等概念,但其肯定道德的绝对性、无条件性上,与康德并无二致。从《孟子·公孙丑上》"孺子将入于井"章可见,它是一种无条件的要求。他分析《离娄下》篇"由仁义行,非行仁义也";"君子以仁存心,以礼存心",即含有为义务而义务,为道德而道德的意义。李明辉

---

① 参见牟宗三:《圆善论》,见牟宗三:《牟宗三先生全集》(22),第30页。
② 参见牟宗三:《康德的道德哲学》,见牟宗三:《牟宗三先生全集》(15),台北:联经出版事业公司,2003年,第284—285页。
③ 李明辉:《儒家与康德》,台北:联经出版事业公司,1990年,第48页。

对《告子上》篇的"口之于味"章的"心之所同然者何也？ 谓理也，义也。圣人先得我心之所同然耳"加以分析，指出其中含有道德的普遍性的意涵。同篇中的"天爵""良贵"思想，表明孟子对人格之尊严的肯定，与康德把人格称为"目的本身"，如出一辙。李先生认为，孟子亦承认这样一种能立法的道德主体，即所谓的"本心"；而仁、义、礼、智均是本心所制定的法则，非由外面所强加。其性善义必须由道德主体之自我立法去理解。其"大体"即道德主体。"操则存，舍则亡"；"求则得之，舍则失之，是求有益于得也，求在我者也"，包涵了康德的"自由"的因果性的内容①。李明辉先生发挥、推进了牟先生的诠释。

牟先生有关孟子与康德自律道德的比较，是非常有意义的。尽管康德的道德哲学离不开西方哲学的传统，有自身的理论架构，但由"定言令式"出发，从意志之自我立法的意义，从实践理性的优先性，自由与自律相互涵蕴去理解孟子，这种诠释并没有伤害孟子学，相反有助于中西学术的沟通。但牟先生将朱子的道德哲学判为他律道德，并以之为"别子为宗"的说法却存在值得商榷的地方②。

牟先生认为，伊川、朱子一系以《中庸》《易传》与《大学》合，而以《大学》为主。"于《中庸》《易传》所讲之道德性体只收缩

---

① 参见李明辉：《儒家与康德》，第50—71页。
② 参见李瑞全：《朱子道德学形态之重检》，《鹅湖学志》1988年第2期，第47—62页；李瑞全：《敬答李明辉先生对"朱子道德学形态之重检"之批评》，《鹅湖学志》1990年第4期，第137—142页。

提炼而为一本体论的存有，即'只存有而不活动'之理，于孔子之仁亦只视为理，于孟子之本心则转为实然的心气之心，因此，于工夫特重后天之涵养（'涵养须用敬'）以及格物致知之认知的横摄（'进学则在致知'），总之是'心静理明'，工夫的落实处全在格物致知……"伊川、朱子"一，将知识问题与成德问题混杂在一起讲，既于道德为不澈，不能显道德之本性，复于知识不得解放，不能显知识之本性；二，因其将超越之理与后天之心对列对验，心认知地摄具理，理超越地律导心，则其成德之教固应是他律道德，亦是渐磨渐习之渐教，而在格物过程中无论是在把握'超越之理'方面或是在经验知识之取得方面，一是皆成'成德之教'之本质的工夫，皆成他律道德之渐教之决定的因素，而实则经验知识本是助缘者"①。

关于朱子为意志他律，李明辉先生对牟先生的发挥是：朱子把四端之心视为"情"，把仁、义、礼、智说为"性"。按朱子"性即理"的框架，仁、义、礼、智是理，用康德的术语来说，即是道德法则。朱子以此说性，以此为性之本然，而四端之情如性之端绪，显露于外。在心、性、情、理四者之关系中，心与情在一边，性与理在另一边。以朱子的理、气二元来说，前者属气，后者属理。心是活动原则，心之活动即是情。心与情的关系是一种心理学的关系，心与性（即理）的关系是一种知识论的关系。朱子所谓"心包万理，万理具于一心"，"此'包'或'具'并非如康德所谓'意志底立

---

① 牟宗三：《心体与性体》（一），见牟宗三：《牟宗三先生全集》（5），第53—54页。

法'之意，因为'心'在朱子属于气，根本不能制定道德法则。因此，这只能表示一种认知上的赅摄，而非道德主体底立法。故在朱子，并无一个独立意义的道德主体，亦即无一个能立法的道德主体。其伦理学必属他律伦理学，故其对孟子的理解必有问题。但朱子所预设的心、理二分或性、情二分的架构与康德的架构有相合之处，此即：两者均将道德情感（四端之心）与道德法则（仁、义、礼、智）打成两橛，而将前者归诸感性（气）"①。

李先生认为，似乎朱子与康德的伦理学属于同一形态，其实不然。如果根据朱子心、性、情三分的义理间架来理解孟子的"四端之心"，则其系统上的地位类乎康德的"道德情感"概念，因为康德在其二元的主体性架构中将道德情感完全归诸感性。就这点而言，康德近于朱子，而远于陆、王。但康德的"意志"是能立法的道德主体，而朱子的"心"却不能立法。"反之，依陆、王'心即理'底义理间架所理解的'四端之心'与本心同属一个层面，而本心是立法者。就肯定一个能立法的道德主体而言，康德底立场近于陆、王，而远于朱子。然而，康德底'意志'只是实践理性，仅含判断原则，而不具践履原则，因此欠缺自我实现的力量。反之，陆、王所理解的'本心'自身即能发而为四端之心，故不但含判断原则，亦含践履原则。……康德若要贯彻其自律伦理学底立场，在理论上必须向此而趋。"②

---

① 李明辉：《儒家与康德》，第74—75页。
② 同上书，第14—145页。

牟先生与李先生都认为，只有"心即理"的义理间架，才能坚持"仁义内在"说及由"尽心、知性、知天"的内在历程所开展的道德形上学。

按康德的《道德形上学的基本原理》，自由的重点在意志自律（自立法则）的层面，自律是德性的最高原则，而意志的他律是德性的假原则的根源。自律的原则可以表示为"除了选择那些同时可以视作普遍律的格准之外，就不要选其他"。自律的原则或自律的具体意义是表现于无条件（至尊无上）的令式中。任何德性令式（无条件的令式）都是意志的自律原则，这在《道德形上学的基本原理》中是积极意义的自由。在这里，"在道德律下的意志"与"自由意志"同为一事①。

牟宗三先生也指出，康德将属于他律性的一切道德原则，或是属于经验的，由幸福原则而引出者，或是属于理性的，由圆满原则而引出者，尽管剔除，而唯自"意志之自律"以观道德法则。这是"截断众流"句。牟先生说："凡是涉及任何对象，由对象之特性以决定意志，所成之道德原则，这原则便是歧出不真的原则，就意志言，便是意志之他律。意志而他律，则意志之决意要做某事便是有条件的，是为的要得到什么别的事而作的，此时意志便不直不纯，这是曲的意志，因而亦是被外来的东西所决定所支配的意志，被动的意志，便不是自主自律而直立得起的意志，因而亦不是道德地、绝对地善的意志，而它的法则亦不能成为普遍的与

---

① 参见邝芷人：《康德伦理学原理》，第 115—116 页。

必然的。"①无论是属于经验的私人幸福原则,还是属于理性的圆满原则,都不能使我们建立起有普遍性与必然性的道德法则,因而亦不能直立起我们的道德意志。因为,那或者使我们的意志潜伏于客观而外在的本质秩序中,或者使我们的意志蜷伏于那可怕的权威与报复中或荣耀与统治中。

李明辉先生也准确地分析了康德关于纯粹实践理性的一种可能的综合运用,定言令式在形式面和实质面的意涵,及其综合起来的意义,以及其中所包含的"自律"原则。一项可普遍化的道德原则必定是理性的原则,是以理性为依据、连带地以理性主体(道德主体)为依据的原则。道德法则既是绝对的,作为其依据的道德主体自然也是绝对的,具有不可替代的价值或尊严。自律的程式最完整地显示出定言令式的意涵,因而充分地说明了道德的本质。故而康德将意志(道德主体)的自律称为"道德的最高原则"②。李先生进而指出:"康德肯定道德的本质在于道德主体的'自律',这包含'自我立法'与'自我服从'二义。换言之,作为道德主体的'意志'一方面能为自己制定道德法则,另一方面也有能力履行道德法则之要求;这两方面共同构成'道德责任'的概念,因为人只能为他自己所制定、同时有能力履行的法则负道德责任。"③

---

① 牟宗三:《心体与性体》(一),见牟宗三:《牟宗三先生全集》(5),第136页。
② 参见李明辉:《康德伦理学与孟子道德思考之重建》,台北:中国文哲研究所,1994年,第54—55、62—64页。
③ 李明辉:《孟子重探》,台北:联经出版事业公司,2001年,第119页。

如果我们紧紧扣住康德"自律"道德学说，包括以上牟、李二先生对"自律"义的理解，用以诠释朱子的道德学说，我们同样可以发现朱子道德论中的"自律"的意涵。

我们先看朱子《孟子集注》中对《尽心上》告子之"生之谓性"章的评论。朱子以性气统一论解释人性，但坚持性气的分辨，批评告子的混淆。朱子坚持的仍是孟子性善论的立场，肯定人禽之别，指出："告子不知性之为理，而以所谓气者当之，是以杞柳湍水之喻，食色无善无不善之说，纵横缪戾，纷纭舛错，而此章之误乃其本根。所以然者，盖徒知知觉运动之蠢然者，人与物同；而不知仁义礼智之粹然者，人与物异也。孟子以是折之，其义精矣。"[①]朱子对《离娄下》"人之所以异于禽兽"章中的"舜明于庶物，察于人伦，由仁义行，非行仁义也"的解读，亦很精准，指出："在舜则皆生而知之也。由仁义行，非行仁义，则仁义已根于心，而所行皆从此出。非以仁义为美，而后勉强行之，所谓安而行之也。"[②]由朱子对孟子的诠释可知，朱子对天赋人性的理解既与孟子相通，亦可以与康德《实践理性批判》中的人的第二而较高的本性说相通。朱子亦肯定人能不受因果法则所支配，而自由地依道德法则而行的能力为人之本性。依康德，只有在道德法则直接决定意志，无丝毫感性夹杂其中而发生的行为才真正具有道德价值。朱子学说亦暗合道德法则的无条件性、道德义务论。杨祖汉先生对牟先生有关康德

---

① 朱熹：《四书章句集注》，北京：中华书局，1983年，第326页。
② 同上书，第294页。

对人的"第二而又较高的本性"及孟子与康德的同与不同的解释非常精到①。而我们认为,从这一解释维度上看,朱子的道德哲学即含有道德的自我立法与意志自由之原则。

我们再看朱子的《仁说》:"盖仁之为道,乃天地生物之心即物而在;情之未发而此体已具,情之既发而其用不穷,诚能体而存之,则众善之源,百行之本,莫不在是。此孔门之教所以必使学者汲汲于求仁也。其言有曰'克己复礼为仁',言能克去己私,复乎天理,则此心之体无不在,而此心之用无不行。又曰:'居处恭,执事敬,与人忠',则亦所以存此心也。又曰:'事亲孝','事兄弟',及物恕,则亦所以行此心也。又曰:'求仁得仁',则以让国而逃,谏伐而饿,为能不失乎此心也。又曰:'杀身成仁',则以欲甚于生,恶甚于死,为能不害乎此心也。此心何心也?在天地则坱然生物之心,在人则温然爱人利物之心,包四德而贯四端者也。"②

在这里,"情"作为道德情感的实践力量丝毫未损,而心体(仁体)的无处不在,其用之无处不行,及存心,行心,不失本心,不害本心的论说,表达了道德主体、道德法则的绝对性、普遍性、不可替代性,亦是无条件的、意志自律的。朱子并非只讲知识或用知识代替了道德。他批评"万物与我为一"的浑沦之说,可能会"认物

---

① 详见杨祖汉:《儒家的心学传统》,台北:文津出版社,1992年,第39—43页。
② 朱熹:《仁说》,见《朱熹集》卷六十七,成都:四川教育出版社,1996年,第3543页。

为己",走向他律,屈从他力,批评专言知觉者认欲为理:"抑泛言同体者,使人含糊昏缓而无警切之功,其弊或至于认物为己者有之矣;专言知觉者,使人张皇迫躁而无沉潜之味,其弊或至于认欲为理者有之矣。一忘一助,二者盖胥失之。而知觉之云者,于圣门所示乐山能守之气象尤不相似,子尚安得复以此而论仁哉!"①

我们再看朱子的《观心说》:"心者,人之所以主乎身者也,一而不二者也,为主而不为客者也,命物而不命于物者也。故以心观物,则物之理得。今复有物以反观乎心,则是此心之外复有一心而能管乎此心也。然则所谓心者,为一耶,为二耶? 为主耶,为客耶? 为命物者耶,为命于物者耶? 此亦不待教而审其言之谬矣。"②在这里,道德理性之心体的普遍性、主宰性、当身性,跃然纸上,其为百行之源,万善之本,明矣。

朱子又说:"夫谓人心之危者,人欲之萌也;道心之微者,天理之奥也;心则一也,以正不正而异其名耳。惟精惟一,则居其正而审其差者也,绌其异而反其同者也。能如是,则信执其中而无过不及之偏矣;非以道为一心,人为一心,而又有一心以精一之也。夫谓操而存者,非以彼操此而存之也;舍而亡者,非以彼舍此而亡之也;心而自操,则亡者存;舍而不操,则存者亡耳。然其操之也,亦曰不使旦昼之所为得以梏亡其仁义之良心云尔,非块然兀坐以守其炯然不用之知觉,而谓之操存也。若尽心云者,则格物穷理,廓

---

① 朱熹:《仁说》,见《朱熹集》卷六十七,第3544页。
② 朱熹:《观心说》,见《朱熹集》卷六十七,第3540页。

然贯通，而有以极夫心之所具之理也；存心云者，则'敬以直内，义以方外'，若前所谓精一操存之道也。故尽其心而可以知性知天，以其体之不蔽而有以究夫理之自然也；存心而可以养性事天，以其体之不失而有以顺夫理之自然也。是岂以心尽心，以心存心，如两物之相持而不相舍哉！若参前倚衡之云者，则为忠信笃敬而发也；盖曰忠信笃敬不忘乎心，则无所适而不见其在是云尔，亦非有以见夫心之谓也。且身在此而心参于前，身在舆而心倚于衡，是果何理也耶？"

"大抵圣人之学，本心以穷理，而顺理以应物，如身使臂，如臂使指；其道夷而通，其居广而安，其理实而行自然。释氏之学，以心求心，以心使心，如口龁口，如目视目；其机危而迫，其途险而塞，其理虚而其势逆。盖其言虽有若相似者，而其实之不同盖如此也，然非夫审思明辨之君子，其亦孰能无惑于斯耶！"[1]

我们从朱子对佛家"四观"，特别是天台宗"一心三观"的批评中，可见朱子对孔子"操存舍亡"，孟子"仁义内在""尽心知性""存心养性"的持守与弘大。从人心、道心之辨中，即可体验到朱子之意志自立法则、无条件令式的意涵。这里并没有经验的、感性的、知性的、物欲的、功利的、私人幸福原则或客观外在权威的干扰或屈从，纯然是绝对的善的意志。在这里，"格物穷理""究夫理之自然"，并不会影响自律原则的贯彻。《观心说》正是对超越的道德本心的阐发，是对自律原则的肯定。这里也表现了道德本体与主

---

[1] 朱熹：《观心说》，见《朱熹集》卷六十七，第3541页。

体合一之"心体"的活动性，即实践的力量①。朱子的"格物致知"主要功能是存理灭欲，复其本心全德之明。朱子所彰显的恰是内在本具的道德理性。朱子之"一旦豁然贯通焉"，当然是后理智的直觉体证。朱子固然重视后天的道德教育、道德修养工夫的积累，但这并不妨碍他的超越性，以及他的道德哲学中道德意志自由的意涵。

朱子说："'行仁自孝弟始。'盖仁自事亲、从兄，以至亲亲、仁民，仁民、爱物，无非仁。然初自事亲、从兄行起，非是便能以仁遍天下。只见孺子入井，这里便有恻隐欲救之心，只恁地做将去。故曰'安土敦乎仁，故能爱'，只是就这里当爱者便爱。""仁是理之在心者，孝弟是此心之发见者。孝弟即仁之属，但方其未发，则此心所存，只是有爱之理而已，未有所谓孝弟各件，故程子曰：'何曾有孝弟来！'""自古圣贤相传，只是理会一个心，心只是一个性。性只是有个仁义理智，都无许多般样，见于事，自有许多般样。"②我们在这里看不到牟宗三先生和李明辉先生所说的朱子把"心"仅仅视为"气"的层面。"心"在朱子这里就是仁体，就是能立法的道德主体。而且"心只是一个性"，"心"中就有"爱之理"等仁、义、礼、智之类的道德法则。"心"与性（理）之间并不只是知

---

① 金春峰《朱熹哲学思想》一书在讨论朱子"中和新旧说"、《仁说》时，肯定朱子的心性、道德学说类如康德的思想，是道德自律系统。本篇参考了第60—61、97—100页。

② 黎靖德编，王星贤点校：《朱子语类》第二册，北京：中华书局，1994年，第473—475页。

识论的关系,心体中有道德情感,在亲亲、仁民、爱物的实践过程中,主体只恁地做将去。

批评反省西方哲学,重建中国哲学的本体论

牟先生哲学以"智的直觉如何可能"作为突破口。依康德的思路,道德以及道德的形上学之可能与否,关键在于智的直觉是否可能。在西方哲学传统中,智的直觉没有彰显出来,而在中国哲学中却有充分的显现。中国儒释道三家都肯定智的直觉。儒家孟子所谓"本心"、张载所谓"德性之知""心知廓之""心知之诚明",都是讲的道德创生之心,其知也非概念思考知性之知,乃是遍、常、一而无限的道德本心之诚明所发的圆照之知。创生是重其实体义,圆照是重其虚明(直觉)义。这里没有内外、能所的区别。在圆照与遍润之中,万物不以认识对象的姿态出现,乃是以自在物的姿态出现。所以,圆照之知无所不知而实无一知,万物在其圆照之明澈中恰如其为一"自在物"而明澈之,既不多也不少。这里不是通过范畴的静态思考,亦超越了主客对待关系,朗现的就是物之在其自己,并无普遍所谓的认知意义。这是"无限的道德本心之诚明所发之圆照之知,则此知是从体而发(本心之诚明即是体),不是从见闻而发,此即康德所谓'只是心之自我活动'的智的直觉(如果主体底直觉只是自我活动的,即只是智的,则此主体必只判断它自己)。它的直觉只是此主体之自我活动,即表示说它不是被动的,接受的,此显然是从体而发,不从见闻而发之意,也就是说,它不是感触的

直觉。因不是感触的,所以是纯智的,在中国即名曰'德性之知',言其纯然是发于诚明之德性,而不是发于见闻之感性也"[1]。这种纯然的天德诚明的自我活动,"纯出于天,不系于人",是中国儒家共许之义,然在康德处于西方学术之背景下,却反复说人不可能有这种知。此足见中西两传统之异。

按儒学传统,讲道德,必须讲本心、性体、仁体,而主观地讲的本心、性体、仁体,又必须与客观地讲的道体、性体相合一而为一同一的绝对无限的实体。为什么要这样呢？因为所谓道德是依无条件的定然命令而行的。发行无条件的定然命令者,康德名曰自由意志,即自发自律的意志,而在中国的儒者则名曰本心、仁体或良知,而此即吾人之性体。如此说性,是康德乃至整个西方哲学中所没有的。

牟先生指出:"性是道德行为底超越根据……性体既是绝对而无限地普遍的,所以它虽特显于人类,而却不为人类所限,不只限于人类而为一类概念,它虽特彰显于成吾人之道德行为,而却不为道德界所限,只封于道德界而无涉于存在界。它是涵盖乾坤,为一切存在之源的。不但是吾人之道德行为由它而来,即一草一木,一切存在,亦皆系属于它而为它所统摄,因而有其存在。所以它不但创造吾人的道德行为,使吾人的道德行为纯亦不已,它亦创生一切而为一切存在之源,所以它是一个'创造原则',即表象'创造性本身'的那个创造原则,因此它是一个'体',即形而上的绝对而无限

---

[1] 牟宗三:《智的直觉与中国哲学》,见牟宗三:《牟宗三先生全集》(20),台北:联经出版事业公司,2003年,第242页。

的体，吾人以此为性，故亦曰性体。"①

儒者所讲的本心或良知是根据孔子所点醒的"仁"而来的。仁与天地万物为一体，仁心体物而不遗，所以仁即是体，即是创造原则。但是，我们如无法妙悟本心，则本心受限制而忘失本性，乃转为习心或成心而受制于感性，桎于见闻，即丧失其自律性。然本心、仁体的本质是无限的，具有绝对普遍性，当我们就无条件的定然命令而说意志为自由自律时，此自由意志必是绝对而无限的，此处不需另外立上帝，只是一体流行，孟子所谓恻隐之心即本心之呈现，所以不能只是一个假设，而是一个事实。

牟先生说："智的直觉既可能，则康德说法中的自由意志必须看成是本心仁体底心能，如是，自由意志不但是理论上的设准而且是实践上的呈现。智的直觉不过是本心仁体底诚明之自照照他（自觉觉他）之活动。自觉觉他之觉是直觉之觉。自觉是自知自证其自己，即如本心仁体之为一自体而觉之。觉他是觉之即生之，即如其系于其自己之实德或自在物而觉之。智的直觉既本于本心仁体之绝对普遍性、无限性以及创生性而言，则独立的另两个设准（上帝存在及灵魂不灭）即不必要。"②

也就是说，本心仁体不但特显于道德行为之成就，亦遍润一切存在而为其体，因此不仅具有道德实践的意义，而且具有存有论的意义。在道德的形上学中，成就个人道德创造的本心仁体总是连带

---

① 牟宗三：《智的直觉与中国哲学》，见牟宗三：《牟宗三先生全集》（20），第246页。

② 同上书，第258页。

着其宇宙生化而为一的，因为这本是由仁心感通之无外而说的。就此感通之无外说，一切存在皆在此感润中而生化，而有其存在。道德界与自然界之悬隔不待通而自通。那么认为牟先生以混淆存有与价值（境界）的做法来沟通内在与超越之间之关系的说法①，显然是对牟先生形上学思想的严重误解。牟先生指出，我们不能只依智的直觉只如万物之为一自体（在其自己）而直觉地知之，因为这实际上是"以无知知"，即对于存在之曲折之相实一无所知。如是，则本心仁体不能不一曲而转成逻辑的我，与感触直觉相配合，以便对于存在之曲折之相有知识，此即成功现象之知识。逻辑的我、形式结构的我是本心仁体"曲致"或"自我坎陷"而成者。两者有一辩证的贯通关系。主体方面有此因曲折而成之两层，则存在方面亦因而有现象与物自体之分别。相对于逻辑的我而言，为现象或对象；相对于本心仁体之真我言，为物自体或自在相。

牟先生又论证了道家与佛家的"智的直觉"。在道家的方式下，智的直觉是在泯除外取前逐之知而归于自己时之无所住无所得之"无"上出现的。这不是不可能的，只是康德也不能够了解这样的智的直觉。但道家的智的直觉侧重在虚寂方面说，其所谓"生之畜之"是消极的"自化"之义，不似儒家由正面凸现本心仁体之创生性。道家所开启的是艺术的观照境界，而不是道德的实践境界。道家所成就的智的直觉的形态，是虚寂圆照的境界，此之谓"无知而无不知"。佛家的智的直觉寄托在圆教之般若智中。般若智的圆

---

① 郑家栋：《牟宗三》，台北：东大图书公司，2000年，第155页。

智恰与识知相反。识之认知是取相的，有固定的对象和能所的对待。但在圆照下呈现的实相却非对象，不在能所对待的架构之中。佛家缘起性空的智心圆照是灭度的智的直觉。若于此说物自身，则实相、如，即是物自身，即是"无自己"的诸法之在其自己。至于识之势而有定相则当即是所谓现象。牟先生认为真正的圆教在天台宗，在天台，智的直觉始能充分朗现。

牟先生指出，人现实上当然是有限的存在，但可以因此无限性的超越者以为体而显其创造性，因而得有一无限性。这正是理想主义之本质，也正是中国儒释道三教之本质。由于有了智的直觉这一主体机能，有限的人生取得了无限的价值和意义。儒家讲"义命分立""尽性知命"。"儒家说'命'，说人的有限性，是偏于消极的限制意义上说，因儒家不以为世界之意义不可知，知之并不妨碍人之尽性尽义，且可是一道德创造之动力。人之有限性虽是道德之必要条件，但人的无限性是道德实践之充足条件。"[1]

牟先生说："智的直觉所以可能之根据，其直接而恰当的答复是在道德。如果道德不是一个空观念，而是一真实的呈现，是实有其事，则必须肯认一个能发布定然命令的道德本心。这道德本心底肯认不只是一设准的肯认，而且其本身就是一种呈现，而且在人类处真能呈现这本心。本心呈现，智的直觉即出现，因而道德的形上学亦可能。"[2]

---

[1] 吴明：《"彻底的唯心论"与中西哲学会通》，见蔡仁厚等著，李明辉主编：《牟宗三先生与中国哲学之重建》，台北：文津出版社，1996年，第104页。

[2] 牟宗三：《智的直觉与中国哲学》，见牟宗三：《牟宗三先生全集》（20），第447页。

儒家从道德上说智的直觉是正面说，佛家、道家从对于不自然与无常的痛苦感受而向上翻求"止"求"寂"，是从负面说。牟先生认为这都是从人的实践以建立或显示智的直觉。儒家是从道德的实践入手，佛道两家是从求止求寂的实践入手。其所成的形上学叫作实践的形上学，儒家是道德的形上学，佛道两家是解脱的形上学。形上学，经过西方传统的迂曲探索以及康德的批判检定，就只剩下这实践的形上学，而此却一直为中国的哲学传统所表现。如果只有实践的形上学，则形上学中所表现的最高的实有，无限而绝对普遍的实有，必须是由实践（道德的或解脱的）所体证的道德的本心（天心）、道心（玄照的心）或如来藏自性清净心。除此以外，不能再有别的。人的真实性乃至万物的真实性只有靠人之体证证现这本心、道心或自性清净心而可能。"基本存有论"就只能从本心、道心或真常心处建立。

康德所意想的真正形上学是他所谓"超绝形上学"，其内容是集中于自由意志、灵魂不灭、上帝存在这三者之处理。康德认为对于这三者，理论理性是不能有所知的，要想接近它们，只有靠实践理性。通过实践理性的要求，乃不能不设拟这三者，但设拟不是具体真实的呈现，因此康德只能成就一"道德的神学"，而不能充分实现"道德的形上学"。康德受西方文化宗教之传统的限制，没有充分完成道德的形上学。因为意志之自由自律，是道德所以可能的先天根据（本体），这并不错，但这个本体是否能达到"无外"的绝对的普遍性，康德并没有明确的态度。"物自身"这个概念是就一切存在而言，并不专限人类或有理性的存在，但自由自律之意志是否能普遍地相应"物自身"这个概念，康德亦没有明确的态度①。而以美学判断来沟通道德界与存在界，并不能从根本上充分地解决两界合一的问题。

康德将"现象"与"物自身"（或译为"智思物""物自体"）的区分称为"超越的区分"（李明辉认为应称为"先验的区分"），其基本预设在于人的有限性。牟先生认为，"物自身"不仅是个事实的概念，而且是个有价值意味的概念。"在康德处，人类是决定的有限存在，因此，是不能有'无限心'②的。我们不能就人类既可说有限心，同时亦可说无限心。可是如果我们把无限心只移置于上帝处，则我们不能稳住价值意味的物自身。"③因为依康德的说法，"物自身"是对于上帝的"智的直觉"而呈显，而"智的直觉"是创造的，上帝的直觉即是创造，所以上帝的创造是创造物自身而不是创造具有时空的现象。康德不肯将神圣性许给人类，其有关道德的真知灼见转变为虚幻。牟先生揭示了中国哲学由实践而朗现的"无限心"

---

① 关于牟先生对"物自身"概念的诠释，李明辉认为接近于费希特，并认为牟取消理性与直觉的对立，将智的直觉视为实践理性的表现方式，均与费希特相类似。见李明辉：《牟宗三哲学中的"物自身"概念》，李明辉：《当代儒学之自我转化》，台北：中国文哲研究所，1994年，第50—51页。赖贤宗认为，牟先生的道德形上学更像是一种费希特式的和谢林哲学式的观念论诠释，在反思的主体主义，强调智的直觉与主体的能动性方面类似费希特；而在知体明觉直契绝对境界方面类似谢林，总体上更接近归趋于绝对的同一性之神秘的智的直观的谢林。见赖贤宗：《牟宗三的道德形上学与康德哲学、德意志观念论》，赖贤宗：《体用与心性：当代新儒家哲学新论》，台北：学生书局，2001年，第129、162—163页。

② 原文为"无限性"，据全集本改。

③ 牟宗三：《现象与物自身》，见牟宗三：《牟宗三先生全集》（21），台北：联经出版事业公司，2003年，第15页。

亦即"智的直觉",这就意味着"吾人通过吾人之道德意识呈露自由无限心,对无限心所发的智的直觉而言,吾人的存在是'物自身'之存在,从吾人'物自身'的身份即可说吾人具有无限与永恒的意义。依儒家义理,人的'物自身'身份(即智思界身份)'实而不虚',这'物自身'是吾人的道德主体,同时是吾人的真实存有。于此,'本体界的存有论',亦曰'无执的存有论'亦曰'道德的形上学'得以稳固建立"①。牟先生稳住"物自身"的意义,开出真实的道德界,又进而开存在界,是真正的创慧。

牟先生认为,顺着中国哲学的传统讲出智的直觉之可能,是康德哲学之自然的发展,亦可以说是"调适上遂"的发展,这才可以真正建立康德所向往的超绝的形上学。

"道德的形上学"在牟宗三看来并不同于"道德底形上学"。前者指的是由道德的进路来接近形上学,或者说形上学是由道德的进路来证成;后者的重点在说明道德之先验本性。前者必须兼顾本体与工夫两面,甚至首先注意工夫问题,然后在自觉的道德实践中反省澈至本心性体;后者并不涉及工夫论,而只是把这套学问当作纯哲学问题,不知它同时亦是实践问题。

因此,牟先生指出:"宋、明儒者依据先秦儒家'成德之教'之弘规所弘扬之'心性之学'实超过康德而比康德为圆熟。但吾人亦同样可依康德之意志自由、物自身,以及道德界与自然界之合一,

---

① 卢雪昆:《康德意志理论中的"两个观点"说——兼述牟宗三先生"智的直觉"说对康德洞识之极成》,见蔡仁厚等著,江日新主编:《牟宗三哲学与唐君毅哲学论》,台北:文津出版社,1997年,第195页。

而规定出一个'道德的形上学',而说宋明儒之'心性之学',若用今语言之,其为'道德哲学'正函一'道德的形上学'之充分完成,使宋明儒六百年所讲者有一今语学术上更为清楚而确定之定位。"①

牟先生尤其推崇心学系统心性合一的理路,视其为正宗,认为其心性合一之体,"即存有即活动",不似心性离析的理学系统将后天与先天、经验与超越、能知与所知、存有与活动打成两橛,减杀了道德力量,容易丧失其自主自律、自定方向的"纯亦不已"的必然性。

牟宗三依据儒家孟学一系的理路来融摄康德哲学,指出我们的道德意识所呈露的道德本心,就是一自由无限心,而本心的明觉发用,所谓德性之知,就是智的直觉。通过道德的进路,在我们人这有限的存在里,智的直觉不但在理论上必须肯定,而且在实际上必然呈现。就道德主体之为一呈现而不是一假设而言,道德本心就是道德的实体,是创发纯亦不已的道德行为的超越根据,也是智的直觉的根源。就道德主体的绝对普遍性而言,道德本心不但是开道德界的道德实体,同时还是开存在界的形而上的实体。它既创发了道德行为,就在纯亦不已的道德实践中,遍体万物而不遗,引发"於穆不已"的宇宙秩序。仁心感通天外,与万物为一体;而万物在仁心的明觉感通中,亦即在纯智的直觉中,成其"物之在其自己的存在"。这"物之在其自己",是一个价值概念而不是一个事实概念。

---

① 牟宗三:《心体与性体》(一),见牟宗三:《牟宗三先生全集》(5),第12—13页。

万物在我们见闻之知、感性、知性的认知活动中，是有一定样相的有限存在，而在无限心无执著的纯智的直觉中，却是"物自身"（即"物之在其自己"），它无时空性，无流变相。

据此，牟先生建构了两层存有论：本体界的存有论（无执的存有论）和现象界的存有论（执的存有论）。牟先生认为，康德所说的超越的区分，应当是一存有上的区分，但它不是一般形而上学所说的本体与现象之区分，而是现象界的存有论与本体界的存有论上的区分。在现象界的存有论中，现象也是识心之执所执成的。"识心之执就是认知心之执性。执性由其自执与著相两义而见。识心由知体明觉之自我坎陷而成。由坎陷而停住，执持此停住而为一自己以与物为对，这便是执心……由知体明觉到识心之执是一个辩证的曲折。"[①]识心之执是相对于知体明觉之无执而言的。识心之执既是由知体明觉之自觉地自我坎陷而成，则一成识心之执即与物成对，即把明觉应之物推出去而为其所面对之对象，而其本身即偏处一边而成为认知的主体。因此，其本身遂与外物成为主客之对偶，这就是认识论的对偶性，是识心之执的一个基本结构。在这一基本结构中，客体为现象世界，主体为知性、想象、感性等等。就现象界的存有论和知性的分解而言，西方传统，特别是康德，做出了伟大的贡献，而中国儒释道三家则相形见绌。

在牟先生哲学系统中，本体界的存有论与现象界的存有论相配合，完成一圆实的"道德的形上学"。这两层存有论，是在成圣成贤

---

① 牟宗三：《现象与物自身》，见牟宗三：《牟宗三先生全集》（21），第171页。

的实践中所开展出来的。牟先生通过道德实践对有限存在的无限价值做出了本体论的论证,其枢纽是把道德本心(或自由无限心或知体明觉)不仅视为开道德界的道德实体,而且视为开存在界的形而上的实体。无执的无限心,通过自我坎陷(自我否定)转出、曲致成为有执的有限心,开出现象界。同一对象,对无限心及其发用(德性之知或智的直觉)而言,是物自身;对有限心及其发用(见闻之知或感触直觉)而言,是现象。在认知之心之外无现象,在智的直觉之外无物自身。由此不难见出,与现代西方哲学对主体性哲学的猛烈批评相反,当代中国哲学却出现一明显的"主体性的转向"①,当然这首先是中国哲学现代化自身的要求,但这同时也要求中国哲学必须积极回应可能由之导致价值的相对化等问题,这样一种紧张在牟宗三的思想体系中体现得极为突出。

牟宗三的两层存有论大体是依于中国哲学传统而来的,在理论框架上则是中国佛教"一心开二门"的模式,认为真如门相当于康德的智思界,生灭门相当于康德的感触界,又会通康德的两层立法来完成自己的哲学体系。"依康德,哲学系统之完成是靠两层立法而完成。在两层立法中,实践理性(理性之实践的使用)优越于思辨理性(理性之思辨的使用)。实践理性必指向于圆满的善。因此,圆满的善是哲学系统之究极完成之标识"②。

---

① 但必须注意的是,20世纪中国哲学中的"主体性"概念与西方近代哲学中的"主体性"概念有着明显的不同,关于尹先生有十分精彩的分析,参见关于尹:《康德与现象学传统——有关主体性哲学的一点思考》,《中国现象学与哲学评论》(第四辑《现象学与社会理论》),上海:上海译文出版社,2001年,第141—184页。

② 牟宗三:《圆善论·序》,见牟宗三:《牟宗三先生全集》(22),第4页。

康德的两层立法，一是"知性为自然立法"，一是"实践理性（意志自由）为行为立法"。关于前一层立法，牟先生晚年的《现象与物自身》修正了他早年的《认识心之批判》，将知性作了两层超越的分解。一层是分解其逻辑的性格，一层是分解其存有论的性格。如是，了解康德所说的"知性之存在论的性格"和"知性为自然立法"，把握和消化从知性自身发出的十二范畴的超越的决定作用，进而了解康德区分现象与物自身的特别意义，并以中国哲学的智慧，特别是佛教智慧加以观照。

第二步，从孟子至陆、王的"仁义内在""性由心显""心即理"的道德哲学疏解康德的"自律道德""自由意志为行为立法"，并进而对比儒释道和宋明理学为代表的中国智慧与以康德为代表的西方智慧的异同，加以消化和会通，从而肯定人类心灵可以开出两层存有论。

第三步，牟先生晚年诠释圆教与圆善，译注康德的第三批判，论证"真善美的分别说与合一说"。牟先生通过对《孟子》的诠释，发挥了儒家关于道德的自由无限心的思想，疏导"命"的观念，讨论德福一致的问题，使儒家圆教与康德圆善相会通。所谓德福一致的问题，康德是通过"上帝存在"的设准加以解决的，牟先生取消了三设准，以无限智心取而代之，由无限智心的证成肯定人有智的直觉，进而开出两层存有论。儒、道、天台圆教就在实践之学中。儒家能在其"仁"的创生活动中兼备无为、无执与解心无染之作用。牟先生认为，康德三大批判分别讲"真""善""美"，但对于"即真、即美、即善"的合一境界却没有透悟，而在这一方面，中国智慧却能达到相当高的境界。"知体明觉"所开显的是绝对的认知、直契道体的直觉。牟先生以"知体明觉"所直契的绝对境界来论述真善美的合一①。

会通中西，建构形上学系统的意义与启示

第一，中西哲学的互释与会通是中国哲学转型的重要途径之一。

哲学，不分东方西方的哲学，所讲的概念或道理，或哲学中的真理都是普遍的，因而可以沟通、会通，而具有可比性、可以通约。牟先生独立地从英译本翻译了康德的三大批判，对康德的乃至西方的哲学特别是西方理想主义的大传统有透彻的把握。百年来，康德、费希特、谢林、黑格尔的德国观念论哲学为中国几个流派、思潮的哲学家们所借取、发挥，扬弃的方面各不相同。康德的批判哲学表达了人的有限性，其中有关认知的有限性，"我可知道什么"，几乎是儒、释、道的老课题，而有关"我应当做什么""我可希望什么"，乃至最终"人是什么"的发问，与儒、释、道三家讨论的中心，极为相应，只是讨论的进路、方式与结论有所不同。在道德形上学、实践理性方面，可比性更强。故在方法论上，牟先生指出："对于西方哲学的全部，知道得愈多，愈通透，则对于中国哲学的层面、特性、意义与价值，也益容易照察得出，而了解其分际。

---

① 牟宗三：《真善美的分别说与合一说》，见《康德判断力之批判》，见牟宗三：《牟宗三先生全集》(16)，台北：联经出版事业公司，2003年，第76—88页。

这不是附会。"①百年来，在中国哲学学科建立、发展的过程中，不可能不以西方哲学为参照，但选择仍是多样的，即便都选择康德等，诠释者先见决定了诠释路子的差异。

现在我国有的学者反对以任何西方哲学为参照，要讲纯而又纯的中国古代哲学，从解释学的立场看，这当然是不可能的。亦有海外汉学家，例如郝大维与安乐哲，特别强调中西范畴、概念的不可通约，尤其不承认孔子到汉代儒家有超越的层面，对牟先生的"内在超越"说予以强烈批评。正如刘述先先生所说："他们拒绝把西方观念强加在中国传统之上，但仍不免因噎废食，恰好掉进了中西隔绝的陷阱里。"②然而中西相互比照、相互发明，不失为很好的方式。牟先生说："我能真切地疏解原义，因这种疏解，可使我们与中国哲学相接头，使中国哲学能哲学地建立起来，并客观地使康德所不能真实建立者而真实地建立起来，这也许就是我此书的一点贡献。"③所谓"中国哲学能哲学地建立起来"，即以现代话语与现代哲学形态，使中国哲学现代化与世界化，这当然会有损伤，但却是不能不通过的途径。

如西方哲学范畴、术语的问题，在借取中有发展，不能不借取，也不能不增加新意。牟先生说："中国传统中的三家以前虽无此

---

① 牟宗三：《中国哲学的特质》，见牟宗三：《牟宗三先生全集》（28），台北：联经出版事业公司，2003年，第8页。
② 刘述先：《作为世界哲学的儒学：对于波士顿儒家的回应》，见刘述先：《现代新儒学之省察论集》，台北：中国文哲研究所，2004年，第19页。
③ 牟宗三：《智的直觉与中国哲学·序》，见牟宗三：《牟宗三先生全集》（20），第5页。

词，然而通过康德的洞见与词语，可依理而捡出此义……此之谓'依义不依语'，'依法不依人'（亦函依理不依宗派）。"①所谓"依义不依语""依法不依人"，即有很大的创造诠释的空间。

牟先生说："你以为中国这一套未必是康德之所喜，是因为你不了解中国这一套之本义，实义，与深远义故。假若中国这一套之本义，实义，与深远义能呈现出来，则我以为，真能懂中国之儒学者还是康德。"②他又说："以哲学系统讲，我们最好用康德哲学作桥梁。吸收西方文化以重铸中国哲学，把中国的义理撑起来，康德是最好的媒介……我们根据中国的智慧方向消化康德。"③牟先生把康德的义理吸收到中国来，予以消化而充实自己，他的体系把西方哲学的知解与东方哲学的智慧冶于一炉，相互消融，堪称典型。牟先生以康德作为中西互释的桥梁，这个参考系选择得非常好，除了前述的内在性的互通外，还因为康德哲学恰好是现代哲学的出发点。牟先生的哲学生涯，可以说是力图消化康德，疏解中国传统的智慧方向。当然，康德哲学本身十分复杂，包含了不同诠释的可能，如果根据康德更晚的著作，其实康德并非完全否定意志自由是一事

---

① 牟宗三：《现象与物自身・序》，见牟宗三：《牟宗三先生全集》(21)，第19页。

② 牟宗三：《智的直觉与中国哲学・序》，见牟宗三：《牟宗三先生全集》(20)，第7页。

③ 牟宗三：《牟宗三先生在第二届当代新儒学国际会议的开幕演讲》，见杨祖汉编：《儒学与当今世界》，台北：文津出版社，1994年，第12页。关于儒家与康德的关系，李明辉在《牟宗三思想中的儒家与康德》一文中说，康德的"善的意志"与儒家的"怵惕恻隐之心"均是道德心之表现，均肯定道德心之真实性；康德肯定实践理性优先于理论理性（思辨理性），正可保住儒家的道德理想，成就其"道德的理想主义"。李明辉此说把握了儒学与康德的本质联系。参见李明辉：《当代儒学之自我转化》，第66页。

实,而《判断力批判》所提出的自由与自然统一的思想架构,可以说已经是一种一心开二门的思想模型①。

第二,中国哲学自主性的彰显。

牟先生说,普遍的哲学观念、概念、道理,是要通过不同的、特殊的民族或个体的生命来表现的,"这就是普遍性在特殊性的限制中体现或表现出来,这种真理是哲学的真理……由此才能了解哲学虽然是普遍的真理,但有其特殊性,故有中国的哲学也有西方的哲学……虽然可以沟通会通,也不能只成为一个哲学。这是很微妙的,可以会通,但可各保持其本来的特性,中国的保持其本有的特色,西方也同样保持其本有的特色,而不是互相变成一样"②。与基督教不同,中国的儒释道都重视主体,同时照样有客体,问题是如何去考虑其关系。"中国文化、东方文化都从主体这里起点,开主体并不是不要天,你不能把天割掉。主体和天可以通在一起,这是东方文化的一个最特殊、最特别的地方,东方文化和西方文化不同最重要的关键就是在这个地方。"③牟先生以过人的哲学智慧,从义理上批判康德,批判海德格尔对康德的批判,开出建立"基本存有论之门",重建了中国哲学的主体性。中国儒释道三家均是生命的学问,意在人生的、道德的,乃至超越的境界追求。牟先生对三教的

---

① 赖贤宗:《牟宗三的道德形上学与康德哲学、德意志观念论》,见赖贤宗:《体用与心性:当代新儒家哲学新论》,第135—136页。
② 牟宗三:《中西哲学会通之十四讲》,见牟宗三:《牟宗三先生全集》(30),台北:联经出版事业公司,2003年,第8—9页。
③ 牟宗三:《中国哲学十九讲》,见牟宗三:《牟宗三先生全集》(29),台北:联经出版事业公司,2003年,第7—8页。

境界形上学有独到的见解。更为重要的是，他的两层存有论，是对三教之成圣、成佛、成真人的境界及其入手方法的论证。三教都肯定"智的直觉"，证立"自由无限心"既是成德的根据，又是存在的根据，肯定成就人格境界过程中的实践工夫，把境界实践过程中的人的主体性加以提扬，从中觉悟到人的有限性与无限性的关系，肯定人虽有限而可无限，最终上达圆善之境。牟先生的两层存有论其实就是实践的形上学。

第三，提出了诸多有价值的论域与思路，启迪后学融会中西，创造出新的哲学系统。

例如关于所谓"智的直觉"、道德形上学作为超越的形上学、"内在超越"与"外在超越"的讨论，恰好是关系到中西哲学根本问题的讨论。其实古希腊、希伯来、印度、伊斯兰与中国，都有"圣智"的传统，孟子以降中国哲学讲的"良知"，宋儒的"德性之知"，近世熊十力先生讲"体认"、冯友兰先生讲"负的方法"、贺麟先生讲"理智的直觉"、牟先生讲"智的直觉"到杜维明先生讲"体知"，都是肯定超越于经验、知性、逻辑、理智的，涉及体悟本体的智慧和生命的终极性关怀。关于"超越"问题，刘述先先生说："把中国传统思想了解成为内在超越的型态，绝不只是当代新儒家的一家之言谈，它已差不多成为多数学者的共识……儒家式的内在超越型态的确有其严重的局限性而令超越的信息不容易透显出来。但这并不表示，基督教式的外在超越型态就没有严重的问题……事实上，外在超越说与内在超越说并不是可以一刀切开来的两种学说。"① 诸如此类的问题讨论，在现代中国哲学的本体论、形上学的重建与东西方哲学的比较研究方面，都产生了积极意义。牟先生的哲学也启发我们回应经济全球化挑战，回答现实问题，并提升到哲学的层面。

牟先生是具有原创性的哲学家，他的哲学智慧与哲学建构是20世纪中国重要的哲学遗产，大大深化了中国哲学的内涵，值得我们认真地加以研究。牟先生哲学最大的意义是，有意识地吸收西方智慧，促进中西哲学的交流互动，在互动中逐渐体现了中国文化的自觉，彰显了中国哲学的自主性、主体性。

（原载台湾《鹅湖月刊》2009年第12期）

---

① 刘述先：《论宗教的超越与内在》，见刘述先：《儒家思想意涵之现代阐释论集》，台北：中国文哲研究所筹备处，2000年，第173—175页。关于"超越"与"内在超越"，郑家栋在《断裂中的传统》（北京：中国社会科学出版社，2001年）一书第四章有较好的论述，见该书第202—233页。

图书在版编目(CIP)数据

中国哲学史十讲/郭齐勇著. —上海：复旦大学出版社,2020.6(2024.10重印)
(名家专题精讲)
ISBN 978-7-309-14441-3

Ⅰ.①中… Ⅱ.①郭… Ⅲ.①哲学史-中国 Ⅳ.①B2

中国版本图书馆 CIP 数据核字(2019)第 132153 号

中国哲学史十讲
郭齐勇 著
责任编辑/陈 军

复旦大学出版社有限公司出版发行
上海市国权路 579 号 邮编：200433
网址：fupnet@fudanpress.com http://www.fudanpress.com
门市零售：86-21-65102580 团体订购：86-21-65104505
出版部电话：86-21-65642845
江阴市机关印刷服务有限公司

开本 890 毫米×1240 毫米 1/32 印张 10.125 字数 205 千字
2020 年 6 月第 1 版
2024 年 10 月第 1 版第 2 次印刷
印数 4 101—5 200

ISBN 978-7-309-14441-3/B·703
定价：58.00 元

如有印装质量问题,请向复旦大学出版社有限公司出版部调换。
版权所有 侵权必究